Siegfried Boström

BALTEN SIND WIR GEWESEN

Siegfried Boström

BALTEN
sind wir gewesen

TÜRMER-VERLAG · D-8137 Berg/Starnberger See 3

Umschlag: H. O. Pollähne, Braunschweig
Fotos aus dem Archiv des Autors

Internationale Standard-Buchnummer
ISBN 3 87829 077 2

1983

Satz und Druck: Landsberger Verlagsanstalt, Landsberg
Buchbindearbeiten: Buchbinderei Thomas, Augsburg

Inhalt

Vorwort 7

TEIL I
Der Feldmarschall Loudon 9
Johann, Georg Hamann 61
Herder in Riga (1764–1769) 101
Carl von Manteuffel-Katzdangen 141
Gustav Tammann 165

TEIL II
Die Axt an der Wurzel – Das Ende des Baltischen Deutschtums 179
Historische Einleitung 181
Ständische Gegensätze 183
Ursachen für die Untergrabung des Baltentums 186
Der Erste Weltkrieg 192
Die Okkupationszeit 196
Der Kampf um die Heimat und die Existenz 198
Das Baltenregiment 198
Die Landeswehr 203
Der lettische Staat 221
Baltische Gegenwehr 227
Die wirtschaftliche Lage in Estland 233
Die Bewegung 234
Der Umsturz in Estland 238
Die Umsiedlung aus Lettland 241
Im Warthegau 246
Der Russensturm 250
Neuorganisation der Balten 254
Erläuterungen 259
Literaturverzeichnis und Worterklärungen 259

BALTISCHE LANDE

Vorwort

Diese Essays sind meiner verlorenen Heimat, d. h. dem Baltikum, gewidmet. Von deren Söhnen ist hier hauptsächlich die Rede.

Das sind: der Feldherr Gideon, Ernst von Loudon, der Majoratsherr Carl von Manteuffel und der Wissenschaftler Gustav Tammann. Das Baltikum hatte den Vorzug, im 18. Jahrhundert zwei Persönlichkeiten, die aus dem deutschen Geistesleben nicht wegzudenken sind, vorübergehend als Gäste bei sich zu haben. Deshalb sind ihre Beziehungen zum Land am Ostseestrand hier aufgezeichnet.

Die alte Heimat hatte schon früh mit Auswirkungen von Revolutionen zu tun. So bot das herzogliche Schloß in Mitau 1798 dem vertriebenen König Ludwig XVIII. und seinem Hof ein Refugium.

Im Jahre 1905 wurde das Land selbst durch eine Revolution erschüttert. Das durch den unglücklichen Krieg gegen Japan geschwächte Zarenreich bot seinen Intelligenzlern und dem unzufriedenen Volk eine willkommene Gelegenheit, ihre umstürzlerischen Ideen in die Tat umzusetzen. Der damit verbundene Terror breitete sich auch in der Heimat aus und gehörte zu den ersten Jugenderinnerungen des Verfassers. Doch waren die Revolten von 1905 nur die Vorboten für die Ereignisse von 1917 und 1918, bei denen die erlebte Welt des Grauens noch weit überboten wurde. In dem schier aussichtslosen Kampf gegen den Bolschewismus hat sich die Heimat noch einmal erfolgreich zur Wehr gesetzt. Das Schicksal wollte es, daß die Früchte der militärischen Erfolge nicht den Balten, denen diese im wesentlichen zu verdanken waren, sondern ihren Landesgenossen, den Letten und Esten zugute kamen. Majorität setzte sich rücksichtslos über Minorität hinweg. Der letzte Aufsatz dieser Sammlung befaßt sich mit dem Widerstand des Rechts gegen die Macht. Bis dann Hitler dem Baltentum durch Umsiedlung und Preisgabe an den Osten zu einem wenig glanzvollen Ende verholfen hat.

Zu erwähnen ist hier noch: der Begriff „baltisch“ schloß vor dem Ersten Weltkrieg nur die Bewohner des Baltikums ein, die sich als Deutsche fühlten und deren Muttersprache deutsch war. Es ist meines Wissens den deutschen Landsern anzulasten, daß das Wort „Balte“ von ihnen auch gebraucht wurde, wenn sie einen Letten oder Esten meinten. Damit hängt auch zusammen, daß das Wort „Deutschbalte“ in Gebrauch kam. In diesen Aufsätzen wird das Wort „Balte“ nur in seiner ursprünglichen Bedeutung angewandt.

Der Feldmarschall Loudon

Das Heilige Römische Reich Deutscher Nation konnte nur gedeihen und seine Verpflichtungen erfüllen, wenn ein genialer Kaiser mit einer mächtigen Hausmacht an seiner Spitze stand. Seit 1437 war die Kaiserkrone ohne Unterbrechung beim Hause Habsburg. Nach Friedrich III., Maximilian I. und Karl V. hatten weniger begabte Nachfolger die Kaiserkrone getragen. Es muß zugegeben werden, daß sich das Reich und auch Österreich selbst in einer verhängnisreichen Lage befand: die Kaiser waren dauernder Sorge ausgesetzt, die eigene Hausmacht vor den Angriffen rauflustiger, beutegieriger Feinde und falscher Freunde zu schützen. So blieben ihnen kaum noch Mittel übrig, das Heilige Römische Reich vor dem Zerfall zu bewahren. Aus einem gefährlichen Krieg wurden sie schon wieder dem nächsten entgegengetrieben. Die Kriege verschlangen die mühsam eingetriebenen Steuergelder. Die Mittel reichten nicht mehr aus zur Haltung einer schlagkräftigen Armee, um wenigstens die Grenzen des Reiches zu verteidigen. Die Kaiserkrone lastete schwer auf dem Haupte ihrer Träger. Sie brachte Pflichten, Gefahr und Kampf gegen die Feinde des Reiches und gegen viele ihrer ungetreuen Fürsten, aber Ehre und Macht brachte sie nicht. Oft steckte Österreich selbst in Krisen, daß man annehmen mußte, es werde auseinanderfallen. Aus diesen kritischen Situationen wurde es zweimal durch Persönlichkeiten gerettet, deren Wiege nicht in den Erblanden gestanden hatte. In einem Fall hatte sie sich sogar in den Landen des derzeit ärgsten Feindes von Österreich befunden, nämlich in Frankreich, im anderen Fall in Livland, das erst kürzlich von Rußland den Schweden entrissen worden war.

Es handelt sich um den Prinzen Eugen von Savoyen, den „edlen Ritter“, und um Gideon Ernst von Loudon aus Livland. Die Schicksale dieser beiden Männer weisen weitere Parallelen auf. Der Prinz war von seinen Eltern wegen seiner schwächlichen Konstitution zum Priesteramt vorgesehen. Als er zehn Jahre alt war, verlieh ihm König Ludwig XIV. von Frankreich die Einkünfte von drei Abteien. Der Sinn des Prinzen hatte sich aber schon früh dem Kriegshandwerk zugewandt. Als er sich aber um den Dienst im französischen Heer bewarb, wurde er wegen seiner wenig martialischen Erscheinung höhnisch abgewiesen. Am Hof von Versailles nannte man ihn ohnehin den „kleinen Abbé“. Verärgert beschloß der neunzehnjährige Prinz, Frankreich zu verlassen und sich „ein gutes Land“ und „einen guten Fürsten“ zu suchen. Ein älterer Bruder von ihm, Prinz Ludwig von Savoyen, diente bereits in der kaiserlichen Armee, und sein nur acht Jahre älterer Vetter, der Markgraf Ludwig von Baden, war in derselben Armee bereits zum Feldzeugmeister und Präsidenten des Hofkriegsrates aufgerückt. Sie mögen ihm wohl ermunternde Vorbilder gewesen sein. Auch versprach er sich durch die Protektion der Verwandten ein schnelleres Fortkommen im Dienst. Im übrigen war er ja auch prinzlichen Geblüts; und das galt viel in der kaiserlichen Armee. Sein Aufstieg zu den höchsten militärischen Ehren vollzog sich deshalb und natürlich auch wegen seiner außerordentlichen militärischen Erfolge sehr schnell. Mit 20 Jahren hatte er in der Armee als Volontär angefangen und war nach zehnjähriger Dienstzeit, erst 30 Jahre alt, schon zum Feldmarschall aufgestiegen.

Loudon hingegen kam als ausgesprochener „homo novus“ in die kaiserliche Armee. Er besaß weder im Heer noch am Hofe Verwandte. Einige Bekannte aus der Zeit, in der er im russischen Heer Dienst tat, haben ihm eher geschadet als geholfen, so der Oberst Franz v. d. Trenck. Nur von Hochstetten, der Sekretär des Kanzlers Kaunitz, stand ihm bei. So waren ausschließlich die überragenden militärischen Erfolge der Anlaß, daß Loudon schließlich auch zum Feldmarschall befördert wurde, und zwar im Alter von 61 Jahren nach 34 Jahren Dienstzeit.

Gideon Ernst von Loudon (1717–1790)

Loudon stammte aus einem uralten Adelsgeschlecht aus der Grafschaft Ayre in Schottland, das vor Zeiten aus der Normandie eingewandert war. Ein Zweig des Geschlechts verließ im 14. Jahrhundert Schottland und zog gen Osten nach Livland, wo es sich vornehmlich dem Kriegertum widmete. So war auch Otto, Gerhard v. Loudon, der Vater des späteren Feldmarschalls, schwedischer Oberstleutnant gewesen. Die Mutter, Sophie Eleonore, war eine geborene v. Bornemann aus dem Hause Treppenhof, deren männliche Vorfahren ebenfalls meist Militärs gewesen waren. Ihr Sohn Gideon Ernst wurde am 2. Februar 1717 auf dem väterlichen Gut Tootzen im süd-westlichen Livland geboren. Damals herrschte bitterste Armut im Lande. Die russischen Truppen hatten gründlich während des Nordischen Krieges im Lande gehaust. Städte, Ortschaften und Schlösser waren massenhaft zerstört worden. Unter dem Teil der Bevölkerung, den der Krieg verschont hatte, wütete die Pest. Handel und Wandel lagen darnieder.

Die Eltern ließen es sich angelegen sein, den Sohn mit den ersten Begriffen der Religion, der Nächstenliebe und der Rechtschaffenheit vertraut zu machen. Besonders achteten sie darauf, sein leicht aufbrausendes jugendliches Feuer zu mäßigen. Im übrigen wuchs der junge Gideon ohne einen geordneten Schulunterricht auf, was er im Mannesalter oft beklagt hat. Zeiten der Muße hat er stets dazu benutzt, seine Bildung durch Selbststudium so weit wie möglich zu vervollständigen.

Da sein älterer Bruder das väterliche Gut erben sollte, lag es für Gideon am nächsten, das Kriegshandwerk zu ergreifen; das um so mehr, als er einen ausgesprochenen Hang zum Soldatenstande in sich verspürte. Als Vorbereitung hierzu beschäftigte er sich besonders mit dem Studium der Geschichte, der Geographie und Geometrie. Sein Vorname kann als Symbol für seine spätere Laufbahn angesehen werden. Denn Gideon war einer der Richter des jüdischen Volkes; er befreite es von den Midianitern, die sich plündernd in Palästina aufhielten.

Körperlich war der Junge, wie auch der Prinz Eugen weniger für den Soldatenstand geschaffen. Er war keineswegs mit einer robusten

Natur ausgestattet, sondern es machten sich schon recht früh gesundheitliche Schäden bei ihm bemerkbar.

Schon mit 16 Jahren trat Loudon 1733 in das Pleskausche Infanterieregiment ein, und zwar als Gemeiner, weil sein Vater ihn geldlich nicht unterstützen konnte, da er noch die jüngeren Geschwister Loudons unterhalten mußte. Ein anderer baltischer Edelmann in dem Regiment, Carl Gebhard von Schilling, befand sich in derselben Lage. Sie wurden Busenfreunde fürs ganze Leben. So mußten sich beide mit dem Essen begnügen, das auch die übrigen Soldaten erhielten. Sie hatten aber den Vorteil, daß sie die Psyche des Soldaten besser kennenlernten, was für ihre weitere Laufbahn von nicht geringem Wert war.

Schon nach einem Jahr hatte Loudon Gelegenheit, sich im Felde zu bewähren. Infolge der doppelten Königswahl Friedrich Augusts von Sachsen und seines Gegners, Stanislaus Leszczynsky, waren in Polen Unruhen ausgebrochen, welche die Kaiserin Anna von Rußland mit Gewalt zu schlichten suchte. So bekam der junge Loudon bei der Belagerung von Danzig die Feuertaufe. Nur wenige Jahre später brach der Krieg zwischen Rußland und der Türkei aus. Inzwischen war Loudon zum Fähnrich avanciert und nahm unter dem Grafen Münnich an der Belagerung und der Einnahme von Otschakow teil. Dabei zeichnete er sich besonders aus und wurde zum Leutnant befördert. Im nächsten Jahr machte er, ebenfalls gegen die Türkei, die Schlacht bei Stawuczane und die Einnahme von Chotin mit, was ihm das Patent eines Oberleutnants einbrachte. Nach dem Friedensschluß mit der Pforte, quittierte Loudon den russischen Dienst und faßte den Entschluß, anderswo sein Glück zu versuchen, was unter den Militärs damals gang und gäbe war. Das Schiff, das ihn von Riga nach England bringen sollte, havarierte unterwegs im Sturm, wobei Loudon ernstlich verletzt wurde. Nach seiner Genesung machte er sich von Riga aus mit 30 Dukaten in der Tasche auf, nach Berlin zu gehen und seine Dienste dem preußischen König Friedrich d. Großen anzubieten. Der König verhielt sich ablehnend, und bei der letzten Audienz, die er dem fremden Offizier gewährte, bemerkte er zu seiner Umgebung: „Die Physiognomie des Mannes gefällt mir nicht"! (La physiognomie de cet homme ne me revient pas). Zu Loudon gewandt, der ihn um das Kommando einer Schwadron gebeten hatte, meinte er: „Wollt' ich jedem fremden Offizier, der nach Berlin kommt, sogleich eine Schwadron geben, müßt' ich viele haben". Wenn Friedrich geahnt hätte, wieviel Kummer und Nöte er sich mit dieser brüsken Abweisung eingehandelt hatte, er wäre liebenswürdiger mit dem Bewerber umgegangen.

Loudon begab sich daraufhin direkt nach Wien. Dort wurde er, der gewisse Empfehlungen vom österreichischen Gesandten in Berlin mitgebracht hatte, von dem österreichischen Kaiserpaar gnädig empfangen. Konnten die beiden wohl besser in den Gesichtszügen des Hauptmanns lesen, was in ihm steckte, als der große Friedrich? Oder herrschte im österreichischen Heer ein größerer Mangel an Offizieren als in Preußen?

Am Tag nach der Audienz traf Loudon den Pandurenoberst Franz v. d. Trenck[2], den er von Rußland her kannte. Dieser bot ihm die Stelle eines Hauptmanns in einer Kompanie an, die im Begriff war, nach Bayern zu ziehen. Loudon nahm das Anerbieten an.

Die Panduren bildeten eine „leichte" Formation im österreichischen Heer. Sie rekrutierte sich aus der Bevölkerung Südungarns. Es war kein Eliteregiment, sondern eine recht disziplinlose Formation.

Im Österreichischen Erbfolgekrieg (1744–1748) wurde das Detachement Trenck dem Armeekorps des Schwagers der Kaiserin, dem Herzog Carl v. Lothringen, zugeteilt, das bald den Rhein überschritt. In einem Gefecht bei Reschwangen fiel Loudon 1774 verwundet in die Hände der Franzosen. Eine Musketenkugel traf ihn oberhalb der rechten Brustwarze und trat unterhalb des Schulterblatts wieder hinaus. Einen metallenen Knopf seines Dolmans hatte sie in den Schußkanal mitgerissen, der im Körper steckenblieb. Ein geschickter französischer Chirurg entfernte den Knopf und trug zur schnellen Heilung der Wunde bei. Zum Glück wurde das Dorf, in dem Loudon verwundet lag, auch bald von den kaiserlichen Truppen wiedererobert. Nach seiner Genesung beteiligte sich Loudon mit Auszeichnung an den Kämpfen in Deutschland, und in Böhmen.

Auf die Dauer konnte sich der sittlich hochstehende Livländer mit dem rüden und gewissenlosen Trenck nicht vertragen. Nach einem heftigen Streit nahm jener seine Entlassung und bewarb sich um eine neue Anstellung. Das blieb lange erfolglos, bis ihm 1748 eine Hauptmannstelle in einem an der Reichsgrenze stationierten Liccanerregiment ein Kommando angeboten wurde.

Der Erbfolgekrieg war inzwischen beendet, und bis zum Ausbruch des Siebenjährigen Krieges lebte Loudon in Bunich. Hier heiratete er das Fräulein Clara v. Hagen, die Tochter eines in österreichischen Diensten stehenden Offiziers. Die Hochzeit fand 1746 in Pösing statt. Dem Paar wurden zwei Söhne geboren, Anton Peter und Leopold Philipp, die beide im jugendlichen Alter in Bunich starben. Neben dem militärischen Dienst widmete sich Loudon auch dem Wohl der ihm unterstehenden Gemeinden. So veranlaßte er die Anpflanzung eines Waldes, der noch lange danach der „Loudonsche" genannt wurde.

Nach dem Aachener Frieden, der den Erbfolgekrieg beendet hatte, beschloß Maria Theresia die Einteilung der Grenzen ihres Landes in bestimmte Regimentsbezirke. Darüber entstanden Unruhen in der Grenzbevölkerung und auch beim Militär. Es wurden sogar einige Offiziere ermordet. Diejenigen, die eigentlich die Pflicht und auch die Mittel zur Niederschlagung des Aufstandes hatten, waren geflohen. Loudon blieb an Ort und Stelle. Er sammelte die zuverlässigen Unteroffiziere seines Regiments um sich, überfiel mit ihnen die Aufständischen und stellte Ruhe und Ordnung wieder her.

Der Siebenjährige Krieg (1756–1763)

Maria Theresia konnte den Verlust von Schlesien, das ihr der Preußenkönig entrissen hatte, nicht verschmerzen. Sie hoffte noch immer auf eine Revanche und bereitete sich mit aller Tatkraft auf eine solche vor. Sie sparte am Staatshaushalt und suchte die Kriegstüchtigkeit ihrer Armee zu steigern. Ihr Kanzler, Graf Kaunitz, wirkte auf diplomatischem Wege im gleichen Sinne, wobei es ihm gelang, durch geschickte Verhandlungen eine Koalition gegen Friedrich d. Gr. zustande zu bringen, der sich Frankreich, Rußland, Sachsen und Schweden anschlossen.

Dem König blieben diese Vorbereitungen nicht verborgen. Er zögerte nicht lange und überfiel in einem Präventiv-Feldzug das ihm am nächsten gelegene Sachsen.

Von einiger Bedeutung für die Stellung Loudons in Wien war folgende Episode zu Anfang des Krieges. Er war als unbekannter Major von der Liccaner Grenze nach Wien gereist, da ihn die Mißgunst seines Vorgesetzten nicht ins Feld rücken ließ. Er sollte schon mit einem Verweis wegen seiner Eigenmächtigkeit in seine Garnison zurückgeschickt werden, als Graf Kaunitz durch seinen Sekretär Hochstetten, dem Loudon von Rußland her bekannt war, auf den unscheinbaren Major aufmerksam gemacht wurde. Es kam zu einer persönlichen Vorstellung beim Grafen, der übrigens am selben Tage geboren war wie Loudon. Dieser sah sich den Offizier näher an und bewirkte, daß Loudon zum Führer der für die Hauptarmee bestimmten Kroaten ernannt und bis zu deren Zusammentritt der Armee des Grafen Browne in Böhmen als Oberstleutnant bei den leichten Truppen zugeteilt wurde. Kaunitz hatte sich damit einen unschätzbaren Verdienst um Österreich erworben, daß er Loudon die Möglichkeit verschaffte, am Kriege teilzunehmen. Jener hatte als Zivilist schon bei der kurzen Audienz verspürt, was in dem „unscheinbaren" Major steckte, und in ihm hat Loudon im Laufe des Krieges immer wieder Unterstützung gefunden.

Am 29. Sept. traf Loudon im Lager Brownes bei Budin ein und erhielt den Befehl, die Weinberge von Lobositz zu besetzen. Browne sollte den Sachsen zur Hilfe kommen, die bei Pirna von den Preußen eingeschlossen waren. Es war vereinbart worden, daß Browne mit einem Korps bis Schandau vorrücken sollte. Die Aufgabe der Sachsen sollte es sein, an diesem Ort den Ring der sie belagernden Preußen zu durchbrechen. Am 1. Okt. 1756 kommt es bei Lobositz zur ersten Schlacht des Krieges. Die Preußen stehen unter dem Kommando ihres Königs. Die Österreicher werden zurückgedrängt und räumen am Nachmittag den brennenden Ort. Die Preußen hatten das Schlachtfeld behauptet. Aber Browne und seine Leute sind nicht demoralisiert, sondern sie überschreiten die Elbe und stehen verabredungsgemäß am 11. Okt. bei Schandau. Die Sachsen aber wagen den Ausfall nicht und kapitulieren. Daraufhin trat Browne, um die eigene Sicherheit besorgt, den Rückzug an.

Bald darauf wurde Browne gemeldet, daß die Preußen bei Tetschen eine Brücke über die Elbe geschlagen hätten. Er sandte Loudon mit einigen hundert Kroaten dahin. Dieser überfiel den Feind und erbeutete über 100 Pferde und das ganze Feldgepäck. Darauf bezogen die beiderseitigen Truppen die Winterquartiere. Das war gar nicht nach dem Geschmack von Loudon. Er ließ dem Feind keine Ruhe. Am 31. Dez. überfiel er nach einem Marsch in tiefem Schnee mit sechs Kompanien Grenzer und 200 Husaren bei Marienthal, bei Ostritz, Laiba und Leitmeritz die Preußen und nahm ihnen Gefangene und Material ab. Am 20. Febr. 1757 brachte ihm ein Überfall auf Hirschberg das Oberstenpatent ein.

Zu Anfang des Jahres 1759 faßte Maria Theresia den verhängnisvollen Entschluß, ihrem Schwager, dem Prinzen Carl v. Lothringen, den Oberbefehl zu übertragen. Browne fügte sich grollenden Herzens dieser Anordnung. Friedrich ergreift in diesem Jahr erneut die Initiative. Er wollte in schnellem Stoß in Böhmen einbrechen. Browne mußte sich zur Verteidigung des Landes schleunigst in Richtung Prag zurückziehen. Auf seinen Rat entschließt sich Prinz Carl, die Schlacht am 6. Juni bei Prag anzunehmen. Der linke Flügel des Gegners unter dem Grafen Schwerin greift die Österreicher als erster an. Diese leisten tapferen Widerstand. Da zerschmettert dem Grafen Browne eine Kanonenkugel das Bein. Die Österreicher sind ihres Führers beraubt; sie widerstehen noch eine Zeitlang; schließlich räumen sie das Feld und bergen sich hinter den schützenden Mauern von Prag unter Verlust von 13000 Mann an Toten und Verwundeten.

Feldmarschall Graf Daun sollte nun Prag, wohin sich auch der Prinz v. Lothringen geflüchtet hatte, entsetzen. Er trifft zunächst auf das preußische Korps unter Bevern, das er hinter Kuttenberg zurückdrängt. Der König eilt zur Unterstützung von Bevern herbei und greift bei Kolin mit 40000 Mann den 54000 Mann starken Daun an. Am 18. Juni erleidet Friedrich durch die feste Haltung der kaiserlichen Truppen die erste schwere Niederlage. Ihre Kavallerie führte schließlich die Entscheidung herbei. Am 20. Juni erstürmten auch noch die in Prag eingeschlossenen Österreicher die Stellungen der Preußen auf dem Weißen Berg.

Graf Browne war inzwischen am 26. Juni in Prag aus Kummer über sein Mißgeschick seinen Verletzungen erlegen.

An der Schlacht bei Kolin hatte Loudon nicht teilgenommen, da er mit seinem Detachement befehlsgemäß die Weinberge auf dem Lorenzerberg zu besetzen hatte. Maria Theresia nannte Daun nach seinem Sieg von Kolin den „Retter der Monarchie" und bewahrte ihm die Kriegsjahre hindurch trotz erlittener Niederlagen und Versäumnisse ihre Gunst.

Nach der verlorenen Schlacht zog sich Friedrich von Prag zurück. Wieder war es Loudon, der den Truppen des Königs hart zusetzte. Im Verlauf von 50 Tagen machte er 2000 Gefangene, erbeutete zehn Geschütze, Wagen und Kriegsmaterial. Der Feind lernte ihn fürchten und nannte ihn den „Kühnen".

Am 25. Aug. 1757 wurde Loudon in Anerkennung seiner Verdienste zum General-Feldwachtmeister ernannt. Das dazugehörige Patent machte eine Irrfahrt durch. Eine preußische Patrouille fing die Stafette ab, die Loudon das Patent überbringen sollte. Sie überbrachte es dem König, und dieser sandte es dem richtigen Empfänger mit einem Glückwunschschreiben zur Beförderung zu. Darüber hinaus erhielt Loudon ein neues Kommando: er wurde zum Führer der leichten Truppen bei der vereinigten kaiserlichen und französischen Armee ernannt. Dazu gehörten 4000 Grenzer, zwei Grenadierkompanien und zwei Husarenregimenter.

Als General-Feldzeugmeister trug er am 8. Aug. bei Geutleben über den preußischen General Itzenplitz einen Sieg davon. Er forderte vom Grafen Daun Verstärkungen an, um die Belagerungsarbeiten vor Schweidnitz zu stören. Daun lehnte das ab, und am 16. Nov. ergab sich die Festung.

Am 20. Okt. 57 traf Loudon mit seiner Truppe in Gotha ein, wo die Hauptarmee sorglos der Ruhe pflegte. Das erschien Loudon allzu sorglos, und er wählte für seine Truppe außerhalb der Stadt eine günstigere Position. Das bewährte sich bestens, als der Reitergeneral von Seydlitz die Stadt überfiel und alles gefangennahm, was nicht rechtzeitig fliehen konnte. Nach diesem Husarenstück zog sich Seydlitz wieder zurück. Auf dem Rückzug erwischte Loudon eine Abteilung der Preußen, brachte ihr einige Verluste bei und zog dann wieder in die befreite Stadt ein.

Am 5. Nov. gelang es dem König, die Franzosen zu einer Schlacht zu bewegen; er schlug sie bei Roßbach aufs Haupt.

In Schlesien hatten mittlerweile die Österreicher am 22. Nov. den General Bevern in einer festen Stellung an der Lohe angegriffen und mit einem Verlust von 9000 Mann nach Breslau geworfen. Die Stadt wurde zwei Tage später genommen. Schon vorher hatte sich Schweidnitz ergeben, so daß fast ganz Schlesien sich in österreichischer Hand befand.

Friedrichs Lage war verzweifelt. Seine Schwester und sein Bruder Heinrich rieten ihm nachzugeben. Durch seinen Sieg bei Leuthen über die Österreicher meisterte er jedoch wieder die Lage.

Letztere müssen sich nach Böhmen zurückziehen. Der unglückselige Prinz Carl hatte in Breslau eine unvernünftig starke Besatzung zurückgelassen, die am 12. Dez. 57 mit zwölf Generälen unter Feldmarschall v. Sprecher kapitulierte. Alle in Schlesien errungenen Erfolge hatten die Österreicher so eingebüßt. „Die Kaiserin thate nichts wie weinen", als sie von der Wendung des Kriegsglücks hörte, berichtet ihr Obersthofmeister, Graf Khevenhüller.

Im März 1758 wurde Loudon mit dem Maria-Theresien-Orden ausgezeichnet. Er ruhte sich keineswegs aus, sondern ließ sich selbst und den Preußen, die er dauernd piesackte, keine Ruhe. Insbesondere belästigte er den preußischen Parteigänger Le Noble durch Überfälle.

Unterdes belagerte der König die vom Feldmarschalleutnant v. Marschall tapfer verteidigte Festung Olmütz. Zu der nachdrücklichen Belagerung brauchte er einen ausgedehnten Nachschub von

Waffen, Munition, Ausrüstungsstücken und Geld, der bereits unter dem Befehl von Oberst Mosel am 26. Juni 1758 mit einer Bedeckung von 10000 Mann von Troppau abgegangen war. Davon hatten die Kaiserlichen erfahren, und Graf Daun hatte den Generälen Loudon und Siskowitz den Auftrag gegeben, diesen Transport zu vernichten. Bevor sich noch die beiden vereinigt hatten, griff Loudon am 28. Juni zwischen Bautsch und Altliebe das Detachement an. Nach einem fünfstündigen Gefecht sah er ein, daß zu dessen Vernichtung seine Kräfte nicht ausreichten, so zog er sich nach Bährn zurück. Immerhin hatte er schon etwa 100 Wagen erbeutet. Der König gebot dem General Ziethen, mit 5000 Mann dem Transport entgegenzutreten und die durch den Angriff entstandene Verwirrung zu beseitigen. Mittlerweile hatten sich die Heeresteile Loudon und Siskowitz vereinigen können.

Am 30. Juni setzte sich der Transport wieder in Bewegung. Die Kaiserlichen ließen die ersten 100 Wagen passieren, dann aber stürzten sie sich auf den Feind und richteten größte Verwirrung an. Trotz tapferster Gegenwehr wurden die Preußen überwältigt, mehrere Pulverwagen in die Luft gesprengt und, was nicht fliehen konnte, niedergemacht oder gefangengenommen. Ziethen mußte sich mit dem Rest der Bedeckung nach Troppau zurückziehen, da die Österreicher die Straße nach Olmütz besetzt hielten. Von 4000 Wagen wurden 1200 erbeutet. Die Preußen ließen 2000 Mann an Toten und Verwundeten auf dem Schlachtfeld und verloren 700 Gefangene. Der König gab daraufhin die Belagerung von Olmütz auf und zog sich nach Schlesien zurück. Loudon brachte diese Bataille die Ernennung zum Feldmarschalleutnant ein.

Ferner erhielt er das Kommando über die Avantgarde der Hauptarmee; mit ihr belästigte er in gewohnter Weise die Nachhut des Königs. Dieser verzog sich in Richtung Küstrin, das die Russen belagerten. Bei Zorndorf kam es zum Sieg der Preußen unter General Fermor über die Russen. Der Sieger hatte am 22. Jan. 58 noch Königsberg eingenommen. Daun nutzt die Abwesenheit des Königs nicht aus, um den Prinzen Heinrich anzugreifen. Friedrich nennt jenen in einem Schreiben an seinen Bruder recht abfällig „die dicke

Excellenz von Kolin". An anderer Stelle sagt er: „Du kennst Daun; er liebt es nicht, von heute auf morgen eine Schlacht zu liefern; im Gegenteil muß man sich der verschiedensten Umwege und Hilfsmittel bedienen". Dabei war er erst kürzlich anstelle des strategisch unbegabten Schwagers der Kaiserin, Carl v. Lothringen, zum Oberbefehlshaber ernannt worden. Als Generalstabchef stand ihm Graf Lacy[3] zur Seite. Noch einmal aber konnte die „dicke Exzellenz" über Friedrich triumphieren.

Der König war „in sehr eilfertigen und übertriebenen Märschen", wie Daun sich naiv ausdrückte, in Sachsen eingebrochen und lagerte bei Hochkirch. Loudon hatte sich bei Kittlitz mit der Hauptarmee vereinigt. Am 14. Oktober 1748 kam es zu einer der blutigsten Schlachten des ganzen Krieges. Die Österreicher griffen noch in der Abenddämmerung nach den Plänen von Loudon an. Dieser sollte mit der kaiserlichen Kavallerie und einer Abteilung Kroaten den rechten Flügel der Preußen angreifen. Er kam gut voran und drückte den Flügel des Feindes so mächtig, daß er schon bald den Rücken des feindlichen Heeres bedrohte. Der König verlor zwei seiner tüchtigsten Generäle, den Prinzen Franz von Braunschweig und den Feldmarschall Keith. Er entschloß sich zum Rückzug und büßte dabei 8 900 an Toten und Verwundeten, 28 Fahnen, 100 Geschütze, außerdem das ganze Lager mit allem Gepäck ein.

Loudon hatte nach dem Bericht des Grafen Daun hervorragenden Anteil an dem Sieg. Es versteht sich, daß er die Geschlagenen auf ihrem Rückzug nicht zur Ruhe kommen ließ: bald beschoß er sie von günstigen Stellungen aus, bald brach er unerwartet aus einem Walde heraus. Bei Schöneberg, Paffendorf, Lauban und Löwenberg gab es hitzige Scharmützel.

Der König berichtete: „Der ganze Weg glich einer beständigen Schlacht". Erst der einsetzende Winter 1758 machte den militärischen Operationen ein Ende.

Am Anfang des Jahres 1759 hatte sich Loudon auf Befehl der Kaiserin nach Wien begeben. Unterwegs erkrankte er ernstlich und mußte die Reise bei Teplitz unterbrechen. Maria Theresia war sehr besorgt um ihn und veranlaßte in Wien ihren Leibarzt, Gerhard van

Swieten, sich um den Patienten zu bemühen, was dann auch zur baldigen Genesung des Feldherren führte. Am 3. März 1759 hatte Loudon eine Audienz bei der Kaiserin, die ihm für seine Verdienste das Gut Betschwar schenkte. Außerdem wurde er in den Freiherrenstand des Reiches erhoben und erhielt das Großkreuz des Maria-Theresien-Ordens.

Es ist bezeichnend für den Charakter Loudons, daß er jetzt, wo er zu Ruhm und Reichtum gelangt war, seinen ehemaligen Wirt, namens Gruber nicht vergaß. Dieser hatte ihn beherbergt, als er als quittierter Pandurenhauptmann auf ein neues Kommando warten mußte. Loudon beschenkte den braven Bürgersmann dankbaren Herzens großzügig.

Zu Beginn des Feldzuges vom Jahre 1759 befahl Maria Theresia dem Grafen Daun, in Schlesien einzumarschieren. Bei Marklissa bezog dieser eine feste Position und verschanzte sich dort. Ein Korps schickte er unter dem Befehl des Grafen Hadik dem Prinzen Heinrich entgegen. Loudon erhielt die Weisung, mit seinem jetzt weitgehend selbständigen Detachement von 18000 Mann gemeinsam mit den aus Polen in Brandenburg einbrechenden Russen zu operieren. Dort war der Graf Fermor inzwischen von dem Grafen Pjotr Semjonowitsch Saltykow abgelöst worden. Der König, dem es gelingt, den Grafen Hadik abzudrängen, sucht vergebens zu verhindern, daß die Österreicher sich mit den Russen vereinigen. Loudon verstand jedoch seine Truppen so geschickt zu führen, daß die Vereinigung bei Frankfurt a. O. vollzogen werden konnte. Bei Kunersdorf kam es dann am 12. Aug. 1759 zur Schlacht. Die Russen hatten sich auf den Höhen verschanzt; Loudon stand in der Niederung, dem sogenannten Kuhgrund, der später in „Loudons-Grund" umbenannt wurde. Als nun die Preußen mit gewohntem Mut die Stellungen der Russen auf den Höhen erstürmten, sämtliche Geschütze erbeuteten und den Feind zum Rückzug zwangen, war der König mit dem Erfolg noch nicht zufrieden. Er wollte den Russen einen Denkzettel erteilen, daß sie jede Lust zu weiteren Einbrüchen verlieren sollten. Auch hatte er schon Boten mit der Siegesnachricht nach Berlin gesandt. Da ließ Loudon die vordringenden Preußen aus dem Kuhgrund mit Artillerie beschießen. Das Gewehrfeuer der Grenadiere richtet weitere Verwirrung an. Als dann noch die österreichische Kavallerie dem Feind in die Flanke fiel, suchte jedermann nur noch sein Heil in der Flucht. Der König brachte nach seinen eigenen Angaben am Abend nach der Schlacht von seinen 48 000 nur noch 3 000 Mann zusammen; 18 600 hatte er an Toten und Verwundeten verloren.

Er war mit seinen Kräften am Ende.

Das Schicksal jedoch meinte es gut mit ihm und kam ihm zu Hilfe: die Nachricht von einem epileptischen Anfall der Kaiserin Elisabeth von Rußland war bis zu ihrer Truppe in Schlesien gedrungen. Die Sympathie, die der junge Nachfolger für den Preußenkönig hegte, war zur Genüge bekannt. Der neuen Lage Rechnung tragend, weigerte sich der General Saltykow, den geschlagenen Feind zu verfolgen, was Loudon natürlich sofort vorschlug. Da Loudon ihm unterstand, hinderte Saltykow diesen, die Situation militärisch auszunutzen. Auch Daun ließ sich durch diesen Erfolg der alliierten Truppen nicht aus seiner Lethargie bringen und unternahm keine Schritte zur endgültigen Zerschlagung Preußens.

Nach der Schlacht von Kunersdorf hatte Loudon die Freude, seinen alten Freund, Carl v. Schilling[2], als russischen Obersten in die Arme schließen zu können. Für den glänzenden Sieg wurde Loudon zum Feldzeugmeister befördert. Die Kaiserin von Rußland sandte ihm einen Ehrendegen mit goldenem, mit Brillanten verziertem Gefäß.

Unterdes hatte sich der König nach der Niederlage von Kunersdorf nach Dresden gewandt, um diese Stadt zu erobern. Er beorderte den General Finck in den Rücken des Grafen Daun, der immer noch nicht seine befestigte Stellung bei Marklissa verlassen hatte, nach Maxen. Feldmarschall Daun fordert zusätzliche Kräfte an, um seinerseits die Preußen einzukreisen, was ihm auch unter seiner persönlichen Führung gelingt. Das Korps des Generals Finck bleibt ohne Nachschub und kapituliert am 20. November. So kommt es zum „infamen Ereignis von Maxen“, das Friedrich lange nicht verwinden kann.

Inzwischen hatte sich Loudon von seinem ehemaligen Bundesgenossen getrennt und mit seiner Armee den Marsch durch Polen nach Österreich angetreten. Er führte bei schlechtem Herbstwetter über die Karpaten und wurde von Loudon in meisterhafter Weise geleitet. In 25 Tagen bewältigte seine Truppe die Strecke, stets unter der Gefahr, von streifenden Preußen angegriffen zu werden, und unter Mitführung von 3 000 Kranken. Die Hälfte der Soldaten hatte keine Schuhe mehr; die Reiter mußten wegen der Ermattung der Pferde diese zu Fuß am Zügel führen. Schließlich erreichte das Korps das ersehnte Ziel mit allen Geschützen und sämtlichem Gepäck.

Im 5. Kriegsjahr (1760) bekam Loudon das Kommando über 36 000 Mann wohl, weil er deren Sprache beherrschte; er sollte wieder mit den Russen zusammen operieren, da nach der Genesung der Kaiserin von ihrem Anfall zunächst wenigstens keine Gefahr mehr bestand, daß die Russen abtrünnig würden. Da Loudon richtig annahm, daß diese nicht vor dem August in Schlesien eintreffen würden, meinte er, noch genügend Zeit für die Eroberung der Feste Glatz zu haben. Diese war durch eine befestigte Stellung bei Landshut gesichert, in der der preußische General de la Motte Fouqué befehligte. Dieser hatte die Stellung noch weiter mit Palisaden, Gräben und Blockhäusern verstärkt. In der Nacht zum 23. Juli 1760, als sich Loudon auf einem Erkundungsritt befand, brach ein entsetzliches Unwetter aus. Dessenungeachtet gab Loudon den Befehl zum Angriff. Auf die Einwände, daß bei solch einem Regen nicht geschossen werden könne, rief er: „Bei den Preußen regnet es doch auch!“ Bei dem hitzigen Gefecht fielen die preußischen Generäle v. Schenkendorf und Malachowsky; der kommandierende General Fouqué geriet schwerverwundet ebenfalls in die Hände des Siegers. Weitere 257 Offiziere und 8 062 Mann wurden gefangengenommen. Die Beute betrug 68 Geschütze und 34 Fahnen. Jetzt konnt Loudon, nachdem die Stellung bei Landshut vernichtet war, auch daran denken, die Festung Glatz zu erobern. Ihre Einnahme verdankt man im wesentlichen dem ausgezeichnet geleiteten Feuer der Artillerie unter dem Kommando des Obersten v. Rouvroy.

Kanzler, Graf Kaunitz schrieb an Maria Theresia auf die Nachricht von der neuesten Waffentat Loudons: „Gott erhalte Eurer Majestät Ihren Josua“, worunter natürlich Loudon gemeint war. Dieser erhielt von der Kaiserin ein überaus schmeichelhaftes Dankesschreiben.

Loudon, dem man nie vorwerfen konnte, einen Augenblick ungenutzt zu lassen, gönnte sich auch weiterhin keine Ruhe und ließ noch am Tage der Eroberung von Glatz seine Avantgarde gegen Breslau vorrücken, da er mit dem Eintreffen der Russen rechnete. Von diesen im Stich gelassen, brach er die Beschießung der Stadt ab und zog sich zurück, da Prinz Heinrich, der Bruder des Königs, sich mit überlegenen Kräften näherte.

Der König, der vor Dresden lag, brach auf die Nachricht von der Einnahme der Festung Glatz die Belagerung ab und strebte Schlesien zu. Hinter ihm folgte Daun, während Lacy im Rücken der Preußen marschierte. Es kam zu einer gewaltigen Ballung der Kräfte in Schlesien. Eine Entscheidungsschlacht bahnte sich an, für die die Kaiserin die volle Verantwortung zu übernehmen bereit war. Die Gegner stehen sich schließlich bei Liegnitz gegenüber; die Stärke der Partner ist sehr verschieden. Das österreichische Heer zählt 80000 Mann, auf preußischer Seite ist es nicht mehr als die Hälfte. Die Lage des Königs ist verzweifelt, da ihm sein Bruder, der auf die Russen wartet, nicht zu Hilfe kommen kann. Am 15. August 1760 stehen auf österreichischer Seite Daun im Zentrum, Lacy auf dem rechten und Loudon auf dem linken Flügel. Der von den Österreichern vorgefaßte Plan wird wieder einmal von Friedrich zunichte gemacht, da dieser seine anfängliche Stellung verläßt und unter Zurücklassung von Vorposten und Lagerfeuern dem linken Flügel des Gegners entgegenrückt. Dieses Täuschungsmanöver wird durch dichten Nebel begünstigt. Loudon ist vollkommen überrascht, das feindliche Heer in Schlachtordnung vor sich zu sehen. Er verlor aber keineswegs die Fassung, und im Vertrauen auf die Unterstützung von Daun und Lacy griff er die Preußen an. Er erzwang auch einige Teilerfolge, aber als um 16 Uhr der Nebel fiel, übersah er erst seine hoffnungslose Lage, einer gewaltigen Übermacht gegenüberzustehen, und gab den Rückzugsbefehl. Dieser wurde noch in einigermaßen guter Ordnung ausgeführt, von einer schnell auf der

Bunowitzer Höhe aufgefahrenen Batterie des Obersten v. Rouvroy gedeckt. Loudon war verzweifelt und suchte den Tod. Sein Pferd wurde unter ihm erschossen, sein Rock von Kugeln durchlöchert. Friedrich, der den Rückzug des Feindes beobachtete, sagte zu seiner Umgebung: „Da, seht hin, von Loudon können wir retirieren lernen".

Wie kam es zu dem Mißerfolg? Loudon hätte höhere Wesen zu Mitstreitern haben müssen, wenn nicht bei diesen ob seiner kriegerischen Erfolge und der Zunahme seines Ansehens am Hofe und im Volke Neid und Mißgunst in den Herzen der Mitstreiter Wurzel gefaßt hätten. Es waren eben nur Menschen. Keiner von ihnen konnte solch eine Reihe glänzender Waffentaten aufweisen wie Loudon. Also gönnten sie ihm von Herzen die Niederlage von Liegnitz und versagten ihm ihre Unterstützung. Sie handelten zur Befriedigung ihrer wenig edlen Gefühle und verzichteten darauf, den Preußen den Garaus zu machen. Lacy soll den harmlosen Daun darin bestärkt haben.

Am Ende dieses Jahres kam es nicht mehr zu wichtigeren Kampfhandlungen, und die Truppen begaben sich in die Winterquartiere in der Grafschaft Glatz. Maria Theresia verlieh gegen Ende des Jahres Loudon das Infanterie-Regiment Nr. 29.

Am Anfang des Jahres 1761 erwog man in Wien die Enthebung des Grafen Daun von seinem Amt als Oberkommandierenden der alliierten Truppen, die der französische Feldherr, Graf Choiseul, nach der Niederlage von Liegnitz, schon gefordert hatte. Der Gedanke, Loudon zu seinem Nachfolger zu bestellen, scheiterte an der einstimmigen Ablehnung der österreichischen Generäle, die sich auf keinen Fall diesem „fremden Emporkömmling" unterordnen wollten; er sprach zudem ein so merkwürdiges „Deutsch", daß die Wiener ihn kaum verstehen konnten. Das kommt in den Worten, die Schiller dem Generalmajor Buttler in den Mund legt, besonders deutlich zum Ausdruck:

„Es tut mir wehe, daß Geburt und Titel
Bei der Armee mehr gelte als Verdienst".

Auch der Schwager der Kaiserin, Prinz Carl von Lothringen, dem sein gleichnamiger Vater jedenfalls nicht seine eigenen kriegerischen Tugenden vererbt hatte, ein Mann, der auf den Schlachtfeldern viel Unheil angerichtet hat, kam nicht in Betracht selbst dann nicht, wenn Loudon, wie vorgeschlagen wurde, ihm zur Seite stand. So blieb es wieder beim großen Zögerer, dem Grafen Daun.

Es hatte sich in Wien und besonders unter den Spitzen des Heeres die durch nichts begründete Meinung herausgebildet, Loudon sei nur fähig, ein geringes Kontigent vorzüglich leichter Truppen zu befehligen und mit diesem eine Art Kleinkrieg zu führen. Eine These, die Loudon nachher im Türkenkrieg selbst glänzend widerlegt hat. Kanzler Kaunitz, der Loudon protegiert hatte, da dieser für ihn keine Konkurrenz bedeutete, schickte einen Vertrauten, den Baron Grechtler, ins Heerlager Loudons als Beobachter. Grechtler war offiziell General-Direktor in „commissariaticis et provianticis" und bildete sich im Lauf der Zeit ein recht objektives Urteil über das österreichische Militärwesen.

Er schreibt an den Kanzler: „Bei unseren Generals und Offiziers ist das alte Erbübel, daß der Dienst nicht von Anfang an erlernt, folglich nicht in der Gewohnheit und zur Vollkommenheit gebracht wurde, weil viele zu Generals gemacht werden, ohne zu wissen, was ein General verstehen soll; so geben sich nur wenige die Mühe, das Handwerk, teils durch Bücherlesen und Nachsinnung, teils durch die eigene Erfahrung aus dem Grunde zu lernen." Allgemein herrschte im österreichischen Heer bei der Beförderung das hierarchische Prinzip, so daß dem Genie eines Loudon hier nicht Gerechtigkeit widerfuhr. Es war auch die Sorge des Kanzlers, ob sich der „simple" Freiherr den Generälen von höherem Geblüt gegenüber würde durchsetzen können. Gerade das bezweifelte auch – nicht ganz zu Unrecht – der Baron Grechtler. So setzte sich der Kanzler nicht bis zum letzten für das Oberkommando Loudons ein, obgleich er ihm und seiner Kriegskunst allein die Niederwerfung Preußens zutraute.

Sein Ziel war: „Richtig ist, daß Preußen muß über den Haufen geworfen werden, wann das durchlauchtigste Erzhaus aufrecht stehen soll." Wie aus seinem Konferenzbericht hervorgeht, erreichte er wenigstens, „daß der nunmehr ernannte Feldzeugmeister, Freyherr von Loudon, zwar an das General-Kommando des Feldmarschalls Grafen von Daun anzuweisen, jedoch ihm freye Hand zu lassen seye, das ihm anvertraute Corps, so wie er es denen Umständen und dem allerhöchsten Dienst am vorträglichsten befindet, in Bewegung zu setzen und zu gebrauchen.“

Im Feldzug des Jahres 1761 sollte Loudon sich mit seinem Korps, das in diesem Jahr auf 60 000 Mann verstärkt worden war, mit den russischen Truppen unter dem Feldmarschall Buturlin vereinigen. Wieder gelang es dem Könige nicht, die Vereinigung der beiden Armeen zu verhindern. Am Jahrestag der Schlacht von Kunersdorf stießen die beiden Heere zueinander. Friedrich bezog ihnen gegenüber bei Bunzelwitz ein Lager, das er gemäß den Künsten der damaligen Zeit befestigte. Außerdem hatte er die Festung Schweidnitz als Sicherung im Rücken. Die Stellung galt als uneinnehmbar. Das war jedenfalls die Ansicht des Russen Buturlin. Es kam zu Zerwürfnissen zwischen Loudon und den Russen, so daß sie sich trennten. Die Russen setzten sich über die Oder ab, und Loudon bezog ein Lager am Fuße des Gebirges bei Kunzendorf und Bögendorf. Der König versuchte durch gewisse Manöver, Loudon aus seiner Stellung herauszulocken. Dieser benutzte aber die vorübergehende Abwesenheit des Königs, um die Feste Schweidnitz zu stürmen. Dazu brauchte er nur etwa 800 Grenadiere. Schon im Jahre 1860 hatte er alle Offiziere zu sich gebeten, die über Kenntnisse der Befestigungsanlagen von Schweidnitz verfügten. Nach deren Aussagen hatte er sich einen Plan überlegt, wie er bei der Eroberung vorgehen müßte. Vor dem Sturm war er mit allen Stabsoffizieren zur Festung geritten und erklärte jedem Offizier, der einen Angriffstrupp zu führen hatte, welche Aufgabe er zu erfüllen hatte. Vorher waren aus der Umgebung alle Leitern nach Kunzendorf gebracht worden. Loudon ermahnte die ausgesuchten Grenadiere, ihre Pflicht zu tun und jede Plünderung zu unterlassen. Dafür versprach er diesen Sturmtrupps eine Belohnung von 100 000 Gulden.

Diese Maßnahme, die die Nebenerscheinungen des Krieges mildern sollte, ist charakteristisch für Loudons Mentalität. An sich ist es durchaus berechtigt, daß die Soldaten, die erhöhter Gefahr ausgesetzt sind, auch in etwa für das Risiko entschädigt werden. Das entspricht dem Empfinden der Truppe, und wenn ihr diese Kompensation nicht zuteil wird, so hält sie sich am Eigentum des Unterlegenen schadlos. Im Dreißigjährigen Krieg hat Wallenstein auch daran nichts ändern können, selbst wenn er, um die empörte Bevölkerung zu beruhigen, dem einen oder anderen besonders eifrigen Plünderer den Kopf abschlagen ließ. Im übrigen ging er ja selbst mit schlechtem Beispiel voran, weil er bei seinen Feldzügen immer auf die eigene Bereicherung bedacht war. Nach seinem Tode sank die Moral der Soldateska ins Bodenlose.

Als um zwei Uhr nachts die Grenadiere ihre Bereitstellungen bezogen hatten, begann der Angriff mit großer Geschwindigkeit unter tunlichster Vermeidung von Geräuschen. Sie erstiegen rasch alle Hindernisse und Zugbrücken und richteten die eroberten Geschütze auf die Stadt, die dann bald genommen wurde. Die Besatzung mit ihrem Kommandanten, General Zastrow, mußte sich ergeben. Ein Faktor, der wesentlich zum Gelingen des Planes beigetragen hatte, war, daß außer den Beteiligten niemand etwas über ihn wußte. Am Abend vor dem Sturm ließ Loudon mehrere Kavallerieregimenter ausrücken und führte sie selbst an. Niemand wußte, wohin. Nach einiger Zeit wurde haltgemacht und abgesessen. Loudon ging mit seinem Jugendfreund, dem Major Birkig, den er aus der Zeit kannte, als sie beide Hauptleute unter Trenck gewesen waren, auf und ab. Plötzlich kommt ein Adjutant angesprengt:
„Euer Exzellenz, alles ist in Bereitschaft und wartet auf Ihre Befehle"! Loudon sieht auf die Uhr und sagt: „Wenn Sie im langsamen Trott zurückreiten, so wird es gerade Zeit sein, bei Ihrer Ankunft sofort anzufangen".

Jeder der Umstehenden fragt sich, was denn angefangen werden soll. Keiner weiß Bescheid. Der Spaziergang wird fortgesetzt. Um drei Uhr hört man einen Kanonenschuß, gleich darauf noch einen. Dann folgt Gewehrfeuer, Schüsse der Artillerie. Bei dem ersten Kanonenschuß war Loudon zusammengefahren und lauschte angestrengt. Er schien im Zustand eines Fieberkranken. Als das Gewehrfeuer einsetzte, fiel er seinem Freund um den Hals und rief:

„Wir sind in Schweidnitz – schon kämpfen sie auf den Wällen". „Wie in Schweidnitz?" riefen die Umstehenden ungläubig. „Ja, Ja, meine Kinder, wir sind in Schweidnitz".
Vorsorglich hatte Loudon seine gesamte Kavallerie auf der Straße aufgestellt, auf der der König mit seiner Reiterei der bedrohten Festung zu Hilfe hätte eilen können. Aber Friedrich kam nicht. Als man ihm nach einigem Zögern die Nachricht von dem Fall der Festung mitzuteilen wagte, wollte er es nicht glauben. „Das ist nicht wahr!" versetzte er. Der Adjutant ließ sich nicht beirren und wiederholte: „Euer Majestät, die Österreicher haben wirklich Schweidnitz genommen!" Der König rief aufgebracht: „Das ist nicht wahr, sag ich ihm; scher er sich zum Teufel!" Er hatte 3776 Mann an Gefangenen verloren, 25 Fahnen, 222 Geschütze, 135 Handmörser und Geräte verschiedenster Art.

Loudon hielt sein Wort, und die am Sturm beteiligten Grenadiere bekamen 100000 Gulden ausbezahlt[4]. Maria Theresia schickte Loudon mit einem überaus schmeichelhaften Handschreiben ein ebenfalls mit Brillanten besetztes Brustbild von ihr sowie ein mit Brillanten verziertes Großkreuz des ihren Namen tragenden Ordens, das bisher ihr Schwager, Carl v. Lothringen, getragen hatte. Dazu sandte sie ihm 3000 Dukaten und wertvolle Pretiosen, die Loudon nach Gutdünken an seine verdienten an der Erstürmung der Feste beteiligten Offiziere und Mannschaften, verteilen sollte.

Loudon begab sich im Januar 1762 nach Wien, wo er mit besonderen Ehren empfangen wurde. Es herrschten allerdings auch Gerüchte, daß der Sieger von Schweidnitz wegen seines eigenmächtigen Handelns – er hatte zuvor in Wien nicht angefragt – unter Anklage gestellt werden sollte. Aber diese Vermutungen gehörten wohl ins Reich der Legende; richtig ist allerdings, daß man mit dem Ergebnis des Kriegsjahres gar nicht zufrieden war. Das gemeinsame Operieren mit den russischen Truppen hatte wieder nicht zu einem entscheidenden Ergebnis geführt, was man in gewissen Kreisen Loudon vorwarf; andererseits wurde allgemein die Einnahme von Schweidnitz nicht gebührend gewürdigt, wobei möglicherweise ob dieser mit ganz geringen Verlusten durchgeführten Waffentat wieder

der Neid eine gewisse Rolle spielte. Allerdings sprach auch Maria Theresia von dem „heureux hazard de la prie de Schweidnitz ... que c'était l'affaire de quelque Bataillons de grenadiers".

Am 17. September 1761 wird auf einen russischen Vorschlag hin Lacy mit einem kleinen Korps in Richtung Berlin entsandt, wohin auch ein russisches Kontingent strebt. Es gelingt ihnen, die Hauptstadt am 2. Oktober für einige Tage zu besetzen und die Gewehrfabrik in Potsdam zu zerstören. Doch bald müssen sie die Stadt räumen, da der König mit überlegenen Kräften naht. Als Friedrich von dem Abmarsch der Alliierten aus Berlin erfährt, wendet er sich gegen Sachsen. Daun folgt ihm. Nachdem Lacy zu ihm gestoßen ist, erhält er von Wien aus die Weisung, unter allen Umständen, auch bei Gefahr einer Feldschlacht, die Städte Torgau, Eilenburg und Leipzig zu halten. Auch der König ist zum Schlagen entschlossen. Er will Daun, der vor ihm auf die Höhen von Süptitz über Torgau zurückgegangen ist, von vorn und vom Rücken aus angreifen, um ihn in die Elbe zu werfen. Er auf dem linken und Ziethen auf dem rechten Flügel sollen zugleich angreifen.

Der 3. November 1761 ist ein stürmischer Herbsttag mit Schnee und Regen. Die Schlacht entwickelt sich für die Österreicher nicht ungünstig. Der Ansturm der Preußen bricht im Feuer der geschickt aufgestellten Artillerie zusammen. Die kaiserliche Infanterie drängt die Truppen des Gegners zurück. Bereits hat die Dunkelheit eingesetzt. Daun wird am Fuß verletzt und übergibt das Kommando dem Grafen O'Donnel. Er läßt sich nach Torgau bringen, von wo er 24 Trompeter mit der Siegesmeldung nach Wien auf den Weg schickt. Aber zu früh hat sich Daun gefreut, denn Ziethen führt seine frischen Truppen jetzt dem Feinde in den Rücken und nimmt die Süptitzer Höhen. Die Wachtfeuer zeigten ihm die Stellungen der Kaiserlichen an. Ein Gegenstoß Lacys scheiterte. Da sich die Kaiserlichen im Lauf des Tages auch verschossen haben, gehen sie resigniert auf das rechte Elbufer zurück. Zwar bringen sie 3500 Gefangene, darunter die Generäle von Finkenstein und Budow, sowie acht Geschütze als Beute mit. Aber der Siegespreis wurde ihnen im letzten Augenblick entrissen. Groß ist die Enttäuschung in Wien, als man den wahren Ausgang der Schlacht erfährt. Man plant sogar eine Untersuchung über die Ursachen des Mißgeschicks. Daun rät davon ab. Er schließt seinen Bericht über die Affaire von Torgau mit den resignierenden Worten: „Gott hat es absolute so haben wollen, sonsten wäre es nicht möglich, daß es so unglücklich hätte endigen können". In einem anderen Schreiben nennt er sich „ein unglückselig Tier".

Als Folge dieser Niederlage muß Loudon auch die Belagerung der Feste Cosel aufgeben. Mit Mühe erreicht man noch vor den Preußen die Stadt Dresden und geht dann hinter dem Plauener Grund in die Winterquartiere. Im Laufe des Winters wird wieder die Absetzung des Grafen Daun erwogen. Aber schließlich bleibt doch alles beim alten, und das „unglückselig Tier" behält den Oberbefehl.

Im Januar 1762 starb die Kaiserin Elisabeth von Rußland. Ihr Nachfolger Peter III. gab dem Feldmarschall Tschernitschew den Befehl, mit seinen in Österreich stehenden Truppenteilen zu der preußischen Armee zu stoßen. Loudon sandte umgehend Kuriere nach Wien mit dem Vorschlag, die 20 000 Russen sofort zu entwaffnen; der Vorschlag wurde jedoch verworfen. Peters unvorhergesehener Tod änderte die Verhältnisse. Die Russen verhielten sich fürder neutral.

Seit die Regentin und das österreichische Oberkommando für das Jahr 1762 sich für eine Strategie der Defensive entschlossen hatte, lehnt es Loudon ab, eine Armee zu führen. Handelt es sich bei ihm um eine Verärgerung über die laxe Kriegsführung, oder fühlte er sich gesundheitlich nicht auf der Höhe, so daß er das verantwortliche Amt eines Armeeführers nicht übernehmen will? Das ist nicht mehr zu ergründen. Jedenfalls unterstellt er sich Daun, und damit geht die Initiative in der Kriegführung an die Preußen über. Prinz Heinrich drängt die Reichsarmee schrittweise zurück. Die Österreicher unter Serbelloni entschließen sich nicht zu einem entscheidenden Schlag. Daun steht unterdessen in der Ebene von Schweidnitz. Der König sucht Daun aus seiner Stellung zu vertreiben. Dieser sieht sich im Rücken bedroht und bezieht auf den Höhen von Ditmarsdorf bis Burkersdorf eine befestigte Stellung. Am 21. Juli gelingt es dem König, in dessen Heer jetzt schon Kadetten und Studenten vielfach Offiziersstellen einnehmen, die Höhen bei Burkersdorf an sich zu bringen. Es hatte die Lage Friedrichs begünstigt, daß Daun einen Teil seiner Truppen gegen ein mögliches Eingreifen des russischen Generals Tschernitschew bereithalten mußte. Er wußte nicht, daß Zar Peter bereits gestürzt war und die Zarin Katharina II. das Bündnis mit Preußen schon gelöst hatte. Friedrich aber hatte jetzt die Möglichkeit, die Belagerung von Schweidnitz zu eröffnen. Nach tapferer Verteidigung über 63 Tage mußte sich die Feste am 9. Oktober ergeben. Ein Entsatzversuch des Grafen Daun scheitert am 16. Oktober bei Reichenbach. Was Loudon erworben hatte, hat Daun wieder verspielt. Als Prinz Heinrich bei Freiburg einen Sieg über die Reichsarmee erringen kann, bessert sich die Lage des Königs wesentlich.

Eigentlich sind alle Kontrahenten des Krieges am Ende ihrer Kräfte. Österreich war sogar noch während des Krieges genötigt, einen Teil seiner Truppen zu entlassen, weil es den Sold nicht mehr aufbringen konnte. Am 30. Dezember 1762 werden die Verhandlungen über den Frieden auf dem sächsischen Lustschloß Hubertusburg aufgenommen; am 15. Februar 1763 folgt die Unterzeichnung.

Der preußische Militärschriftsteller Archenholz, der selbst aktiv an dem Kriege teilgenommen hatte, schreibt: „Wäre Loudon nicht bei Theresiens Heer gewesen, so hätte man nicht sieben Jahre durch gekämpft, und alle Kriegsoperationen Friedrichs nebst ihren Folgen wären ganz anders gewesen."

Was war der Dank vom Hause Habsburg? Persönliche Gunstbezeugungen von seiten der Regentin, jedoch beständige Bevorzugung ihrer glück- und talentlosen Favoriten zum Nachteil des Reiches. Mit Loudon im Oberkommando hätte sie den Krieg wohl gewinnen können.

Der Magistrat von Prag hatte Loudon aus Dankbarkeit für die Verdienste, die er im Interesse von Böhmen geleistet hatte, ein Haus in der Stadt eingeräumt. Den Sommer über aber wechselte er seinen Aufenthaltsort und wohnte auf seinem Gut in Betschwar bei Kolin. Durch Ankauf des Nachbargutes Groß-Betschwar vergrößerte er seinen Landbesitz. Er errichtete ein Schloß und beschäftigte sich mit der Landwirtschaft. Im Sommer 1763 reiste Loudon nach Karlsbad zur Kur. Dort befreundete er sich mit dem Dichter Christian Fürchtegott Gellert[5], der mit seinen Erzählungen und Fabeln sich bei den Deutschen damals großer Beliebtheit erfreute. Bekanntlich ging er dabei darauf aus, moralisch auf seine Leser zu wirken. Es ist ein Brief von dem Dichter erhalten, in dem er den Charakter seines Freundes Loudon schildert.

„Einer meiner ersten und liebsten Bekannten war General Loudon, ein Mann von einem besonderen Charakter, ernsthaft, bescheiden, halb traurig, so wie ich, der wenig, fast wie ich, aber richtig und wahr redete, nichts von seinen Taten, wenig vom Kriege sprach; der aufmerksam zuhörte, und in seinem ganzen Betragen, in seiner Art, sich zu kleiden, eben die gefällige Art und Anständigkeit zeigte, die in seinen Reden herrschte. Er ist nicht groß von Person, aber wohlgewachsen, hager, aber weniger als ich und hat nachsinnende, tief in den Kopf eingeschlossene, tiefblaue Augen. Er wurde nach und nach vertraulich gegen mich und vielleicht war meine traurige Miene schuld daran. – „O“, sagte er einmal zu mir, als er mich in der Allee fand, „ich käme oft gerne zu Ihnen, aber ich fürchte mich; ich weiß nicht, ob Sie mich haben wollen“. Er hatte sich genau nach meinem Geschmack erkundigt und bat mich nicht eher zu Tische, als wenn er allein war, ließ meistens viele weiche Speisen zubereiten, ließ meinen eigenen Wein kommen und mich bald nach der Tafel gehen; kurz, er nahm meinen Willen ganz an. Ich habe aus seinem Munde nichts als Gutes gehört und immer bemerkt, daß er religiös war. Ich mußte ihm eine kleine Bibliothek aufsetzen, denn es war seine Klage, daß er nicht studiert hatte. Aber in der Tat ersetzt sein natürlich scharfer Verstand und seine große Aufmerksamkeit auf alles bei ihm den Mangel an Wissenschaften. Überdies liest er auch gern."

Nach dem Bericht eines anderen Zeitgenossen war Loudon von mittlerer Größe, mager, aber gut gebaut. Die Stirne ziemlich hoch und leicht gewölbt, mit sehr hervortretenden Augenbrauenknochen. Die Haare waren in jungen Jahren rötlich und später weiß. Seine tiefliegenden Augen waren von lichtgrauer Farbe und strahlten unbeschreibliches Feuer aus. Die Nase war etwas erhaben, die Wangen eingefallen. Im Ausdruck seines Gesichts lag Ernst, Verschlossenheit, Nachdenken und Strenge. Er lachte nur selten und sprach stets wenig und mit Bedacht. Er war von melancholisch-cholerischem Temperament. Loudon vermied den Umgang mit Frauen, war aber ein treuer und liebender Gatte. Er schlief wenig, trank mäßig Wein, aß aber viel und hastig. Nie sprach er vom Kriege, was schon Gellert bemerkt hatte. Zu Hofe ging er nur, wenn seine Stellung es ihm vorschrieb.

Loudons Geistesgaben hatten sich auch ohne wissenschaftliche Anleitung aus sich selbst entwickelt. Er verfügte über ein scharfes Urteil und ein vorzügliches Gedächtnis. Bis ins hohe Alter hörte er nicht auf, die Feldzüge älterer und neuerer Feldherren zu studieren. Er sammelte Landkarten, Pläne von Schlachten und Festungen. Auch las er gerne ökonomische Schriften. – Obgleich sehr strenge im Dienst, pflegte er nie die Armee mit zwecklosen Kleinigkeiten zu belästigen. Damit verband er die unbestechlichste Gerechtigkeit und eine väterliche Sorgfalt für seine Soldaten, die ihn darob geradezu anbeteten. Er hielt viel auf gute Spione, bezahlte sie oft aus eigener Tasche und kümmerte sich um sie, wenn sie ins Unglück gerieten.

Davon, daß Loudon die Verbindungen mit seinen Angehörigen in der Heimat Livland trotz seines bewegten kriegerischen Lebens aufrecht erhalten hat, zeugt eine Bitte, die er der Kaiserin während einer Audienz vortrug. Er wollte zwei Neffen zur Aufnahme in die kaiserliche Armee verhelfen und fragte, ob sie nichts dagegen hätte. Die Kaiserin antwortete in ihrer wienerisch-liebenswürdigen Art:

„'s scho recht, schicke er mir noch solche". Es handelte sich um einen Sohn seines Bruders, Alexander v. Loudon, und einen jungen Herren v. Klebeck, einen Neffen 2. Grades [6].

Dank seines cholerischen Charakters wird er wohl ab und zu seinem Herzen Luft gemacht haben. Deshalb verbreiteten sich auch Gerüchte, er wolle den Dienst in der österreichischen Armee, in der er soviel Zurücksetzung erfahren hatte, quittieren. Dies geschah um so mehr, als bekannt wurde, daß fremde Mächte ihn umwarben. Als erste wurden die Spanier genannt, die angeblich schon im Jahre 1762 mit dem Ansinnen an ihn herangetreten waren, Dienst in Spanien zu nehmen. Dem Kanzler Kaunitz gegenüber stritt Loudon die Ernsthaftigkeit dieser Bemühungen ab. Nach Beendigung des Krieges soll die Kaiserin Katharina II. von Rußland ihm ein sehr schmeichelhaftes Angebot gemacht haben. Er stellte zur Bedingung, daß ihm ein Erbgut in Livland verliehen würde und daß er in Friedenszeiten nur in Livland ein Kommando erhalte (R. Wittram, Baltische Geschichte). Näheres darüber ist nicht bekannt geworden, da solche Verhandlungen ja immer unter dem Siegel der Verschwiegenheit geführt wurden. Wie bereits erwähnt, hielt sich Loudon im Jahre 1763 in Karlsbad auf. Dort traf er mit dem General Ziethen zusammen. Man munkelte natürlich sofort, Ziethen habe die Weisung vom König erhalten, Loudon für den Dienst in der preußischen Armee zu gewinnen.

In einer Ziethenbiographie heißt es wörtlich: „und sie schienen unzertrennlich zu sein". Aber auch in diesem Fall kam es nicht zu irgendwelchen Abmachungen. Ernster waren schon die Verhandlungen, die sich, ebenfalls in Karlsbad, mit dem sächsischen Hof anbahnten. Man hatte dort Johann Georg Ritter von Sachsen als Unterhändler mit Loudon ausersehen. Dieser hatte mit August III. von Sachsen und mit dem Kanzler Brühl vereinbart, Loudon eine seinen österreichischen Verhältnissen entsprechende Stellung im sächsischen Heer anzubieten. Man schickte einen Major von Selmer nach Betschwar, wohin Loudon sich nach Beendigung seiner Kur begeben hatte. Loudon zeigte ernsthaften Willen, unter gewissen Voraussetzungen in sächsische Dienste zu treten, was eigentlich sehr verwundert, da sowohl Österreich wie auch Rußland doch ganz andere, aussichtsreichere Perspektiven hätten bieten können. Allein, Loudon stellte seine Forderungen: gleichen Rang und Einkommen wie in Österreich; den dem Maria-Theresia-Orden entsprechenden Orden vom Weißen Adler, Verleihung eines Regiments, Zusicherung einer Pension, Übernahme seiner Adjutanten und gegebenenfalls eine Entschädigung für die durch den Übertritt auftretenden Verluste. Der Ritter von Sachsen berichtete dem Kanzler Brühl über die Verhandlungen, mit deren Verlauf der Hof einverstanden war.

Unklar blieb nur die Form des Übertritts. Aus den Forderungen Loudons ging schon hervor, daß er mit Vergeltungsmaßregeln von seiten Österreichs als Folge seines Übertritts hätte rechnen müssen. Deshalb trachtete er danach, diesem Akt jeden Anschein von Illegalität zu nehmen; er sollte sich möglichst „schmerzlos" vollziehen. Zweifellos bewahrte er Maria Theresia gegenüber trotz der Verärgerung noch einige Dankbarkeit für die erwiesenen Gunstbeweise. So wollte er nicht von sich aus den Abschied nehmen. Er ließ sich nicht davon abbringen, daß der sächsische Hof sich mit der Bitte um eine freundschaftliche Überlassung des tüchtigen Offiziers an Maria Theresia wenden und es nach dem verlorenen Kriege als Bedürfnis Sachsens erklären sollte, etwas zur Aufbesserung seines Heeres zu tun. Doch der Hof wollte es mit Österreich nicht verderben und weigerte sich, diesen Wunsch Loudons zu erfüllen. Kanzler Brühl machte noch den Vorschlag, Loudon möge zwischen seinem Abschied und dem Eintritt in das sächsische Heer eine gewisse Frist verstreichen lassen. Dieser Vorschlag fand aber nicht die Zustimmung des Feldmarschall-Leutnants.

Schließlich zerschlugen sich die Verhandlungen, über die beide Teile strengstes Stillschweigen bewahrt hatten, durch den Tod Augusts III. am 5. Oktober 1763. Eine Trübung des Verhältnisses zu Österreich erschien unter den eingetretenen Umständen zu riskant. Eine Demarche des sächsischen Hofes kam demnach auf keinen Fall in Frage. Loudon wieder hatte zu überlegen, daß die Aufrechterhaltung der Personalunion zwischen Sachsen und Polen jetzt völlig ungewiß war, und die war schließlich die Grundlage des Ansehens, der Macht und der Einkünfte eines Kurfürsten von Sachsen. So gab Loudon den Gedanken eines Wechsels endgültig auf und teilte das in einem Schreiben an den Ritter von Sachsen mit.

Aus der Tatsache dieser Verhandlungen ist zu schließen, daß Loudons Stellung in Österreich am Ende des Siebenjährigen Krieges trotz aller militärischen Erfolge und der daraus sich ergebenden Ehrungen und Würden keineswegs so sicher und gefestigt war, wie man lange angenommen hat. Der Übertritt eines hohen Offiziers in andere Dienste war übrigens damals nichts Außergewöhnliches, wie auch der Fall des Grafen Schmettau zeigt, der zur preußischen Armee übergewechselt war. Österreich verdankte es schließlich der Vorsicht der Unterhändler Sachsens, daß der nächst dem Prinzen Eugen hervorragendste Feldherr der Kaiserlichen Armee erhalten blieb. Niemand kann sagen, wie ohne ihn der nächste Türkenkrieg ausgegangen wäre.

Am 27. März 1764 war Maria Theresias Sohn Joseph einstimmig, also auch mit Zustimmung Friedrichs II. zum Kaiser gewählt worden. Am 3. April fand in Frankfurt a. M. die feierliche Krönung statt. Im Jahre 1766 war die Regentin, enttäuscht durch die vielen Schicksalsschläge, die sie hatte hinnehmen müssen, des Regierens müde und wollte nach dem Tode ihres Gatten zurücktreten. Kanzler Kaunitz hatte Mühe, sie von diesem Schritt zurückzuhalten. So wurde Joseph zum Mitregenten ernannt. Nur im Militärwesen ließ sie ihm freie Hand. Auf diesem Gebiet hielt sich der Sohn für kompetent und begann mit großem Eifer, sich um das Heer zu kümmern. Sehr bald stand er vor einer schwerwiegenden Entscheidung: am 5. Febr. 1766 war Feldmarschall Fürst Leopold Daun gestorben. Der Posten des Präsidenten des Hofkriegsrats wurde vakant.

Mutter und Sohn waren sich in diesem Falle darüber einig, daß nur Lacy, der Liebling des Grafen Daun, dafür in Frage komme. Nun hatte Lacy im Verlauf des Kriegs nicht eine einzige Schlacht selbständig geschlagen, sondern sich nur auf einige mehr oder weniger gelungene Manöver beschränkt. Seine Ernennung mußte der empfindsamen Seele Loudon schweren Schaden zugefügt haben. Im allgemeinen hat die Eiseskälte, mit der ihr Sohn in ähnlichen Fällen

Gideon Ernst von Loudon (1717–1790)

vorging, Maria Theresia Sorgen gemacht. Loudon mußte sich mit der Ernennung zum Hofkriegsrat zufrieden geben.

Auf einer Marmortafel am Elisenbrunnen in Aachen zeugt eine Inschrift davon, daß Loudon dort im Jahre 1765 Kur gemacht hat. Im Stadtarchiv werden als prominente Gäste dieses Jahres Loudon und der Graf Friedrich v. d. Trenck[7] erwähnt, die sich beide mehrere Monate in Aachen und in Spaa aufgehalten hätten.

1767 nahm die unmittelbare Reichsritterschaft Loudon als Mitglied in ihre Versammlung auf. Im Jahre 1769 trug man ihm das Generalamt von Mähren an. Dieses Amt legte er aber sehr bald wieder nieder. Im selben Jahr kam es zu einem Treffen in Neiße zwischen Joseph und Friedrich. Lacy und Loudon begleiteten ihren Regenten. Im darauffolgenden Jahre machte Friedrich einen Gegenbesuch in Mährisch-Neustadt. Dazu wurde auch Loudon gebeten. Eines Tages vermißte man ihn im Speisesaal, wie der Kaiser feststellte. Der König meinte lächelnd: „Das wundert mich. Sonst pflegte er stets früher an Ort und Stelle zu sein als ich". Als Loudon dann mit Verspätung eintraf und ganz unten an der Tafel Platz nehmen wollte, rief der König: „Hierher, Herr v. Loudon! Setzen Sie sich neben mich. Ich habe Sie lieber neben mir als gegenüber". Beim Abschied schenkte ihm der König wertvolle Pferde mit kostbarem Geschirr.

Einmal kritisierte der König die maßgebenden Feldherren des letzten Kriegs. Er sagte: „Wir haben alle Fehler gemacht, bis auf meinen Bruder Heinrich und Herrn v. Loudon". Diesen redete er auch des öfteren mit „Herr Feldmarschall" an, bevor dieser dazu überhaupt ernannt worden war.

Als man 1773 dem Raabschen System zufolge die Fron abschaffen und den Bauern das Land in Erbpacht geben wollte, trat der Hofrat v. Raab an Loudon heran, er solle doch in Böhmen damit den Anfang machen. Loudon lehnte das Ersuchen ab. Bald darauf entstanden in Böhmen Unruhen unter den Bauern, im Verlauf derer viele Adelsschlösser zerstört wurden. Das verleidete Loudon seine böhmischen Besitzungen, und er verkaufte sie an die Kaiserin, die ihm neben der Kaufsumme noch ein Haus in Wien schenkte. Als Freund der Einsamkeit kaufte sich Loudon das dicht bei Wien gelegene Gut Hadersdorf und war bald damit beschäftigt, Schloß und Parkanlagen zu vergrößern und zu verschönern.

Im Jahre 1778 wollte der Kaiser, wie es scheint, ein altes Unrecht gutmachen und ernannte Loudon zum Feldmarschall, was ja längst fällig gewesen wäre.

Der Bayerische Erbfolgekrieg 1778–1779

Am 30. Dez. 77 starb Kurfürst Maximilian v. Bayern ohne Nachkommen. Carl Theodor von der Pfalz trat als erster Agnat in den Besitz des Herzogtums Bayern und der Oberpfalz. Kaiser Joseph prüfte zusammen mit seinem Vizekanzler alle Besitztümer des bayrischen Kurfürsten auf ihre Herkunft und ihren rechtlichen Charakter. Sie kamen überein, daß alle Reichslehen mit Ausnahme der Oberpfalz und der Grafschaft Cham vom Kaiser rechtens einzuziehen seien. Dies, stellte Joseph sich vor, könnte anhand der Urkunden friedlich vollzogen werden. Zu Beginn des Jahres 1777 wandte sich der Pfälzer Carl Theodor an Kanzler Kaunitz mit der Bitte um Schutz, falls Friedrich d. Gr. ihm im Erbfall die Grafschaften Jülich und Berg entreißen würde. Bei den folgenden Verhandlungen hielt man von seiten Österreichs mit seinen Ansprüchen nicht hinter dem Berg, übrigens sehr zum Mißfallen Maria Theresias, die auf keinen Fall aus dieser Sache einen neuen Krieg entfachen wollte. Der Sohn aber suchte nach einem Ersatz für das verlorene Schlesien. Joseph war immer noch zuversichtlich, daß alles friedlich verlaufen würde, da Carl Theodor die österreichischen Ansprüche auf den Rückfall der verstreuten böhmischen Lehen anerkannt hatte. Dafür sollte er durch einige österreichische Gebiete in niederländisch Limburg und Luxemburg entschädigt werden. Die Verhandlungen zogen sich aber in die Länge. Dabei wuchs die Partei der Herzogin Marianne, der Schwägerin Carl Theodors, einer Freundin Friedrichs von Preußen und einer Gegnerin Österreichs, immer mehr an. Auch der Erbe des kinderlosen Carl Theodor, Herzog Karl von Pfalz-Zweibrücken, war auf Österreich nicht gut zu sprechen. Friedrich erfaßte die Gelegenheit, dem Kaiserhaus in die Quere zu kommen. Er erreichte, daß Herzog Karl den preußischen König um eine Intervention bat. Am 7. Febr. 1778 erhielt Österreich eine preußische Note, in der die Ansprüche des Kaisers bestritten wurden. Die Note wurde mit Rechtsverwahrung abgelehnt. Es traf eine zweite Note ein, der Kaiser solle die Besetzung Bayerns rückgängig machen, im übrigen bei dem Erbfall auch die Ansprüche Sachsens und Mecklenburgs berücksichtigen.

Friedrich schien Ernst machen zu wollen und rüstete. Dem Kaiser blieb auch nichts anderes übrig, als das gleiche zu tun. Maria Theresias Befürchtungen waren nur allzu berechtigt. Die preußische Note wurde in scharfer Form zurückgewiesen, Loudon nach Böhmen zur Armee beordert.

Am 5. Aug. 1778 erfolgte der preußische Einmarsch in Böhmen mit einem Heer von 160000 Mann.

Der König befehligte die stärkere östliche Armee, der der Kaiser, unterstützt vom Grafen Lacy, gegenüberstand. Die westliche preußische Heeresgruppe befehligte Prinz Heinrich, dessen Vordringen Loudon abwehren sollte. Im Felde kamen dem Kaiser schwere Bedenken, wie man die drohende Gefahr abwenden sollte. Er beschwor die Mutter, alles Erdenkliche zu tun: Anleihen aufzunehmen, Rekruten auszuheben, um gegen die Preußen bestehen zu können. Graf Kaunitz, der all dies beobachtet, ist verzweifelt: „Ohne Kanonenschuß hält man schon alles für verloren". Maria Theresia handelt; sie entschließt sich, die Ansprüche des Hofes einzuschränken, ja notfalls auf jeden Luxus zu verzichten. Ohne Wissen des Sohnes eröffnet sie durch einen vertrauten Unterhändler Gespräche mit Friedrich. Als Joseph davon erfährt, ist er empört und macht der Mutter die schwersten Vorwürfe. Dabei fühlt er sich selbst schon nicht mehr in der Verfassung, eine Heeresgruppe zu führen. Er äußert Loudon gegenüber, daß er beabsichtige, die Armee zu verlassen und sich nach Italien zurückzuziehen. Loudon sucht ihm das auszureden. Dabei betont er allerdings, daß die österreichische Armee der preußischen nicht ebenbürtig und reformbedürftig sei.

Der neuernannte Feldmarschall hat, während die Verhandlungen sich hinziehen, bei Leitmeritz und Niems seine Stellungen verlassen und sich hinter die Iser zurückgezogen. Auch diese Stellung glaubt er nach einiger Zeit bei einem ernsten Angriff nicht halten zu können. Sollte dieser Fall eintreten, so wäre auch die feste Position des Kaisers gefährdet.

Loudon hat jetzt die 60 überschritten. Ist er nicht mehr der alte wagemutige Feldherr? Haben die erlittenen Zurücksetzungen sein Selbstbewußtsein erschüttert? Oder meint er vielleicht, in Österreich würden die Vorsicht und das Zögern, wie Daun das praktiziert hatte, mehr geschätzt als kühne Entschlüsse? Es ist schwer zu sagen, was in Loudon vor sich geht. Im November des Jahres 1778 hatte Loudon wegen eines „gichtischen Leidens" nach Wien gemußt. Als Friedrich davon hört, veranlaßt ihn das zu dem Ausspruch: „Wenn die Österreicher Loudon verlieren, dann habe sie keinen General von Bedeutung, der Armeen kommandieren kann". Es muß sich also um eine recht schwere Krankheit gehandelt haben. Kann man vielleicht auf diese die Unentschlossenheit Loudons zurückführen?

Der Kaiser ist sehr beunruhigt über die Manöver von Loudon und sucht ihn in seiner Stellung auf. Er berichtet der Mutter über die empfangenen Eindrücke. Er schreibt: „Loudon ist in Verzweiflung über das, was er getan hat. Er möchte tot sein". Man muß berücksichtigen, daß der Monarch sich selbst in einem Zustand größter Unruhe befindet, so daß sein Bericht die Verhältnisse vielleicht übertreibt. Er drängt jetzt auch selbst darauf, daß seine Mutter ihre Bemühungen, Frieden zu schließen, intensiv fortsetzt.

Aber auch der preußische König ist nicht mehr der alte. Statt anzugreifen, bricht er seine Stellung in den schon naßkalten böhmisch-schlesischen Bergen ab, da auch die Versorgung seiner Truppe mit Nachschub in dem Gelände sehr beschwerlich ist. Er zieht sich in Richtung auf Schlesien zurück, nicht ohne empfindliche Verluste an Mannschaften und Pferden hinnehmen zu müssen. „Ich kann nicht leugnen", schreibt er seinem Bruder, „daß wir einen recht albernen Feldzug machen". Es ist ein Krieg von Generälen, die ihre beste Zeit bereits hinter sich zu haben scheinen: der König ist 66, Loudon ist 61, Lacy 53 und Prinz Heinrich 52 Jahre alt. Was Wunder, daß dieser Krieg nicht recht vorankommt. Friedrich, der sich von den

Russen, mit denen er ja ein Bündnis geschlossen hatte, im Stich gelassen fühlt, ist dem Abschluß eines Friedensvertrages nicht abgeneigt. So kommt es am 11. März 1779 zum Frieden von Teschen. Österreich erhielt eine gewisse Gebietsabrundung durch das Innviertel. Es garantierte die wittelsbachischen Familienverträge.

Der Volksmund nannte diesen Krieg, der immerhin viel Menschenleid verhindert hatte, den „Kartoffelkrieg" oder den „Zwetschenrummel".

Der Türkenkrieg der Jahre 1788–1789

Neun Jahre der Ruhe und des Friedens waren Loudon vergönnt, im Laufe derer er das Leben eines Gutsbesitzers führte. Auch benutzte er sie, um sich in Behandlung des damals sehr geschätzten Internisten Maximilian Stoll zu begeben, der ihn von einer in „die Baucheingeweide metastasierenden gichtischen Entzündung" heilte. Dann zeigte es sich wieder, daß man ohne ihn im Krieg nicht auskam. 1787 erklärte Rußland der Türkei den Krieg wegen des Besitzes der Halbinsel Krim. Österreich war durch das Bündnis zwischen Kaiser Joseph und Katharina von Rußland genötigt, letztere zu unterstützen. Josephs Ehrgeiz ging offenbar auch dahin, doch noch einmal kriegerische Lorbeeren zu erringen. Er übernahm, unterstützt durch den Grafen Lacy, den Oberbefehl über seine Truppen. Auf den „fremden Emporkömmling" glaubte er verzichten zu können. Dieser bot ihm 72-jährig aus lauter Kriegsbegeisterung seine Dienste an. Offenbar fühlte er sich leistungsfähig und schien wieder der alte. Der Regent aber klopfte seinem alten Feldmarschall jovial auf die Schulter und sagte: „Mein lieber Loudon, Sie haben schon das Ihrige getan, Sie sind schon gebrechlich; genießen Sie lieber Ihre Tage in Ruhe!". Der Gang der Ereignisse aber zeigte, daß der 72-jährige mehr zu leisten imstande war als die Jüngeren.

Die Feindseligkeiten wurden in Kroatien auf dem linken Flügel der Österreicher eröffnet und verliefen für diese alles andere als glücklich. Der Kaiser änderte daraufhin recht schnell seine Meinung bezüglich des „alten Feldmarschalls“ und verfuhr ganz im Sinne der öffentlichen Meinung und auch den Wünschen des Heeres entsprechend, nämlich Loudon von seinem Landgut abzuberufen und ihm das Kommando über die in Kroatien operierenden Truppen zu übertragen. Obgleich wieder durch Krankheit geschwächt – es hatte sich bei ihm eine Geschwulst an den Beinen gezeigt – folgte Loudon unverzüglich dem Ruf des Regenten und begab sich zur Truppe.

Den Soldaten flößte der Name Loudon allein schon neuen Mut und neue Zuversicht ein, so daß sie jetzt vertrauensvoller den kommenden Ereignissen entgegenblickten. Der Kaiser stellte dem ernannten Kommandierenden – wahrscheinlich aus einem leicht lädierten Gewissen – aus seinem Marstall Pferde, Wagen, Feld- und Küchengeräte zur Verfügung.

Die Soldaten jubelten dem Feldmarschall zu, als er im Lager vor Dubiza in Kroatien ankam. Am 18. August besichtigte er die bisher vergeblich belagerte Festung. Sehr bald schon boten ihm die Türken Gelegenheit zu zeigen, daß er noch über die bewährten strategischen Gaben verfügte. Denn als ein starkes türkisches Korps unter dem Pascha von Travnik zum Entsatz der Feste heranrückte, wurde es mit großen Verlusten zurückgeschlagen. Sechs Tage später kapitulierte auch die Festung. Schon die Anwesenheit des „deutschen Teufels“, wie man Feldmarschall Loudon beim Feinde nannte, wirkte deprimierend auf die Türken. Nach diesem Erfolg wurde ihm auch das Kommando über das slowenische Korps übertragen.

Loudon überschritt die Save, um Berbir oder Türkisch-Gradiska anzugreifen. Am 2. September wurde die Festung eingeschlossen. Am 20. Sept. machte der Pascha von Travnik erneut einen Versuch, das Belagerungsheer zurückzuschlagen, wurde aber erneut abgewiesen. Gleichzeitig mit der Belagerung von Berbir wandte sich Loudon auch gegen die Feste Novi. Ein Sturm auf die Stadt mißglückte beim ersten Mal, weil die Soldaten zu ungestüm und zu unvorsichtig anrannten, was bei Loudon Tränen des Unmuts hervorrief, da ihm bisher noch kein Sturm mißglückt war. Am 3. Okt. wurde Novi dann erstürmt; der Pascha von Dubno und der Bey von Novi gerieten in Gefangenschaft. Berbir konnte wegen des Einsetzens der kalten Witterung nicht mehr genommen werden, da die Feindseligkeiten eingestellt werden mußten.

Beim Feldzug des Jahres 1789 wollte Joseph erneut den Oberbefehl übernehmen. Eine ernste Krankheit bewog ihn jedoch, davon Abstand zu nehmen. Lacy lehnte die Führung der Hauptarmee ab. Der Kaiser übertrug sie nun nicht etwa Loudon, sondern dem greisen Andreas von Hadik, was ja wieder einem Affront Loudon gegenüber gleichkam. Am 4. April begab sich dieser zur kroatisch-slawonischen Armee, die vor Berbir lag. Die Belagerung dieser Stadt wurde von neuem begonnen. Daran änderten auch mehrere zu ihrem Ersatz unternommene Angriffe der Türken nichts. Sie fiel endlich am 9. Juli, wobei der 73-jährige Loudon ununterbrochen und unermüdlich in der Mitte seiner Soldaten weilte. Unterdessen stand die Hauptarmee unter dem 78-jährigen Hadik bei Weißkirchen und Futak. Dort erkrankte der alte Hadik so schwer, daß er ersetzt werden mußte.

Der Kaiser schickte daraufhin Loudon einen von schlechtem Gewissen diktierten Handzettel: „Ich befehle Ihnen nicht, mein lieber Feldmarschall Loudon, das Kommando meiner Truppen zu übernehmen, aber ich ersuche Sie, es zum Besten des Staates und aus Liebe für mich anzunehmen.“ Außerdem schickte er seinen Neffen, Erzherzog Franz, den nachmaligen Kaiser, zu Loudon ins Lager mit einem Schreiben, er könne seinen Neffen zu keinem größeren Meister geben als zu seinem Gideon.

Am 17. Aug. kam der neue Oberkommandierende im Lager zu Weißkirchen vor Belgrad an. Sofort rekognoszierte er die Stellung der Armee und die Befestigungen von Belgrad. Dann traf er seine Maßnahmen zur Eroberung dieser für damalige Verhältnisse äußerst starken Festung. Noch vor der Eröffnung der Belagerung bat er den Kaiser um folgende Hilfsmittel:

1. eine hinlängliche Menge an Rohrdecken und wollene Kotzen (Überwürfe mit einem Kopfloch) zur Pflege der Verwundeten, bevor sie ins Spital kämen.
2. für jeden Mann vom Feldwebel abwärts während der Belagerung ein Maß Wein.

3. der General Schmackers, der nach Triest abkommandiert war, solle bei der Armee bleiben, da er seiner bedürfe.

Alle Bedingungen wurden vom Kaiser bewilligt. Bei Beginn der Belagerung ließ Loudon alle Offiziere zusammenkommen und erklärte ihnen seine Pläne zur Eroberung der Festung. Er sagte: „Freunde, hier ist der Platz, wo wir siegen oder sterben müssen. Von hier weiche ich nicht. Ich habe den Auftrag, Belgrad dem Feinde abzunehmen. Ich werde meine äußersten Kräfte anwenden, um das vorgesetzte Ziel zu erreichen. Allein, ich verlange auch von den anderen, was Pflicht und Schuldigkeit ist. Ich wünsche, daß sich alle auf Sieg oder Tod gefaßt machen und sich vorstellen, daß niemand geboren ist, um niemals zu sterben".

Über das persönliche Verhalten Loudons vor Belgrad berichtete der spätere Feldmarschall Prinz de Ligne: „Hier wie bei seinen übrigen Siegen, immer gegenwärtig, scheute er vor keiner Gefahr, sondern feuerte er den Mut seiner Soldaten durch Wort und Tat an. Es ist nicht zu beschreiben, mit welcher Herzhaftigkeit dieser würdige, unter den Kriegen grau gewordene Held das Kommando führte. Wer ihn sah, mußte der Gefahren und Beschwerlichkeiten vergessen, mußte von Mut zum Streit beseelt werden. Loudon vergaß seine Greisenjahre, jugendlich-kriegerisches Feuer belebte seine Seele, und man glaubte in ihm den raschen feurigen Jüngling zu sehen, der in der Blüte der Jahre nach Siegen ringt".

Am 14. Sept. ward Belgrad eingeschlossen und am 25. das Bombardement eröffnet, das bis zum 30. mit unverminderter Heftigkeit unterhalten wurde. Am 29. Sept. starb der Leiter der Kanonade, der Feldzeugmeister Frh. v. Rouvroy, Loudons Waffengefährte. Am 30. Sept. gab Loudon den Befehl zur Erstürmung der Stadt. Er rief den Grenadieren von einer Batterie aus, aufmunternde Worte zu. Um ein Uhr mittags war der Feind aus der Stadt vertrieben, und man konzentrierte jetzt das Feuer der Batterien auf die eigentliche Festung. Da wurde Loudon, der der Stadt zustrebte, von einem Artilleriepferd so heftig am Fuß geschlagen, daß er sich beiseite tragen lassen mußte. Die Bestürzung über den Vorfall legte sich, als es sich erwies, daß die Verletzung nicht allzu schwerwiegend war.

Wie sehr Loudon um das Wohl seiner Soldaten besorgt war, geht aus den überlieferten Worten hervor, die er an die bei dem herrschenden Herbstwetter unter Nässe und Kälte leidende Truppe richtete: „Ich sehe mit Schmerzen Euch naß vor Regen und starr vor Kälte viel leiden. – Seht mich, Euren alten Vater, an! Ich wohne freilich in einer hölzernen Hütte, allein auch da regnet es herein". Jeder Soldat erhielt neben seiner Löhnung jetzt auch noch ein ganzes Pfund Rindfleisch.

Am 6. Okt. ging auf die Festung Belgrad ein Trommelfeuer nieder, von dem die alten Krieger versicherten, daß alles bislang von ihnen Gehörte dagegen nur ein Kinderspiel gewesen sei. Bald flammten Feuerschäden in der Festung auf, und dann verstummten die türkischen Batterien.

Osman Pascha, der Kommandant der Festung, ließ durch einen Parlamentarier Loudon ein Schreiben überbringen, in dem er um einen 15-tägigen Waffenstillstand bat, damit er sich mit seinem Stab über eine Kapitulation beraten könne. „Nicht 15 *Stunden*" war Loudons Antwort und die Feuerschlünde verdoppelten den Beschuß der Festung. Um weitere Verluste zu vermeiden, blieb ihrem Kommandanten nichts anderes übrig, als sofort zu kapitulieren.

Die Kaiserlichen zählten bei der Belagerung nur 300 Tote und 768 Verwundete, während die Türken allein durch das Artilleriefeuer in der Nacht vom 6. auf den 7. Okt. 2000 Mann an Toten und Verwundeten verloren hatten. Niemals zuvor war Belgrad mit so geringem Verlust an Menschenleben erobert worden. Daraus läßt sich die Liebe und das Vertrauen der Soldaten zu ihrem Oberbefehlshaber erklären.

Ganz anders war der Ruf, den Loudon bei der Truppe des Feindes genoß. Als Loudon seinen Gegner Osman Pascha fragte, weshalb er, wo noch soviel Kriegsvorräte in der Festung vorhanden gewesen seien, diese doch übergeben habe, gestand dieser: „Verzeih, aber Dein Name erfüllt meine Leute mit Schrecken; Dein Feuer – so was sah man nie – zertrümmerte meine Felsen. Und die schrecklichen Feuerwachteln liefen den Leuten nach wie Hunde". Loudon hatte schon früher die Überlegenheit der österreichischen Artillerie ausgenutzt, so bei Kunersdorf im Kuhgrund und bei Liegnitz zur Deckung seines Rückzugs, aber doch noch nie mit so entscheidender Wirkung wie bei Belgrad. Die Pflege der Artillerie wurde im österreichischen Heer zur Tradition bis zum Ersten Weltkrieg. Bekanntlich stammte die „Dicke Berta“ ebenfalls aus einer österreichischen Fabrik.

Loudon schickte seinen Neffen v. Klebeck nach Wien mit dem Auftrag, die Einnahme von Belgrad zu melden. Die Siegesnachricht löste einen Freudentaumel aus. Die Arbeit in den Betrieben ruhte drei Tage lang; abends beleuchtete man die Stadt; alle hatten Zutritt zu den Theatern; man ließ Wein und Bier fließen und warf Geld unter die Menge. Am 14. Okt. wurde ein Tedeum im Dom gefeiert, dem der Kaiser beiwohnte. Allenthalben sah man auf Straßen und Plätzen Bildnisse des Siegers von Belgrad. Der Kaiser verlieh Loudon den großen, ganz mit Brillanten gezierten Stern des Maria-Theresien-Ordens, welchen nach den Statuten nur der regierende Monarch als Großmeister tragen durfte. Dieser Stern wurde nach Loudons Tod von dessen Witwe durch Leopold II. für 50000 fl wieder eingelöst undd bildet eine Zierde der kaiserlichen Schatzkammer.

Wo alles feierte, war Loudon selbst noch mit dem rauhen Kriegshandwerk beschäftigt und hatte Semendria genommen. Wegen der einsetzenden rauhen Witterung gab er es auf, auch das weiter östlich gelegene Orsova zu erobern. Er sorgte noch, daß die Truppe in angemessenen Winterquartieren untergebracht wurde, und fuhr dann selbst nach Wien. Die Reise dorthin gestaltete sich zu einem Triumphzug. Überall wurde ihm zugejubelt. Dabei zeichneten sich am meisten der Magistrat und die Bürgerschaft von Pest aus. Als Loudon in die Nähe der Hauptstadt kam, war er darauf bedacht, weiteren Ehrenbezeugungen aus dem Wege zu gehen, und begab sich unbemerkt auf sein Gut Hadersdorf.

Am folgenden Tage zeigte er sich bei Hofe. Der schon recht sieche Kaiser ließ sich ihm entgegenführen und begrüßte den Sieger mit den Worten: „Willkommen, Belgrads Eroberer!“ Loudon traten die Tränen in die Augen, als er den Kaiser in so gebrechlichem Zustand sah. Obgleich Loudon sich jegliches festliche Gepränge verbeten hatte, strömte das Volk unter Hochrufen auf den Burgplatz.

Den Monarchen verließen in schneller Folge immer mehr die Kräfte. Am 13. Febr. empfing er zum letzten Mal das Abendmahl. Am 18. Febr. verabschiedete er sich auch von Loudon: „Reichen Sie mir noch einmal Ihre alte Hand, ich werde nie mehr das Vergnügen haben, sie zu drücken". Mit Tränen in den Augen antwortete der Feldmarschall: „Ich werde E. M. bald nachfolgen."

Indes war Loudon immer noch kein otium cum dignitat vergönnt, denn noch einmal (1790) trat Preußen als Feind Österreich im Bayrischen Erbfolgekrieg entgegen. Als der Nachfolger des verstorbenen Kaisers als Leopold II. im Februar 1790 den Thron bestieg, ernannte er Loudon zum Oberbefehlshaber über das gesamte österreichische Heer.

Am 18. April bezog dieser sein Hauptquartier in Neutitschein in Mähren. Hier befiel ihn mitten in den Kriegsvorbereitungen ein Unwohlsein. Ende Juni erholte er sich wieder und besichtigte den rechten Flügel des Heeres bei Troppau. Da erfaßte ihn wieder das Fieber. Gegen die Ermahnungen des Leibarztes Göpferth unternahm er am 5. Juli noch einen Ritt, der eine Wendung zum schlechten im Befinden des Feldmarschalls herbeiführte. Nun vermochten die Ärzte nichts mehr zur Verbesserung des Gesundheitszustandes des Patienten zu tun. Nur gewisse Erleichterungen konnten sie ihm verschaffen. Am 9. Juli nahm Loudon das Abendmahl.

Über seinen Nachlaß verfügte er in seinem Testament. Zu Zeugen hatte er die beiden Feldmarschälle Graf Colleredo und Marquis Botta erbeten. Ersterem trug er auf, dem Heer den letzten Abschiedsgruß zu übermitteln: „Danken Sie allen Generälen, dem ganzen Offizierskorps und vom Feldwebel abwärts allen Soldaten für die gegen mich getragene Liebe und Bereitwilligkeit! Noch empfehle ich Euer Exzellenz meine Gemahlin, damit die gute Frau nie eine Kränkung erfahren möge".

Die Nachricht von der schweren Erkrankung des beliebten Feldherren verbreitete sich wie ein Lauffeuer sowohl in der Armee wie auch im Volk. Allenthalben wurden Gottesdienste in den Kirchen gehalten, in denen Gott um die Erhaltung des Nationalhelden angefleht wurde. Am 12. Juli schien die Stunde des Ablebens gekommen zu sein. Es hatten sich am Lager die Feldmarschälle Prinz von Waldeck, Prinz von Liechtenstein und Fürst de Ligne eingefunden. Da flackerte noch einmal das Lebenslicht des Feldherrn auf, und er erklärte der Versammlung mit großer Geistesgegenwart den Stand und die Lage seiner gegen die preußische Grenze in Stellung gegangenen Armee, alle bemerkenswerten Punkte dieser Linie und die Absichten, die mit diesen verbunden waren. Er erläuterte auch die Position des Feindes, und wie auf dessen Manöver zu reagieren sei. Er fügte daran noch Ausführungen über die Pflichten des Menschen gegenüber Gott, Monarch, dem Vaterland und Mitmenschen.

Vor dem Bett knieten sein Neffe und Erbe, Johann Ludwig Alexander Freiherr v. Loudon. „Steh auf", sagte sein Oheim zu ihm, „sei ein Mann und Christ! Liebe Gott und beleidige nie einen Deiner Mitmenschen! Sei ein Verehrer Deines Monarchen und ein wahrer Verteidiger seines Staates! Mich hat die Vorsehung aus dem Staube zu dieser Höhe geführt, die ich nie gesucht habe. Immer habe ich nur getrachtet, meine Pflicht zu erfüllen".

Am Abend des 14. Juli 1790 starb der große Feldherr. Er, der wohl die Hälfte seines Lebens im Felde verbracht hatte, dauernd vom Tode umgeben, hauchte nun seinen Geist auf dem Schmerzenslager in Neutitschein aus. Nur einmal zu Beginn seiner Laufbahn im österreichischen Heer wurde er verwundet. Als Erinnerung bewahrte er eine Flintenkugel auf, die an die Klinge seines gezogenen Degens prallte, sich spaltete und auf das Stichblatt niederfiel. Er besaß auch einen Kroatensäbel, welcher ihm einst durch eine Haubitzenkugel aus der Hand geschleudert und so verunstaltet wurde, daß er nicht mehr gerade gebogen werden konnte. Oftmals fielen Offiziere an seiner Seite, und mehrmals wurden die Pferde unter ihm getötet.

Loudons Leichnam wurde in Feldmarschalluniform in einen doppelten Sarg gelegt und nach Hadersdorf überführt. Der kleine Trauerzug wurde von dem Obersten Hiller und dem Neffen Alexander von Loudon begleitet. Auf den ausdrücklichen Wunsch des Verstorbenen wurde der Sarg ohne jegliches Gepränge, ohne Musik und Gesang in der Schloßkapelle beigesetzt.

Im Tiergarten von Hadersdorf steht auf einer großen Wiese ein eigentümliches Monument. Ursprünglich hatte es seinen Standplatz in Belgrad gehabt. Als nun Loudon im Jahre 1789 die Festung eroberte, ließ er das Monument abtransportieren und nach Hadersdorf bringen. Auf dem Monument befinden sich 2 Marmortafeln; auf der vorderen steht zu lesen:

Zögling des Mars
am Dnepr
Befehlshaber
an der Morau, Oder
am Bobr, an der Neiße, Weistritz
Greis im Harnisch
an der Unna, am Ister, an der Save
mit Segen gekrönt
einfach
voll stiller sittsamer Größe
teuer dem Kaiser
dem Bürger, dem Krieger
1790

Auf der Rückseite befindet sich folgende Inschrift:

Dem Gideon Ernst Loudon
setzten dieses Denkmal
die Gattin
gegen ihren Wunsch ihn überlebend
und die Erben

Seine Frau Clara hatte Loudon als Erben seines Vermögens eingesetzt. Nach ihrem Tode sollte das Erbe an seinen Neffen Alexander von Loudon fallen. Dieser zeichnete sich später im Kriege gegen Frankreich aus und starb als Feldmarschall-Leutnant im Jahre 1822.

Das von Professor Zumbusch 1887 errichtete Denkmal Kaiserin Maria Theresias. Das Reiterstandbild rechts stellt den Feldmarschall v. Loudon dar.

Das Denkmal im Park von Hadersdorf mit den zwei Marmortafeln.

ANHANG

Es ist nicht zu verwundern, daß Feldmarschall Loudons Name auch in den österreichischen Heeres- und Volksliedern seinen Platz fand. Er war nicht nur bei seinen Soldaten bekannt, beliebt und verehrt, sondern die Teilnahme der Bevölkerung an seinem Leben und Sterben waren ein Beweis für seine allgemeine Popularität in den österreichischen Landen. So wird sein Name zum ersten Mal in einem Spottlied auf Friedrich II. nach dessen wenig erfolgreichen Kampfhandlungen in den Jahren 1759 und 1760 erwähnt. Da heißt es:

Fritze, schämst dich nicht deiner,
alle Tag wirst du kleiner.
Lege deinen stolzen Sinn,
wirf die stolzen Waffen hin!
Dein' großen Ervens(?) Kinder
stehen da wie arme Sinder;
scharenweise fanget man sie,
dieses vergiest du noch nie.
Laß dich nicht den Großen nennen
lerne dich und andre kennen!
Sieh' was Daun und Loudon thut,
denk an Maxen und Landeshuth!

(Aus Schmidts handschriftlicher Chronik von Leitmeritz vom Jahre 1760. Erschienen in der Zeitschrift für österreichische Volkskunde, 24. Jg. (1918), S. 131.)

Ein Preuße berichtet über die Affäre von Zorndorf und beklagt sich über die Beweglichkeit Loudons:

An Zorndorf denk ich all' mein Tag, ja all mein Tag
da kriegt ich ein'n Musketenschlag, Musketenschlag.

Darob bin ich von Zorn entbrannt, von Zorn entbrannt
und hab das Dorf Zorndorf genannt.
Genralfeldmarschall Loudon kam zur schlimmen Zeit,
ja schlimmen Zeit
wir glaubten ihn noch wer weiß wie weit,
wer weiß wie weit
(Durch Vermittlung des Pomm. Archivs, 1933, durch Prof. Dr. Neber in Rendsburg.)

Es ist verständlich, daß Loudons Ruhm und damit seine Popularität in dem Maße anstiegen, als sein Rang und seine Kompetenzen im österreichischen Heer an Bedeutung gewannen. Das geschah zu Beginn des Krieges mit den Türken. So war der Wechsel im Oberkommando, der dann schließlich auch zu kriegerischen Erfolgen führte, auch den Poeten im Heer nicht verborgen geblieben, was sie dann in Liedern verewigten:

Loudon vor Belgrad

Als die große Stadt Belgrad
Joseph der Zweite belagert hat,
da mußt Loudon kommandieren,
wie den Sturm man sollte führen.
Darauf trat er mit seiner Macht
vor die Türken in die Schlacht.

(aus „Deutscher Liederhort“ von Franz M. Böhme, Leipzig 1925, Breitkopf und Härtel.)

Eine ausführliche Schilderung der Belagerung und der Kapitulation der Festung Belgrad schildert das folgende, ebenfalls im „Deutschen Liederhort“ von Franz M. Böhme, Leipzig 1925, abgedruckte Poem:

Loudon vor Belgrad

Marschieren wir in das türkische Land,
Stadt Belgarad ist uns wohlbekannt,
marschieren wir in das weite Feld
bei Belgarad übers Gebirge.
Da kam daher ein starker Held
zum Trotz der starken Türken.

Frühmorgens, als der Tag anbrach,
daß man über die Donau sach,
da sach man so viele Reuter da stahn,
Dragoner und Musketiere;
die Türken haben groß Lärm gemacht,
die Kaiserlichen wollen marschieren.

General Loudon schickt einen schnellen Bot
nach Belgarad zu laufen fort;
ob sie die Stadt wollten geben jetzt;
sie sollen sich resolvieren,
die Kaiserlichen hätten sich vorgesetzt,
sie wollen's sonst bombardieren.

Der Pascha hierauf zur Antwort gab:
so kann das nicht laufen ab;
wir wollen der Kaiserlichen Stuck besehn,
sonst wär es uns eine Schande.
Und wenn wir in das Türkische käm'n,
Sie jagten uns aus dem Lande.

Der Pascha schickt einen schnellen Bot
nach Konstantinopel zu laufen fort:
ob er noch keinen Succurs bekomm,
Stadt Belgrad zu secundieren?
Die Kaiserlichen stünden gar stark davor,
sie wollten es bombardieren.

Doch kain Succurse kam daher,
sie fürchte sich vor das kaiserlich Heer.
Da steckt der Pascha heraus die Fahn,
als wollt er attakieren;
und als General Loudon das vernahm,
da ließ er gleich aufmarschieren.

Frischauf, ihr Kanoniere allzumal,
rucket die Stucken bis vor den Wall.
Schlagt an, gebt Feuer, daß donnert und kracht,
schießt Wäll und Mauern darnieder,
auf, daß wir kriegen die schöne Stadt Belgrad,
frisch auf, ihr deutschen Brüder!

ANMERKUNGEN

[1] Carl, Gebhard von Schilling, *1719 in Jothain (Litauen) †1779 als russischer Generalmajor. Herr auf Sissegal und Orgena.

[2] Freiherr Franz v. d. Trenck, *1711 in Reggio di Calabria, 1746 zum Tode verurteilt, dann begnadigt, †1749 auf dem Spielberg in Brünn.

[3] Franz, Moritz Graf v. Lacy, *1725 in Petersburg †1801 in Wien. Sohn von Peter Graf v. Lacy, *1768 in Limmerick (Irland), †1751 in Riga, 1730 Generalgouverneur von Livland, eroberte 1742–1743 Asow. Oberbefehlshaber der russischen Truppen in Finnland.

[4] Soldatische Gebräuche im Heer Friedrichs II.
Jedes Zelt hatte seine sechs Mann und einen Überkompletten. Unter diesen sieben war immer einer gefreit; dieser mußte gute Manneszucht halten. Von den übrigen sechs ging einer auf Wache, einer mußte kochen, einer Proviant holen, einer ging nach Holz, einer nach Stroh, und einer machte den Seckelmeister; alle zusammen aber eine Hausgeltung, ein Tisch und ein Bett aus. Auf den Märschen stopfte jeder in seinen Habersack, was er – versteht sich, in Feindesland – erhaschen konnte, Rüben, Erdbirn, Hühner, Enten und dergl., und wer nichts aufzutreiben vermochte, ward von den übrigen ausgeschimpft, wie denn mir das zum öfteren begegnete. Was das für ein Mordsgeschrei gab, wenn's durch ein Dorf ging von Weibern, Kindern und Gänsen, Spanferkeln usf. Da mußte alles mit, was sich tragen ließ. Hasch – den Hals umgedreht und eingepackt. Da brach man in alle Ställe und Gärten ein, prügelte auf alle Bäume los und riß die Äste mit den Früchten ab. Der Hände sind viel, hieß es da, was einer nicht kann, mag der andere. Da durfte kein Seel muks machen, wenn's nur der Offizier erlaubte oder auch nur halb erlaubte. (Aus „Der arme Mann im Tockenburg" von Ulrich Bröker)

[5] Christian Fürchtegott Gellert, *1715 in Hainichen bei Freiberg, †1769 in Leipzig. Fabel- und Liederdichter. Professor für Moral, Poesie und Beredsamkeit, Lehrer Goethes.

[6] Otto, Johann v. Klebeck, Sohn der Cousine Loudons, Juliane Christine v. Klebeck geb. von Loudon, die 1728 Gustav v. Klebeck geheiratet hatte.

[7] Freiherr v. d. Trenck, *1727, †1794 in Paris unter der Guillotine. Ein Vetter des Pandurenobersten. Friedrich d. Gr. setzte ihn wegen seiner Beziehungen zu seiner Schwester Amalie in der Festung Glatz in Haft, nach seiner Flucht, in Magdeburg.

[8] Charles Josef Fürst de Ligne, *1735 in Brüssel, †1814 in Wien. Seit 1808 österreichischer Feldmarschall. Von ihm stammt das Bonmot, gemünzt auf den Wiener Kongreß: Le congrès danse, mais il ne marche pas. Goethe nannte ihn den fröhlichsten Menschen.

BENUTZTE LITERATUR:

W. v. Janko, Loudons Leben, Wien, 1860.
Baltische Köpfe, Baltischer Verlag, Bovenden, 1953.
Richard Suchenwirth, „Maria Theresia“. Druffel-Verlag, Leoni am Starnberger See, 1975.
Wiener Klin. Wochenschrift, Jg. 67, Heft 30 (20. VII. 1955)
Eberhard Kessel, Beiträge zu Loudons Lebensgeschichte (in Mitteilungen des Österr. Instituts für Geschichtsforschung, 1941).
Die Volks- und Heereslieder verdanke ich dem Deutschen Volkslieder-Archiv, Freiburg, Silberbachstr. 13

Johann, Georg Hamann

In unserer Zeit wird oft von dem „Dreigestirn“ gesprochen, das über Ostpreußen aufgegangen ist. Man meint darunter Kant, Hamann und Herder. Während man über Kant und Herder einigermaßen Bescheid weiß, ist Hamann den meisten heute noch ein Unbekannter.

Als der fünf Jahre ältere Herder Goethe in Straßburg besucht, zerreißt jener ihm rücksichtslos dessen bisherige Arbeiten in Fetzen und hämmert ihm neue Ideen ein über die Bibel, über Homer, über Shakespeare, das Volkslied als die Urpoesie und die Ursprache der Menschheit. Immer wieder nennt er dabei den Namen Hamann und fühlt sich als Künder des „Magus im Norden“. Goethe ist auf das tiefste beeindruckt, und das Phänomen Hamann beschäftigt ihn sein ganzes Leben lang. Im Alter plant er noch die Herausgabe der Werke und Briefe Hamanns und sucht, da er selbst schließlich keine Gelegenheit dazu findet, diese Aufgabe durch andere zu fördern. Auch in seiner Autobiographie bekennt er, welchen Einfluß Hamann auf sein Werk gehabt hat. Mit den einleitenden Worten „wir möchten hier dieses würdigen Mannes gedenken, der uns damals ein ebenso großes Geheimnis war, als er es immer dem Vaterlande geblieben ist“, entwirft er ein erstes Lebensbild dieses großen Geistes.

Johann Georg Hamann wurde am 27. August 1730 in Königsberg geboren. Sein Vater stammte aus einem alten Pfarrergeschlecht aus der Oberlausitz und war ein angesehener Bader und Wundarzt. Die Mutter war eine Lübeckerin; sie zeichnete sich durch Zartheit der Gesundheit und tiefe Frömmigkeit aus. Hamann genoß wie sein jüngerer Bruder, Johann Christoph die in Königsberg vorherrschende Erziehung im pietistischen Geist. 1746 begann er an der Universität Königsberg Theologie, Jura und humanistische, schöngeistige Wissenschaften zu studieren. Es trat bald bei ihm die Neigung zur antiken und französischen Literatur, zur Philologie und zu galanter Poesie in den Vordergrund. Er verfiel einer Vielleserei und verschlang eine Unmenge Bücher. Auch versuchte er sich mit eigenen Beiträgen, die in der von Johann Gotthelf Lindner[1] herausgegebenen Zeitschrift „Daphne“ gedruckt wurden. Sie blieben aber unbeachtet, da sie wenig originell waren.

Ohne einen Abschluß zu machen, nahm er 1752 eine Hofmeisterstelle bei der Baronin Budberg auf Kegeln in Livland an. Nach einigen Bemühungen, dem jungen Baron die Wissenschaften nahezubringen, ergaben sich Schwierigkeiten. Etwas resigniert schrieb er deswegen der Mutter: „Ich sehe eine menschliche Säule vor mir, die Augen und Ohren hat, ohne sie zu gebrauchen, an deren Seele man zweifeln sollte, weil sie immer mit kindlichen und läppischen Neigungen beschäftigt und daher zu den kleinsten Geschäften unbrauchbar ist.“

Die Baronin war keineswegs entzückt von dieser Kritik ihres Sohnes und antwortete ihrerseits: „Ich sehe Ihnen auch nicht anders als eine Seuhle mit vielen Büchern umbehangen, welches noch gahrnicht einen geschickten Hofmeister ausmacht. Ich verlange Ihnen gahr nicht bey meinen Kindern, machen Sie sich fertig, Montag von hier zu reussen“.

So ganz umsonst scheinen die Bemühungen Hamanns beim jungen Baron doch nicht gewesen zu sein, denn dieser besucht 14 Jahre später sehr interessiert in Riga die Vorträge Herders. Hamann tritt jetzt eine Hofmeisterstelle beim General von Witten in Mitau an. Er hat die beiden Söhne des Hauses zu unterrichten, deren Herzen er mit seiner großen Liebe und mit großem Verständnis zu Kindern bald gewinnt.

Es fehlt Hamann hier durchaus nicht an Anregungen geistiger Art: im benachbarten Pastorat Grünhof amtiert von 1754 bis 1792 der Pastor Johann Christoph Ruprecht. Er hat in Jena studiert und besitzt eine reichhaltige Bibliothek, die Hamann eifrig benutzt. In

Johann Georg Hamann
Nach einem Stich von Joh. H. Lips aus der Lavater-Sammlung der Habsburg-lothringischen Fideikommiß-Bibliothek in Wien.

Mitau praktiziert der Dr. med. Ehrengott Lindner[2], ein Studienfreund Hamanns. Dessen Bruder Johann Gotthelf Lindner[1] ist zu der Zeit Rektor an der Domschule in Riga. Dieser war Hamanns engster Studienfreund. Schließlich ist Johann Christoph Berens[3], ein weiterer Kommilitone aus Königsberg, nach ausgedehnten Reisen durch Deutschland und Frankreich in das Handelshaus seines Vaters in Riga eingetreten. Er ist ein begeisterter Anhänger der Aufklärung und Freund Kants. Berens veranlaßt Hamann, seine Stellung in Grünhof aufzugeben und in die Dienste des Handelshauses Berens einzutreten. Dank seiner Belesenheit auch in wirtschaftlichen Fragen ist Hamann dort in der Lage, eine gehobenere Position einzunehmen. Berens gibt ihm die Aufgabe, das Werk von Dangeuil, ein Buch über den Handel in England, Frankreich und Spanien, zu übersetzen. Hamann ergänzt die Ausführungen von Dangeuil aus eigenem Antrieb durch persönliche Gedankengänge. Die in diesen zum Ausdruck kommenden sittlichen Grundsätze gefallen Berens so gut, daß er beschließt, seinen neuen Mitarbeiter zur Erledigung eines kaufmännischen und politischen Auftrags nach London zu schicken. Vorher reiste Hamann nach Königsberg, um seine kranke Mutter noch einmal zu sehen. Er kommt gerade noch rechtzeitig, um ihr die Augen zudrücken zu können. An ihrem Grabe begann die seit Jahren durch die aufklärerische Gedankenwelt überdeckte ursprüngliche Frömmigkeit sich bei Hamann bemerkbar zu machen.

Im Herbst 1756 bricht er zu seiner großen Reise auf. In Berlin hatte er Moses Mendelssohn besucht und mit ihm Zwiesprache gehalten. Die nächste Zwischenstation machte er in Amsterdam, und im April 1757 langte er in London an. Zur Erledigung seines Auftrages suchte er dort vergeblich einflußreiche Bekanntschaften zu machen. Dabei unterlag er den Versuchungen der Großstadt. Eine starke Sinnlichkeit war von jeher ein Grundzug seines Charakters gewesen. Widrige Verhältnisse und falsche Freunde veranlaßten ihn, die ihm anvertrauten Gelder anzugreifen. Er geriet in eine seelische Krise. Sein Grundsatz war bisher: „Nimm alles mit, was dir begegnet, um dich zu vergessen“: Doch jetzt erfaßte ihn Verzweiflung über die Situation, in die er geraten war. Er griff zur Bibel und las darin ohne Unterlaß. In seiner Abhandlung „Gedanken über meinen Lebenslauf" schildert er das Erlebnis seiner Bekehrung und rechnet in pietistischer Weise mit sich ab. Die Bibel wird fortan sein Wegweiser für das ganze Leben. Was aus ihm werden soll, stellt er allein Gott anheim.

Woher er die Mittel zu seiner Rückreise nimmt, ist nicht bekannt. Jedenfalls trifft er im Juli 1758 wieder in Riga ein. Carl Berens, der ältere Bruder von Johann Christoph, nahm Hamann trotz seines Fiaskos wieder freundlich in seinem Haus auf. Hamann war begreiflicherweise nicht imstande, seine Schulden zu bezahlen. In dieser mißlichen Lage hält er jetzt um die Hand der Catharina Berens, der Schwester seines Freundes an und erhält auch die Zustimmung des Vaters des Mädchens. Dazu äußert sich Hamann: „Sie (Catharina) bekommt nichts mit mir; ich fordere aber auch nichts mit ihr. Alles, was ich anbieten kann, ist mein Herz, mein Leib und mein Name. Wir haben beide nicht nötig, an ein eigen Etablissement zu denken und dafür zu sorgen. Sie soll die Haushälterin ihres Bruders Carl bleiben und ich sein Handlanger. Sie ist in meinen Augen schöner als die stolzeste Lilie; wenn sie es nicht wäre, so würde sie meine Liebe dazu machen, daß sie es für mich wenigstens sein wird. Und sie wird es immer sein, solange ich sie lieben werde – und ich werde sie ewig lieben".

Die Gebrüder Berens hatten kein Verständnis für dies „schmeichelhafte" Angebot Hamanns und widersetzten sich der Heirat. Dieser verließ daraufhin Riga und kehrte 1759 in sein Elternhaus zurück. In den folgenden Jahren ist Hamann ohne Stellung mit der rastlosen Lektüre aller Bücher beschäftigt, derer er habhaft werden kann.

Johann Christoph Berens, Hamann immer noch freundlich gesinnt, ist am meisten aufgebracht durch dessen Sinneswandel, seine Abkehr von der Aufklärung, und nennt ihn einen Mischmasch von großem Geist und „elendem Tropf". Berens sucht Hamann gemeinsam mit Kant im Juli 1759 in Treitenau bei Königsberg auf, um ihn von seinem pietistischen Standpunkt wieder zu den Ideen der Aufklärung zurückzubringen. Hamann aber erteilt den beiden eine eindeutige Absage. Vom rein Persönlichen wandte sich der Streit auf die wissenschaftlichen Grundlagen des Denkens und Lebens. Aus diesen Erörterungen mit den beiden Gegnern entsteht Hamanns erstes Werk, die „Sokratischen Denkwürdigkeiten an niemand und an Zween". Die zwei sind natürlich Kant und Berens. Hamann wählte die Maske des Sokrates, um wie dieser in Form eines Dialogs dem gewichtigen Weltmann und dem großen Denker seinen Standpunkt darzulegen: gegen eine Überbewertung der wirtschaftlich-kaufmännischen, nur auf Erwerb gerichteten Tätigkeit, tritt er für das Recht der Seele auf ihr Eigenleben ein und gegen eine Philosophie, insofern sie sich anmaßt, Leben und Denken einzig zu beherrschen.

Hamann hat mit der Aufklärung den Anspruch auf Selbstbesinnung gemeinsam, d. h. die Besinnung auf die Natur des Menschen, seine Möglichkeiten und seine Grenzen. „Die Selbsterkenntnis kann der Mensch aber nicht allein vollziehen", denn „Gott und sein Nächster gehören zu seiner Selbsterkenntnis". „Denn die Vernunft ist nicht zuverlässig, sie wird von Leidenschaften beeinflußt und von der Sünde verfinstert. Sie ist individuell bedingt". Eine allgemeine, gesunde Vernunft gibt es nicht, unser eigenes Dasein und die Existenz der Dinge muß geglaubt werden und kann auf keine andere Art ausgemacht werden. Glaube aber ist kein Werk der Vernunft und kann auch keinem Angriff derselben unterliegen, weil Glauben so wenig durch Gründe geschieht wie Sehen und Schmecken". Die Dinge sind dem Verstande auch nicht zugänglich wegen des Widerspruchscharakters der Wirklichkeit. „Hierin aber besteht das Geheimnis der göttlichen Weisheit, Dinge zu vereinigen, die sich aufheben, die sich widersprechen" (coincidentia oppositorum).

„So ist die ganze Historie mehr Mythologie und gleich der Natur ein versiegeltes Buch, ein verdecktes Zeugnis, ein Rätsel, das sich nicht auflösen läßt, ohne mit einem anderen Kalbe zu pflügen als unserer Vernunft. Nur die Bibel kann hier Aufschluß erteilen. Die Heilige Schrift aber kann mit Menschen nur in Gleichnissen reden, da unsere Erkenntnisse sinnlich, figürlich sind."

„Die Vernunft muß sich sagen lassen, daß einen Körper und eine

Begebenheit bis auf ihre ersten Elemente zergliedern heißt, Gottes unsichtbare Wesen, seine ewige Kraft und Gottheit ertappen zu wollen. So kann es geschehen, daß wenn die Fabeldichter eine Wahrheit aus einem konkreten Vorfall hervorgehen lassen, sie der Wirklichkeit näher sind als die Philosophietheoretiker." Denn die Lehren der Philosophie hängen nach Hamann von ihrer konkreten geschichtlichen Existenz ihrer Autoren ab.

„Es gab auch schon früh unter den Heyden göttliche Menschen, daß wir die Wolke dieser Heyden nicht verachten sollten, da sie der Himmel zu Boten und Dolmetscher selbst und zu eben dem Berufe unter ihrem Geschlecht einweihten, den die Propheten unter den Juden hatten." Ein solcher Vorbote war Sokrates, der immer wieder von sich behauptete, daß er nichts wisse." „Er hat mit seiner Lehre von seiner sündigen Unwissenheit dem Evangelium den Weg bereitet und auf die Erlösungsbedürftigkeit des Menschen hingewiesen." Dem entsprechend behauptet Paulus (Kor. VIII): So jemand sich dünken läßt, er wisse etwas, der weiß noch nicht, wie er wissen soll. Die Unwissenheit des Sokrates ist keine verstandesmäßige, sondern eine sittlich-religiöse, was dem Bewußtsein der Ohnmacht der menschlichen Vernunft entspricht und, als Folgerung daraus, die vertrauensvolle Hingabe an die weltüberlegene Weisheit Gottes verlangt. Nicht Bürgerarbeit und Gelehrtenarbeit bestimmen den Wert des Lebens, sondern gläubige Hingabe an das Erlebnis der Welt und das Geschäft der eigenen Seele. „Maßgeblich ist das Recht der eigenen Persönlichkeit, der Individualität, frei von Grenzen und Fesseln des Berufes geistig schaffen zu können." Der Christ lebt im Bewußtsein eines fortdauernden Wunders. Dadurch ist der Wert der Verstandesgrundsätze eingeschränkt, ja umgestürzt. Die Philosophie habe nur den Wert, wenn sie in Religion und Glauben aufgehe. „Ich liebe das Christentum, da es meinen Leidenschaften angemessen ist." Hamann sieht das ganze menschliche Leben in seinen Höhen und Tiefen als eine Einheit, eine Ganzheit an.

„Was ersetzt bei Homer die Unwissenheit der Kunstregeln, die ein Aristoteles nach ihm erdacht, und bei einem Shakespeare die Unwissenheit oder Übertretung jener kritischen Gesetze? Das Genie –

ist die einmütige Antwort.“ „Es beansprucht sein eigenes Gesetz über Leben und Kunst?“

Mit Berens kam es nach diesem Treffen wegen der unterschiedlichen Auffassungen zu einem Bruch, der erst sehr viel später halbwegs geheilt wurde. Auch mit Kant trat das Bewußtsein der inneren Entfremdung in den Vordergrund. Das hinderte diesen jedoch nicht, sich für die Begründung einer materiellen Existenz zugunsten Hamanns einzusetzen.

Im Hause seines Vaters verbringt dieser nun vier Jahre ohne Beruf, jedoch unermüdlich mit wissenschaftlichen Arbeiten beschäftigt, „frei von Fesseln und Grenzen des Berufs“, wie er das für richtig und zweckmäßig hielt. Diese Studien bildeten die Grundlagen zu seiner umfassenden Kenntnis des Altertums, der griechischen Philosophie, der griechischen Geschichtsschreiber und Dichter. Er las das Neue Testament in griechischer Sprache und trieb Arabisch, um den Koran in der Ursprache lesen zu können. Dabei verlor er aber keineswegs das Interesse an der deutschen, der englischen und französischen Literatur. Als Frucht dieser Studien erschienen 1762 die „Kreuzzüge des Philologen“, darunter „Ästhetica in nuce“, der wichtigste Teil derselben. Die Arbeit wandte sich im wesentlichen gegen den bedeutenden Philologen, Theologen und Orientalisten David Michaelis’ in Göttingen; insbesondere gegen dessen Kritik an der bilderreichen Sprache des Alten Testaments. Hamann meint, daß der Mensch nicht in abstrakten Begriffen, sondern in Bildern und Gleichnissen rede und daß Gottes Offenbarung diese Bildersprache anwende um des menschlichen Verständnisses willen. Überhaupt gilt als erwiesen, daß „Poesie die Muttersprache des menschlichen Geschlechts sei, wie der Gartenbau älter als der Acker, Malerei älter als die Schrift, Gesang als Deklamation, Gleichnisse als Schlüsse.

„Nihil erat in intellectu, quod non ante fuerat in sensu.“ „In Bildern besteht der ganze Schatz der menschlichen Erkenntnis und Glückseligkeit. Leidenschaft gibt Abstraktionen sowohl wie Hypothesen Hände, Füße, Flügel, Bilder und Zeichen, Geist, Leben und Zunge.“

„Man soll doch nicht glauben, daß die Menschheit sich viel weiter entwickelt hat. Moses' Geistesfackel erleuchtete auch die intellektualische Welt. Er ist unnachahmlich, und eine verbesserte Auflage Mensch ist nicht zu erwarten. Auch Horaz und Juvenal sind durch Boileau nicht zu ersetzen, und Pascal ist nicht größer als Plato, wie uns die Franzosen weismachen wollen."

„Selbst Voltaire, den man wohl als Autorität auf dem Gebiete des Geschmacks anerkennen muß, sagt, daß die Religion beynahe als Eckstein der epischen Dichtkunst anzusehen ist. Kinder müssen wir werden, wenn wir den Geist der Wahrheit empfangen wollen, den die Welt nicht fassen kann, denn sie kennt ihn nicht, weil sie ihn nicht sieht. Die Natur darf nicht in Abstraktionen zerlegt werden. Damit räumt ihr (d. h. die Philosophen) sie aus dem Wege, damit schindet ihr sie. Die Empfängnis und die Geburt neuer Ideen und neuer Ausdrücke, die Arbeit und Ruhe des Weisen, sein Trost und sein Eckel daran liegen im fruchtbaren Schoße der Leidenschaften vor unseren Sinnen begraben."

Auf Veranlassung von Michaelis [6] wurde von der dänischen Regierung eine Expedition nach Arabien gesandt, um die in der Bibel beschriebenen Vorgänge besser verstehen zu können. Dazu meint Hamann: „Es ist verfehlt, durch Wallfahrten nach dem glücklichen Arabien oder durch Kreuzzüge nach den Morgenländern und durch Wiederherstellung ihrer Magie, die wir durch Alte-Weiber-List zu unserer Beute machen sollen, unser Verständnis für die Bibel schärfen zu wollen. Denn die Sendung des Geistes wird nicht durch die Lehren der Pharisäer oder der Saduzäer erneuert, sondern durch die Verehrung Jesu. Das Zeugnis Christi ist also der Geist der Weissagung."

Im Jahre 1764 übernahm Hamann die Schriftleitung der „Königsberger Gelehrten und Politischen Zeitung" und schrieb für sie eine Anzahl von Rezensionen und Aufsätze. Kant, Lindner, Lauson, und Herder waren Mitarbeiter des Blattes, das ein anerkannt hohes Niveau präsentierte.

Im selben Jahr schlug der bekannte Präsident Fr. Karl v. Moser [8] aus Darmstadt Hamann als Erzieher für die in seiner Obhut stehenden Prinzen vor. Dieser fuhr nach Frankfurt, wie mit Moser [8] verabredet, verfehlte ihn aber. Entmutigt und enttäuscht kehrte Hamann in seine Vaterstadt zurück. Es war übrigens derselbe Moser, der Hamann den „Magus im Norden“ nannte.

Zu dieser Zeit lernte Hamann den zehn Jahre jüngeren Herder in Königsberg kennen. Aus der Begegnung entwickelte sich eine sehr herzliche Freundschaft, die bis zum Tode Bestand hatte. Von Hamann lernt Herder die englische Sprache, wodurch letzterem die Welt Shakespeares erschlossen wird. Hamanns Bemühungen bei Lindner, dem damaligen Direktor der Domschule in Riga, bewirkten, daß Herder dort die Stelle eines „Kollaborators“ an der Schule erhielt. Hamann selbst fühlte sich erneut nach dem ihm bereits vertrauten Kurland hingezogen.

Vom Januar 1765 bis zum Jahre 1767 war Hamann Sekretär beim Hofrat Christian Anton Tottien in Mitau. Vorübergehend wirkte er dort auch als Redakteur der ersten Mitauschen Zeitung. Der Gedankenaustausch zwischen den beiden Freunden gestaltete sich immer reger. Hamann las die Konzepte zu Herders „Fragmente über die neuere deutsche Literatur“ und besprach sie mit ihm. Die Korrekturen des Freundes lassen sich durch ihren skurrilen Stil nachweisen.

1767 starb Hamanns Vater. Der Sohn zog deshalb nach Königsberg zurück und erhielt dort durch Kants Vermittlung die Stelle eines Übersetzers an der französischen Zolldirektion mit einer recht knappen Besoldung. Im Hause seines Vaters trifft er das „eichenstarke Landmädchen“ Anna Regina Schumacher an, das den Vater bis zu seinem Tode gepflegt hatte. Hamann wird von einer starken Neigung zu der Frau erfaßt und, da er Catharina Berens immer noch als seine „Braut aus Gottes Hand“ betrachtet, entschließt er sich zu einer „Gewissensehe“ mit dem Landmädchen. 1769 wird das erste Kind dieser Verbindung, Johann Michael, geboren, der später einmal Direktor des Altstädtischen Gymnasiums in Königsberg werden sollte. Ihm folgten im Laufe der Jahre noch drei Mädchen. An allen Kindern hing Hamann mit großer Liebe. Sein Ältester berichtet: „Die hervorstechendsten Züge seines Charakters waren Strenge, Rechtlichkeit, Wahrheitsliebe, Uneigennützigkeit, Bescheidenheit und hauptsächlich Gottesfurcht. Seine Züge waren edel, sein Auge feurig und doch freundlich, sein Mund gütig. Gegenseitige Neigung verband meine Eltern – ein stärkeres, unauflöslicheres Band als das von Priesterhänden geknüpfte."

1777 erhielt Hamann die Stelle eines Packhofmeisters am Zoll in seiner Vaterstadt. Die Stelle war immer noch mit einer kärglichen Bezahlung verknüpft. In gewissem Sinne entsprach sie aber dennoch seinen Wünschen, da sie ihm immer noch reichlich Zeit für eigene Studien ließ. Er bewohnte damals ein kleines Häuschen mit zwei Stuben und einem Gärtchen. Über seinem Bett hingen die Bilder von Lavater und Herder; über dem Sofa das von Luther.

Im Jahre 1767 starb der frühere Rektor der Domschule in Riga, der nachherige Konsistorialrat und Professor für Poesie, Johann Gotthelf Lindner[1]. Seine Nachkommen betrauten Hamann mit der Auktion der Bibliothek des Verstorbenen. Dieser faßte den Entschluß, aus Sorge um den Unterhalt seiner Familie die eigenen Bücher ebenfalls zu versteigern. Durch eine Spende Herders, aber der gewöhnlich selbst in Geldnöten schwebte, konnte Hamann schließlich seine Bibliothek behalten.

Es ist reizvoll, sich hier näher mit dem Bestand der Bibliotheken Hamanns und Lindners zu befassen. Wir finden Näheres darüber im 5. Band der von Josef Nadler herausgegebenen Werke Hamanns, betitelt „Tagebuch eines Lesers". Es besteht aus zwei Teilen. Der erste stellt den Auktionskatalog dar, den Hamann zusammengestellt hatte (s. den Brief H's an Herder). Im ganzen handelte es sich um 3069 Bände. Aus dem Katalog geht hervor, daß Hamanns Interesse und auch sein Wissen sich über das gesamte Gebiet der Geistes- und Naturwissenschaften erstreckte.

Der Vollständigkeit sei noch angeführt, daß darin auch die „Einführung in die Oesthnische Sprache" von Henrik Goeseneker aus dem Jahre 1660 enthalten war. Es fehlt auch nicht die „Lettische Grammatik" nebst einem Wörterbuch von G.F. Stender, die im Jahre 1761 in Braunschweig erschienen war, auch nicht die „Einleitung zur Lettischen Dichtkunst, wohlmeinend abgefaßt von Johann Wichmann, Pastor zu Rordangen (Riga, 1697)".

Verwunderlich erscheint dem Leser des Tagebuchs, daß unter den verschiedenen Disziplinen die Wirtschaftswissenschaften nicht fehlen, so daß Hamanns Mission in London im Auftrage von Berens auf den ersten Blick durchaus gerechtfertigt erschiene. In praktischen Dingen der Wirtschaft allerdings war Hamann vollkommen unbeholfen. Berens hat sich wohl durch einige theoretische Kenntnisse blenden lassen. Für das praktische Leben wollte der Vater Hamanns ursprünglich den Bruder Johann Christoph vorbereiten, der aber nun leider bald in geistige Umnachtung fiel, so daß Hamann nach dem Tode des Vaters die Verwaltung des hinterlassenen, recht beträchtlichen Vermögens übernehmen mußte. Er war ein denkbar schlechter Verwalter: drei Häuser aus der Erbmasse hat er verschleudert, und in einigen Jahren war das gesamte Vermögen verloren. Solche Dinge lagen dem Denker Hamann einfach nicht. Er hat auch aus diesem Desaster nichts zugelernt. Denn als ihm sein Freund Buchholtz[10] 4000 Taler für die Erziehung seiner Kinder schenkte, mußte der Bankier Jacobi in Königsberg dafür sorgen, daß das kleine Vermögen auch günstig angelegt wurde.

Dabei hatte ja doch Hamann einen gewissen Einblick in den Betrieb eines Handelshauses gewonnen. Er hatte Achtung vor dem Kaufmannstande und meinte in ihm die Entwicklung zu einem neuen Adel sehen zu können. Auf die Familie Berens mag das auch zugetroffen haben.

Der Großvater seines Freundes Berens, Hans Henrik, hatte bereits ein Vermögen erworben, so daß er imstande war, dem polnischen Fürsten Jan Sapiega 60000 Dukaten zu leihen, als dieser sich um die polnische Königswürde bewarb. Damals war aber auf die Polen bei Verträgen kein Verlaß. Denn die Grafschaft, die der Großvater als Pfand zunächst erhielt, wurde ihm wieder entzogen. Erst durch einen Vergleich zwischen den Enkeln der ursprünglichen Partner wurde das Geschäft nach 65 Jahren zu einem Ende gebracht. Sein Enkel, Johann Christoph Berens[3] war ein für seine Zeit hochgebildeter Mann; er hatte in Göttingen studiert und anschließend Deutschland, Holland und Frankreich besucht, ehe er in das Geschäft seines Vaters eintrat. Durch seine Gastfreundschaft, die er

Hamann und Herder gewährt hatte, hatte er einen „wenn auch bescheidenen Anteil an der Entwicklung der Sturm- und Drangperiode in Deutschland". Er selbst schrieb zur Einweihung der Stadtbibliothek in Riga den „Bonhomien" (s. Herders Briefe zur Beförderung der Humanität, Nr. 6).

Der zweite Teil des „Tagebuches" besteht aus Notizen Hamanns zur Literatur, die er gelesen, zum Teil auch rezensiert oder gar übersetzt hat. Es zerfällt in drei Teile:

1. das Berliner Notizbuch
2. das Königsberger Notizbuch I
3. das Königsberger Notizbuch II und die
4. Einzelblätter.

In den Einzelblättern finden sich bemerkenswerte Sentenzen Hamanns zunächst zu *Themen religiöser Art.*

„Ich bin ganz ruhig, schäme und gräme mich nicht, bin ebenso gleichgültig als heftig, nirgends und allenthalben zu Haus, kann aus nichts in der Welt, am allerwenigsten aus mir selbst klug werden, und mitten aus der größten Verzweiflung genieße ich einen Frieden, der höher ist als alle Vernunft und so sicher wie in Abrahams Schoß."

„Iß Dein Brot mit Freuden, trink Deinen Wein mit frohem Mut, brauch des Lebens mit Deinem Weib, das Du lieb hast, solange Du das eitle Leben hast, das Dir Gott unter der Sonne gegeben hat, so lange Dein eitel Leben währt. Nimm auch das Kreuz desselben auf Dich und trage es Ihm zur Liebe und Ehren nach. Er hat für das Ende und für den Anfang desselben für alles gesorgt."

„Ich sehe allenthalben Spuren einer Vorsehung, die jeden meiner Schritte lenkt und mir den richtigen Weg zeigt."

„Die Seele kann so wenig ohne Glauben leben als der Leib ohne die Güter der Natur."

„Naturkunde und Geschichte sind die zwei Grundpfeiler, auf welchen die wahre Religion beruht. Der Unglaube und der Aberglaube gründen sich auf eine seichte Physik und eine seichte Historie. Die

Natur ist so wenig einem blinden Ungefähr oder ewigen Gesetzen unterworfen, als sich alle Begebenheiten durch Charaktere und Staatsgründe aufschließen lassen. Ein Newton wird als Naturkundiger von der weisen Allmacht Gottes, ein Geschichtsschreiber von der weisen Regierung Gottes gleich stark gerührt werden."

„Die Prophezeiung der Heiligen Schrift ist von keiner einzelnen oder menschlichen Auslegung. Es sind Abrahams Werke und Moses' Wunder und Israels Geschichte der Inhalt derselben. Es betrifft nicht einzelne Menschen, nicht einzelne Völker, ja nicht einmal die Erde allein, sondern als ein Vorbild höherer allgemeiner, himmlischer Dinge."

„Laßt uns die ganze Schrift als einen Baum ansehen, der voller Früchte, in jeder einzelnen Frucht ein Same, ein reicher, eingeschlossen ist, in dem gleichfalls der Baum und die Früchte desselben liegen. Dies ist der Baum des Lebens, dessen Blätter die Völker heilen und dessen Früchte die Seligen ernähren sollen."

„Was für Waffen hat denn der Christ über seinen Nächsten? Das Beispiel der Demut, der Verleugnung, der Uneigennützigkeit, der Großmut."

„Dogmatik und Kirchenrecht gehören lediglich zu den öffentlichen Erziehungs- und Verwaltungsanstalten, sind als solche der obrigkeitlichen Willkür unterworfen und bald eine grobe, bald eine feine äußerliche Zucht, nach den Elementen und Graden der herrschenden Ästhetik. Diese sichtbaren, öffentlichen gemeinen Anstalten sind weder Religion noch Weisheit, die von oben herabkommt, sondern irdisch, menschlich und teuflisch."

In dieser bilderreichen Sprache kommt zum Ausdruck, daß jedes Ereignis aus dem Alten Testament mit der Erscheinung des Erlösers in Zusammenhang steht und daß alle Bücher, die einmal zum Inhalt des Alten Testaments gehört haben, aber inzwischen verlorengegangen sind, dies in der Absicht Gottes gelegen hat, während die Schriften, die für die Menschen von Bedeutung sind, nach Gottes Willen erhalten geblieben sind.

An zweiter Stelle sagt Hamann *über die Philosophie:* „Die Wahrheit wollte sich von Straßenräubern nicht zu nahe kommen lassen;

sie trug Kleid um Kleid, so daß man zweifelte, ihren Leib zu finden. Sie erschraken, da sie ihren Willen hatten und das schreckliche Gespenst der Wahrheit vor sich sahen."

„Selbsterkenntnis ist und bleibt das Geheimnis echter Autorschaft. Sie ist der tiefe Brunnen der Wahrheit, der im Herzen, im Geist liegt, von da in die Höhe steigt und sich wie ein denkbares Buch durch Mund und Feder ergießt, wohltätig ohne Geräusch oder Überschwemmung."

„Oder die Freiheit, böse zu sein, findet kein Verdienst, und ohne die Freiheit, gut zu sein, keine Zurechnung eigener Schuld, ja selbst keine Erkenntnis des Guten und Bösen statt. Die Freiheit ist das Maximum und Minimum aller unserer Naturkräfte und sowohl der Grundtrieb als Endzweck ihrer ganzen Richtung, Entwicklung und Rückkehr."

„Mißverständnisse gehören wie die Dissonanzen zur Harmonie des menschlichen Lebens und der göttlichen Haushaltung."

„Der Fürst dieser Welt mag uns so schwarz vorkommen, wie er will, so ist er doch des lieben Gottes Diakonus, und der Heilige Geist schwebt auch in dessen Kapelle – und über dieser Sündflut als Rabe als Taube. Alles ist gut, und dem Reinen ist alles rein. Des Sancho Pansa Transzendentalphilosophie ist mir so heilsam wie des Samariters Öl und Wein.

„Daß Kant einer unserer scharfsinnigsten Köpfe ist, muß ihm auch sein Feind einräumen. Aber leider ist dieser Scharfsinn sein böser Dämon, fast wie Lessing seiner."

„Ich nehme nicht bloß als Patriot und Landsmann, sondern aus einem weit höheren Interesse an Kants Autorschaft Anteil. Es geht mir mit ihm wie ihm selbst mit den Berlinern. Mendelssohns[4] Vorlesungen sind ihm ein System der Täuschung. Wie die Mendelssohnsche Beschreibung der eines Mondsüchtigen ähnlich ist. Mir kommt sein ganzes System um kein Haar besser vor."

„Alle meine Unordnungen fließen zum Teil aus einem Ideal Ordnung, das ich niemals erreichen können und doch nicht aufgeben kann – aus der verderbten Maxime, die in meinen Fibern liegt: lieber nichts als halb."

„Ich will bloß verstanden, bloß gehört sein: am Rechthaben ist mir soviel als an einem kahlen Lob gelegen."

„Der Mensch genießt unendlich mehr, als er nötig hat, und verwüstet unendlich mehr, als er genießt."

„Werdet wie die Kinder; um glücklich zu sein, heißt schwerlich so viel als „habt Vernunft". Deutliche Begriffe. Gesetz und Propheten gehen auf Leidenschaft von ganzem Herzen, von ganzer Seele, von allen Kräften – auf Liebe. Über deutlichen Begriffen werden die Gerichte kalt und verlieren den Geschmack."

Drittens urteilt Hamann *über Sprache und Dichtung*

„Reden ist Übersetzen aus einer Engelsprache in eine Menschensprache, d. h. Gedanken in Worte, Sachen in Namen, Bilder in Zeichen.

„Bei mir ist nicht sowohl die Frage: was ist Vernunft?, sondern vielmehr: was ist Sprache? Und hier vermute ich den Grund aller Paralogismen und Antinomien, die man jener zur Last legt; daher kommt es, daß man Wörter für Begriffe und Begriffe für die Dinge selbst hält. In Worten und Begriffen ist keine Existenz möglich, welche bloß den Dingen und Sachen zukommt. Kein Genuß ergrübelt sich – und alle Dinge, folglich auch das Ensentium ist zum Genuß da und nicht zur Spekulation."

Auch über Politik sagt Hamann Wesentliches:

„Sein Vaterland muß man niemals vergessen. Keine schönere Krankheit in meinen Augen als Heimweh."

„Ich halte alle Regierungsformen für gleichgültig und bin gewiß, daß alle Produkte und Ungeheuer der Gesellschaft wie die Naturprodukte eines höheren Willens sind, den uns anzubeten und nicht zu richten Gewissen, Not und Klugheit verpflichtet.

Über die Ehe sagt Hamann: „Die Ehe ist also vermöge eines gefaßten Ratschlusses aufgerichtetes Bündnis und auf Vernunft und Treue gegründet." „Weil der Ehestand der köstlichste Grund und Eckstein der Gesellschaft ist, so offenbart sich der menschenfeind-

Johann Georg Hamann

liche Geist unseres Jahrhunderts am allerstärksten in den Ehegesetzen."

Zum Beweis dafür, daß Hamann durchaus nicht der Sinn für Humor abgeht, seien hier einige Anekdoten angeführt, die sich in seinen Notizen finden:

Von der ersten Seite des Gebetbuches einer Frau hat er sich folgende Reime notiert:

David und Salomon, die waren Gottesmänner
Sie hatten die Weiber lieb und züchteten viel Kinder.
Da sie aber kamen ins Alter,
da machten sie Psalter;
als sie nicht mehr künnten,
da hielten sie es für Sünden.
Darum ist mein getreuer Rat:
es lieb ein jeder, weil er ein Vermögen hat,
denn es ihm hernach wohl ergeht,
wenn ihm der Handel nicht mehr ansteht.

An einer anderen Stelle liest man, daß eine leere Weinflasche als ein Körper ohne Seele zu bezeichnen wäre –, ein Gedanke, den man wohl nachvollziehen kann.

Weiter wird von einer Gräfin de la Sioze berichtet, die als Dichterin von Elegien sich einen Namen gemacht hatte, daß sie sich von ihrem Manne scheiden ließ und, da das Paar hugenottisch war, auch noch zum katholischen Glauben übertrat, so daß die Königin Christine daraus schloß, daß die Gräfin ihrem Manne weder in dieser noch in jener Welt einmal zu begegnen wünschte.

Hamann korrespondiert zu der Zeit mit Mendelssohn und Nikolai[11] in Berlin, mit Reichert[12] und Hartknoch[13] in Riga, Lavater[14], Claudius[15], Moser[8] und Jacobi[16]. Persönlich verkehrt er mit dem Kriegsrat Schaffner[17], mit dem Bürgermeister von Hippel[18], dem Verfasser der „Lebensläufe", mit Professor Johann Gottlieb Kreuzfeld[19] und mit Kraus[20], dem Lieblingsschüler von Kant. Kraus (1753–1825) war Professor für Philosophie und Kameralwissenschaften in Königsberg. Der Gymnasialdirektor und Theologe Johann

Friedrich Abegg 1765–1840 berichtet in seinem Reisetagebuch, erschienen 1976 im Inselverlag, daß er in Königsberg beim Kriegsrat Deutsch in eine Gesellschaft kam, der Kraus, und Kriegsrat Johann Georg Scheffner (1730–1820), der Schriften zur Ästhetik herausgegeben hatte, beiwohnten. Man kam auf Hamann zu sprechen. Kraus erzählte, wie unglaublich viel und schnell Hamann Bücher las. Niemals erschreckte ihn die Korpulenz eines Werkes. Alle Folianten von Luthers Schriften hat er durchgeackert. Er war ein wahres Genie. Alles war bei ihm unwillkürlich, und von ihm kann man sagen: dem Reinen ist alles rein. Das schmutzigste Buch veredelt er und heiligte sich. Die Bibel las er im Urtext. Die Juden nannte er die Edelleute unter den Völkern. So schnell er las und auffaßte, so schwierig fiel ihm das Schreiben. Mit Schmerzen gebar er seine Bücher. Dabei umwand er sein Haupt zur besseren Konzentration, was aber nicht verhinderte, daß seine Schriften hinterher immer „Dunkelstellen“ aufwiesen, die seinen Lesern viel Kopfzerbrechen machten und die er selbst nach einiger Zeit nicht mehr aufzuklären imstande war. Das kam daher, daß er sich beim Schreiben auf Personen, Umstände und Sachen bezog, die ihn in diesem Augenblick umgaben. Wenn er dann die Umstände, auf die sie sich bezogen, vergessen hatte, verstand er die betreffende Stelle selbst nicht mehr. Scheffner sagte ihm einmal, als er wieder auf Dunkelheiten beim Lesen von Hamanns Schriften gestoßen war: „So will ich die Stellen anstreichen, die ich nicht verstehe, daß Sie mir Aufklärung geben können“. Da antwortete Hamann: „O, mein Freund, ich verstehe selbst nicht mehr alle“. Oft wies er diejenigen, die sich in derselben Situation befanden wie Scheffner, an Professor Kraus.

Lavater, Jacobi und noch einige andere fanden in Hamanns Schriften mitunter hinter den Dunkelheiten mehr, als der Autor selbst gemeint hatte, und schätzten ihn um so mehr. Die Briefe aber, die Hamann schrieb, gelangen ihm flüssig und voller Witz. Sie strotzten vor originellen Einfällen. „Mit seinen trefflichen Einfällen“, sagte Kraus, „fuhr er aber oft ab, segelte auf ihnen in eine Unendlichkeit“. Scheffner hatte sich eine Sammlung Hamannscher Briefe angelegt, die ganz herrlich seien.

Hamann war ein kritischer Geist, und oft reizte eine Veröffentlichung ihn zum Widerspruch. Der Hofprediger Starck[22] hatte ein Buch verfaßt, den „Hephästion". Es gefiel Hamann durchaus nicht, und er schrieb die „Häphestionischen Briefe" dagegen. Starck besuchte ihn in seiner Wohnung. Darauf Hamann: „Mit der Feder in der Hand komme ich Ihnen entgegen. Ich schreibe gegen Sie". „Hassen Sie mich denn so?", fragte der Prediger. „Nein", sagte Hamann, „ich werde nächstens bei Ihnen Kommunizieren". Er kommunizierte wie versprochen, und nach dem Abendmahl überreichte er dem Geistlichen die Briefe, in denen er sehr unsanft mit ihm verfährt. So etwas tat er, ohne beleidigen zu wollen.

1781 kam Kants „Kritik der reinen Vernunft" heraus, die Hamann in einzelnen Druckbögen schon gelesen hatte. Sie erregte ihn von Grund aus, und er schrieb als Entgegnung die „Metakritik über den Purismus der Vernunft", die allerdings erst einige Jahre nach seinem Tode gedruckt wurde und die ihrerseits der Anlaß war, daß Herder seine, ebenfalls gegen Kant gerichtete „Metakritik" herausgab. Hamann schrieb, es sei unzulässig, von der Mathematik und den Naturwissenschaften auszugehen und nicht von der Totalität der Schöpfung. Ebenso sei es unstatthaft, die Vernunft von der Sinnlichkeit zu trennen, „zu reinigen". Sinnlichkeit und Vernunft als zwei Stämme der menschlichen Erkenntnis entspringen einer gemeinsamen Wurzel, so daß durch jene die Gegenstände gegeben und sie durch diese gedacht werden. „Das Prinzip", meint hierzu Goethe in „Dichtung und Wahrheit", auf welches sämtliche Äußerungen Hamanns sich zurückführen lassen, ist dieses: Alles, was der Mensch zu leisten unternimmt, es werde nun durch Wort oder Tat hervorgebracht, muß aus sämtlichen vereinigten Kräften entspringen; alles Vereinzelte ist verwerflich. Eine herrliche Maxime! aber schwer zu befolgen. Von Leben und Kunst mag sie freilich gelten; bei jeder Überlieferung durchs Wort hingegen, die nicht gerade poetisch ist, findet sich eine große Schwierigkeit: denn das Wort muß sich ablösen, es muß sich vereinzeln, um etwas zu sagen, zu bedeuten".

Einige Jahre später erscheint ein Buch von Mendelssohn[4] unter dem Titel „Jerusalem". Hamann kann wiederum nicht umhin, eine

Entgegnung abzufassen. Sie erscheint mit dem Titel „Golgatha und Scheblimini“ (dies ein Buchstabe des hebräischen Alphabets). Man hat diese Schrift damals als die geistvollste Äußerung zugunsten der geoffenbarten Religion im Sinne des Luthertums bezeichnet. Das verstärkte und verbreitete Hamanns Ruf in Deutschland.

Der Kriegsrat Deutsch erzählte folgende Begebenheit, die charakteristisch für Hamanns Verhalten im Umgang mit seinen Freunden ist: er besuchte einmal das Haus der Frau D. Statt nun, wie es in diesen Kreisen üblich war, der Dame des Hauses die Hand zu küssen, wollte er ihr einen Kuß auf die Wange drücken. Das Ungewohnte machte die Frau stutzig, und sie wich zurück. Nun war Hamann außer sich vor Verwunderung und beklagte sich anderwärts bitterlich über die Kälte der Menschen, die er so liebe und die ihn so liebten. Er war immer begeistert von dem, was er vorhatte, und wenn sich jemand dieser Glut nahte und kalt blieb, so ärgerte ihn das entsetzlich. Hippel [18] dagegen verließ nie seine Gleichgültigkeit und Besonnenheit. Oft, wenn dieser zu ihm kam, fragte er gelassen: „Nun, was gibt's Freund?“. „Was es gibt, was es gibt? Wie kann man so ruhig und gelassen sein!“.

Ein andermal hatte Scheffner [17] den Freund zu sich aufs Land eingeladen. Der Besuch sollte mehrere Tage dauern. Von ungefähr fällt ihn mit Bellen und Knurren einer von Scheffners Hunden an. Nun hatte Hamann keine Ruhe mehr: „Ich muß für meine Sicherheit bedacht sein“. Scheffner mußte ihn noch am selben Tage fortlassen. „So malte er sichs auf der Stelle fürchterlich aus, wie von einem Hunde er konnte zerrissen werden“.

Im Jahre 1784 schenkte der Baron Bucholtz [10], ein Verehrer der Schriften Hamanns, diesem 4000 Taler zur Erziehung seiner Kinder. Es dürfte in diesem Zusammenhang nicht uninteressant sein, Hamanns Ansichten über Kindererziehung kennenzulernen, die zum Teil recht modern anmuten:

„Das größte Gesetz der Methode für Kinder besteht darin, sich zu ihrer Schwäche herabzulassen, ihr Diener zu werden, wenn man ihr Meister werden will, ihnen zu folgen, wenn man sie regieren will.“

„Kinder müssen sich selbst erziehen und durch eigene Erfahrung klug werden."

„Meinen Sie, daß zum Dorfschulmeister weniger gehört als zum Kaplan?"

Könnte man Kinder nicht lieber mit Malen und Zeichnen denn mit der hieroglyphischen Schreibkunst den Anfang machen lassen? Dies würde leichter sein, weil wir alle zum Nachahmen geboren sind, besonders die Natur nachzuahmen; der Sinn des Auges, das Urteil desselben, der Sinn und der Geschmack des Verhältnisses und der sichtbaren Schönheit, die Vergleichung der Ähnlichkeiten und Unähnlichkeiten, worin ein großer Vorteil der Denkungskräfte besteht. Es würde nützlicher sein, allen Handwerkern zur Vollkommenheit ihrer Hantierung dienen, Reisenden zum unsäglichen Vorteil, ein allgemeiner Zeitvertreib des Frauenzimmers und junger Leute, ein schärfer und kritisch Auge über die Werke der Natur und Kunst einflößen."

„Mit Autorität kann man zwar demütigen, aber nicht belehren, sie kann die Vernunft niederschlagen, aber nicht fesseln."

Soweit Hamanns Gedanken zur Kindererziehung. Zu der Zeit kamen sich Hamann und Jacobi in Pempelfort durch eine intensive Korrespondenz geistig immer näher. Durch letzteren wurde die Fürstin Golizyn mit Hamanns Schriften bekannt. Sie war eine geborene Comtesse Schmettau, die Tochter des preußischen Feldmarschalls Samuel Graf Schmettau. 1768 hatte sie den Fürsten Golizyn geheiratet. Nach dessen Tode siedelte sie aus Berlin nach Münster um und gründete dort gemeinsam mit dem Generalvikar Freiherrn v. Fürstenberg die Mitte des Katholischen Kreises, die philosophischen, religiösen und literarischen Strömungen aufgeschlossen war. Die Fürstin wurde eine innige Verehrerin Hamanns.

In diesem entstand das Verlangen, seine Freunde in Westfalen persönlich kennenzulernen. Die Reise in den Westen wollte er mit einer Kur zur Wiederherstellung seiner Gesundheit verbinden. Er bat bei seiner Behörde um Urlaub mit der Begründung, daß „sein Amt zur Zeit beinahe von Arbeit und Verantwortung entblößt sei".

Am 9. Mai 1787 kann Hamann endlich schreiben: „Gelobt sei

der Herr! – Der Strick ist zerrissen, und unsere Seele ist entrunnen wie ein Vogel, und wir sind los?“ Er hatte den langersehnten Urlaub zur Reise und den Abschied auf Seiner Königl. Maj. allergnädigsten Spezialbefehl erhalten. Eine „verhältnismäßige“ Pension von 200 Talern wurde ihm ebenfalls bewilligt. „Mit Lachen und Zittern“ meldet er dies zuallererst seinem Freund und Gönner Bucholtz. Nachdem er sein Haus einem Freunde anvertraut hatte, machte er sich Ende Juni auf die Reise. Sein Weg führte ihn über Berlin, Braunschweig, Hannover, Bielefeld nach Münster. Sein Sohn Johann Michael [9] begleitete ihn. In Berlin hatte er seinen Freund, den Kapellmeister Johann Friedrich Reichardt [12], und seinen Kommilitonen D. Lindner besucht. Schon auf der Reise ging es ihm gesundheitlich nicht zum besten, so daß er in Münster bei der Fürstin Golizyn krank ankam. Von ihr wurde er liebevoll gepflegt. Die fromme Frau erschien ihm wie ein Wunder ihres Geschlechtes in dem Reichtum ihres Geistes und Herzens. Hamann erholte sich notdürftig und fuhr im August nach Pempelfort zu den Brüdern Friedrich, Heinrich und Johann Georg Jacobi. Deren Schwestern sorgten sich aufopfernd um ihn. Er blieb bis zum November in Pempelfort, wo er zur Wiederherstellung seiner Gesundheit sich Trinkkuren unterzog. Über Düsseldorf fährt er dann nach Welbergen, dem Besitz seines Wohltäters Bucholtz, der ihm zu der Zeit wohl am nächsten steht. Erst im Frühling 1788 kehrt er nach Münster zurück.

In Münster erwachen in ihm die Sorgen um die Seinen, und er denkt an den Rückweg nach Königsberg. Mitte Juni will er aufbrechen und plant noch, Claudius [15] in Wandsbek und Herder in Weimar aufzusuchen.

Während am 21. Juni unten auf der Straße der Reisewagen wartet, stirbt er oben in seinem Zimmer. Die Fürstin läßt die Leiche des Mannes, den sie wie ihren geistigen Vater verehrt, noch am selben Tage in ihrem Garten begraben.

„Was ich für einen Verlust fühle, kannst Du Dir nicht vorstellen. Göttliche Lieb war in diesem Manne“ schrieb Jacobi [16] an Lavater [14]. Herder gibt seinem Schmerz in folgenden Worten Ausdruck:

„Hamann ist tot, einer meiner ältesten Freunde ... O, ich kenn ihn, wie ihn keiner kennt, und ehre seine Asche wie die eines Propheten".

Auch Goethe bedauert Hamanns Tod trotz einer gewissen Skepsis, die er dessen Anschauungen entgegenbrachte: „Hamanns Verlust ist hart; ich hatte nie geahnet, ihn zu sehen. Seine geistige Gegenwart war mir immer nah. Und doch – was muß die Nähe eines solchen Mannes sein".

Sehr treffend charakterisiert Claudius das Wirken des Verstorbenen: „Er hat sich in ein mitternächtliches Gewand gewickelt; aber die goldenen Sternlein hin und her im Gewande verraten ihn und reizen, daß man sich keine Mühe verdrießen läßt". Ungefähr dasselbe meinte auch Thomas Abt (1738–1766), wenn er von Hamanns gedankenreichem, oft aber auch reichlich dunklem, von Metaphern strotzendem Stil sagt: „Sein Gehirn gleicht einem Archipelagus, wo alles Nachbar ist, aber nur auf Schiffen zusammenkommen kann".

Nachwort

Während Kant und Herder recht gut in die Landschaft Preußen passen, ließe sich Hamann nicht so gut dort einordnen. Es gibt einen Brief Hamanns an Bucholtz, in dem er schreibt: „Wer hat wohl mehr Ursache, sich dem gegenwärtigen Unfug der Berliner Synagoge zu widersetzen als ein Preuße, der in seinem Vaterlande so unbekannt ist und gegen dasselbe so gleichgültig, wie ich es leider bin." Man sollte meinen, es spräche daraus eine gewisse Zurückhaltung in seinem Verhältnis zu Preußen, so daß man zum Schluß kommt, er wäre in der Lausitz, aus der sein Vater stammte, vielleicht besser aufgehoben gewesen als in dem nüchternen, rationalistischen Preußen.

Ein Kenner dieses Landes beschreibt drei für die Lausitz charakteristische Typen, die ihm in seiner Jugend begegnet sind, und folgert daraus:

Aus seinem Grab im Garten der Fürstin Golizyn wurde Hamann später umgebettet auf den Überwasserfriedhof, der heute zum Bürgerpark umgestaltet worden ist. Die Grabplatte und das Denkmal mit Urne blieben erhalten.

„Irgendwie verborgene Leidenschaften steckten in allen diesen sonderbaren Menschen, von denen man nicht wußte, ob die Natur ihre Tentakel (d.s. Greiffortsätze bei gewissen Weichtieren) nach ihnen ausstreckte und sie in unentrinnbare Bereiche zog, oder ob sie selbst es waren, die ihre oft recht rissige Hand nach ihr ausstreckte." (A. v. Vietinghoff – Riesch, Junker ohne Reue, Starke-Verlag, Limburg a.d. Lahn 1958).

Der eine wohnte in einem Blockhaus im Walde, ohne Licht- und Telefonleitungen. Seine Leidenschaft waren die Kraniche und anderes Getier des Waldes, wußte aber auch wie kein Zweiter über die Flora Bescheid.

Auch der nächste Typ hielt sich meist im Walde auf. Seine besondere Liebe galt den Rohrdommeln und den Kreuzottern; er trieb Ornithologie mit einer derartigen Hingabe, daß er seine eigene Ernährung derart vernachlässigte, daß bei ihm mitten im Frieden Hungerödeme auftraten.

Der dritte Sonderling war einer von nur wenigen beachteten Kleinwelt zugetan, der Welt der Kleinschmetterlinge. Auf diesem Gebiet genoß er internationale Anerkennung. Wissenschaftler aus anderen Ländern Europas wandten sich an ihn in Zweifelsfragen. Seines Zeichens war er Dorfschulmeister. Man sollte meinen, der Packhofmeister Hamann mit seiner Weltfremdheit, seinen „Tentakeln" die er nach den Büchern und Wissenschaften ausstreckte, wäre diesen Lausitzer Brüdern in gewissem Sinne verwandt.

Auch Jakob Böhme, den Hamann geschätzt und manches von ihm an Ideengut übernommen hat, war ein Kind der Lausitz.

467 An Johann Gottfried Herder Kgsberg, 9. VIII. 1776

Liebster Freund und Gevatter H.

Heute habe ich keinen Brief von Ihnen erwartet, weil kein Posttag ist; aber geschmachtet habe ich lange danach und noch heute im Geist, weil ich meistens auf dem Bett zugebracht und nichts imstande gewesen vorzunehmen, wiewohl ich ausdrücklich dazu im Hause geblieben. Ich wälzte mich von neuem in den Federn, ohne vor Fliegen schlafen zu können, als der Bote mich ermunterte. Gestern hatte er noch Scheltworte von mir gehört, daß er mir keine Antwort von Ihnen brächte. Der Mensch, dem ich gut bin, weil er so schnell läuft wie ich in meiner Jugend und wenn mir der Kopf brennt, nahm meinen Verweis mit Gleichmuth auf und versprach, immer ein flinker Überbringer zu seyn. Aber daß er schon heute sein Wort baar machen sollte, daran dachten wir beide nicht – und ich bey der Aufschrift auch nicht die mich desto mehr stutzig machte, weil heute ganz und gar kein Posttag ist – und der Brief selbst der Vorläufer eines Gevatterbriefes! Gott gebe, daß der kleine Pathe schon da wäre, wo nicht, so schenke ihm Gott eine glückliche Wallfahrt ins Land der Lebendigen. Ich bin so unruhig, als wenn der kleine Gast in mein eigen Haus einkehren sollte. Meine drei Kinder haben ihrer Mutter, ob sie eine harte Adamstochter ist, und mir rechtschaffene Wochen gekostet. – Meines (gegenwärtig unholden Dir.) Stockmar [25] Gemahlin ist gestern frühe mit einer Tochter erfreuet worden –

Der Verdacht von Rache u. Talions Gebühr war mir schon durch unsers Asmus [15] Relation von seiner Bück(eburger) Quarantaine und der daselbst in effigie gefeyerten Procession benommen worden. Ich konnte also die Schuld auf nichts als eine Verwicklung der Umstände schieben deren Auflösung und Nachricht ich aber so sehr wünschte. Nun Gott Lob! Daß sich alles zu Ihrer Zufriedenheit entwickelt hat und hoffentlich noch entwickeln wird. Meine Ungewißheit ob Sie noch in B. wären, hatte allein abgehalten dahin zu schreiben; in Zeitungen soll Ihre Verpflanzung bereits ausgebreitet gewesen seyn, und die neuen Aspecten des Mercurs gaben mir davon Bürgschaft.

Gestern ist meine älteste Tochter die gantze Treppe heruntergefallen. Die heil. Engel im Himmel selbst sind nicht im stande Kinder zu hüten, geschweige zu erziehen. – Gottlob! ist sie ohne Schaden davongekommen als einem geschundenen Fleck unter dem rechten Auge. Mit meinem Hans Michael[1] geht alles krebsgängig u der Junge verlernt Lust u Sitten. Dies ist mein größter Kummer, der mir Angst und graue Haare macht, daß ich nichts selbst für seine Erziehung thun und ebenso wenig dran wenden kann. Ich hatte einen Sonntag den grimmigen Einfall ihn über Hals und Kopf einzuballieren, und dem Pontifex Maximus[26] zu Deßau zu übermachen, und wollte das Experiment mit Haut und Haar bezahlen. Die Hitze hat sich wohl gekühlt, aber der Wurm nagt noch am Mark, was ich mit dem Knaben mit der Zeit anfangen soll. Ich will ihn seine 7 Jahre auslaufen laßen: vielleicht schafft Gott bald Rath. In diesem eintzigen Stück habe ich zu wenig Beihülfe von meiner ehrl. Hausmutter; kann aber auch nicht mehr als guten Willen von ihr fordern. Daß ich aber selbst nicht Hand anlegen kann, verdrüst und beschämt mich am meisten. Nicht Häfen von Pirmonter, wie Ihr kleiner Magister, sondern Bier saufen meine wie die Blutegeln und folgen leider(!) auch hier in dem Wandel väterlicher Weise. Ach liebster Gevatter in spe! über gaudia domestica geht nichts! hierin besteht der eintzige Himmel auf Erden; aber mala domestica sind auch die wahre Hölle, selbst für Patriarchen und Davide gewesen. Gottes Geist und des Menschen Sohn sind hierin die eintzigen Schulmeister.

Wie hält sich Ihr Johann Christoph? Ihre Frau Schwester hat mir in langer Zeit nicht geschrieben. Ich kenne die Hand auf Ihrem Couvert nicht recht. – Wundern Sie sich nicht somnia aegri zu lesen. Ich habe 8 Tage an einem Briefe geschrieben und denke durch gegenwärtigen mich erst in Gang zu bringen.

Den 4. Theil habe ich richtig erhalten durch Hintz[27], den ich diesmal nur im Vorbeygehen gesehen, weil er sich nur ein paar Stunden aufhielt. Ich weiß nichts mehr, als daß ich ihn mit mehr Zufriedenhait als den Anfang gelesen, und durch das Ende sehr aufmerksam gemacht worden. Enthalte noch mein Urtheil und wünsche nichts so sehnlich als die Fortsetzung und den Beschluß; weil ich noch nichts absehen kann, und nicht als das Gantze mich bestimmt.

Ihre Preisschrift habe an einem Abend durchgelaufen. Sie scheinen mir die Frage dreist aufgelöst aber die Sache so wenig wie möglich berührt zu haben. Die Abhandl. in Hintzens Verlag habe von ihm zum Geschenk erhalten. Der Verf. soll 50 £ bekommen haben, relata refero. Dieser wahre oder erdichtete Umstand hat das Ding in meinen Augen noch abscheulicher gemacht, als es wirkl. seyn mag. Gewitter, Wirbelwind und Regenguß! erleichtert den schweren Dunstkreys, in dem ich athme!

Den 10–

Mitten im Platzregen erschien gestern Kreutzfeld[19] und wurde durch Ihre Andenken und Versprechen, die Fortsetzung der Urkunde zu erhalten, reichlich belohnt. Ich habe ihm so nicht einmal erlaubt, selbige bey sich nach Hause zu nehmen, sondern er hat bloß hier darinn lesen müßen. Unser Landsmann in Potsdam[12] hat mir vorige Woche zwo Zeilen geschrieben und einen langen Brief fast ein halb Jahr unbeantwortet gelaßen. Weil die Sache einen Dritten betrifft, so hat mich dies ungemein verdroßen und ich bin ihm recht böse gewesen. Da er aber seine gantze Lebensart (deren Zerstreuung mir garnicht gefiel) auf einmal reformiert hat bis zur strengsten entgegengesetzten Diaet des Umgangs, so schöpfe ich neue Hoffnung, daß er von der Eitelkeit bald curiert und einen edlen Ehrgeiz dafür erwerben wird. Während des Königs Abwesenheit ist er willens eine kleine Tour nach Hamb., Braunschw. und Deßau zu machen. Ich verfolg ihn von weitem, und entfern mich ohne ihn aus dem Gesicht zu verlieren. Er hat übrigens einen schweren Stand – eine Bande von Virtuosen zu regieren, ist ärger als ein Regiment von Soldaten. Der König[28] soll ein großes Vertrauen zu ihm haben u hat bereits an Mara Exempel statuiert ihm Ansehen zu verschaffen.

Was Ihr Freund, der Übersetzer von Zend-Avesta von mir denken wird? Er hat mir den großen Gefallen gethan seine Übersetzung und eine kleine Inaugural Schrift seines Conrectorats zu übermachen – aber mit so viel Achtung an mich geschrieben, die mich in Verlegenheit setzt, darauf zu antworten; wenn ich auch Muße gehabt hätte. Aber ich bin mit einer Arbeit beschäftigt gewesen, die meinen Geist gantz ausgemergelt und mein Gemüth so trübe gemacht wie eine Pfütze. Urtheilen Sie selbst –

Den 27. Märtz war der kalte Brand bei unserem seel. Freund Lindner[1] ausgebrochen. Er hatte während der Krankheit immer gearbeitet und daran gedacht sein Haus zu bestellen. Ich unverdroßen gewesen eukairos akairos zu besuchen und abzuwarten, als Freund und Beobachter. Mehr als einmal bat er mich, auch nach dem Tode sein Freund zu bleiben. Dieser Ausdruck hat immer meinem Gemüthe vorgeschwebt und einen Stachel der Dunkelheit für mich behalten. Unter anderem ersuchte er mich, für seine Bibliothek zu sorgen und hat mich nebst Lauson[29] zu Curatoren im Testament eingesetzt, auch jedem ein Legat von 50 fl ausgesetzt.

Eben die Nacht da sich der Brand einstellte, hatte ich Briefe von seinem Bruder[2], dem Hofrath erhalten, worin er mich beschwur, noch ein heroisches Mittel, wenn alle Hoffnung aus war, zu wagen. Die Ahndung des Todes und der sichtbare Termin desselben! Unter Klagen über grausame Schmertzen und Wunsch nach ein wenig Schlaf nahm er von mir Abschied mit vielem Mut und Ergebung. Sein letztes Wort, daß er mir wiederholentlich zurief, so lang er mich sehen konnte war: au revoir, au revoir. Dieses poetische Lebewohl! war ungemein rührend und treffend für mich. Ich ging Donnerstags frühe wieder zu ihm. Seine Ärzte und Blutsfreunde gaben mir im Entgegenkommen zu verstehen, daß er seines Bewußtseins nicht mehr mächtig wäre. Ich zog mich daher zurück. Gegen Mittag hat er noch mit zitternder Hand an den König und seinen jüngsten Bruder geschrieben, zu Mittag gantz ruhig geworden und ist mit dem Anbruch des Freytags, nachdem er alles haarklein verordnet bis auf das Lied, das sie ihm im Verscheiden singen und die Erleichterungen, welche sie ihm dabey verschaffen sollten, sanft und still entschlafen. Den Charfreytag wurde er bey seinem Vater begraben unter einem sehr ansehnlichen Gefolge, bey dem ich entbehrlich zu seyn schien u daher zu Hause blieb.

Mein Fideicomiss lag mir im Kopf. Die Erben aber hatten alle Bücher versiegeln laßen und man wollte seiner Brüder Ankunft oder Entschlüßung vorher erwarten. Ich fürchte mich vor der Arbeit, weil ich niemals meine eigenen Bücher selbst habe in Ordnung bringen können, und der bloße Gedanke von Kramen und Fleihen, und Einpacken mich stupid macht, Kopfschmerzen und Übelkeiten – Ich tröstete mich auf Lauson und verließ mich noch mehr auf Pentzel[30], den der seel. Mann ausdrückl. erlaubt u verordnet hatte zu unserm Gehülfen. Die Erben drungen uns aber einen Candidaten auf, der seines Vaters M. Richter im Löbenicht Catalogum ohnlängst herausgegeben hatte, auch sich dadurch in den Besitz unserer Adjunctur einschmeichelte, daß er für eine große Schaale Kleister gesorgt und einige 100 Klebezettel von seinen jungen He Grafen, die Pensionär im Hause waren, praenumerando hat anfertigen laßen. An Pentzel war wegen der leidigen Exerzier- und Revue-Zeit u gelehrten Arbeiten, von denen er leben mußte, garnicht zu gedenken. Auch der Wind vom Legat setzte mich und Lauson in Verlegenheit. – Um dies auf eine anständige Art zu decliniren, gerieth ich von ohngefähr auf den Einfall meine eigenen Bücher zu verkaufen. Jeder Einfall ist bey mir ein punctum saliens voll magnetischer Anziehungskraft u plastischer Industrie. „Was Du jetzt einem Freunde thun mußt, oder vielmehr seinen Erben, die mich auch bisweilen aufbrachten, bist Du Dir selbst schuldig". Meine ungezogenen Kinder wühlen unter meine Bücher, wie die s. v. Schweine im Eichenwalde. Ein Zusammenfluß tägl. Verdrießlichkeiten kein Buch mehr finden zu können und alles was man ausleyht, wieder zu erbetteln – kein Gefühl des Eigentum mehr! Bücher sind wie die Weiber in der platonischen Republik oder an französischen Höfen, wo der Ehmann dem ersten besten Galant aus dem Wege gehen muß. Ich hatte den eventuellen Fonds schon für die Erziehung meiner Kinder und meiner eignen Nothdurft nöthig – und hast Du keine Bücher mehr: so gewinnst du Zeit deine Kinder selbst zu erziehen. Hundert wilde Schwärmereyen mehr, die mir ein Interesse geben, mich der verdrießlichsten und ekelhaftesten Arbeit mit Muth zu unterziehen.

Ich habe das Geschmier dreyer Hände, worunter die meinige die ärgste, weil ich selbige selbst Noth zu lesen habe, in Ordnung zu bringen, habe selbst einige Bücher Papier dabey geopfert, den ganzen Sommer wie ein Erzminen Sclave darüber zugebracht – dem Verdruß ausgesetzt gewesen, immer aufgehalten zu werden u eben so ungebührlich getrieben zu werden, weil die Erben den 1. Oct. ausziehen müßen – und sitz unter einem Misthaufen von Büchern, die ich wieder in Ordnung bringen und rechts und links scheiden soll. So weit mit genauer Noth gekommen, daß ein versudelter Catalogus, so Gott will, auf die Woche fertig ist. Wie schreckl. sauer mir die Arbeit von seiner Seite geworden ist und noch werden wird, kann ich Ihnen liebster Herder gar nicht beschreiben. Ich habe öfters wie Scarron [31] unter seinem Schlucken Drohungen ausgestoßen. – Von der anderen Seite versprach ich mir recht viel von dieser Arbeit, die ich keiner Seele nach meinem Tode hatte zumuten können und sehe selbige wirklich als das wohltätigste Legat meines Freundes an. Vielleicht werde ich abermals aus dem weisen Seneca jauchzen können: de Beneficiis Lib. II, cap. 33. Perfecit opus suum Phidias [32], etiamsi non vendidit.

Sie werden sich also, liebster Gevatter und Freund weder alteriren noch wundern, noch schämen, daß ich dem Satrapenmährchen einen gelehrten Banqueroutier entgegensetze. Ohngeachtet ich die Montagsgebete und Wochenpredigten nicht wie sonst abwarten kann, bin ich noch immer ein fleißiger Mettenbesucher – und von da ordentl. bey meinem Freund Kr. Hennings [33] zum Caffé. Dom. VI. p, Trin. trank ich meinen Früh-Caffé in meinem neuen Gehöft, das durch einen abgebrochenen Speicher der in einen kleinen Holzstall verwandelt worden, zu einem künftigen grünen Platz geraum gnug ist. Ich hatte mich vorige halbe Woche nicht aus dem Hause gerührt, mich weder um die Kaiserl. noch Kgl. Hoheiten gekümmert, sondern mit sehr schlechten Erfolg an einem doppelten Catalog gearbeitet. Um weder an den Catalog zu denken noch daran arbeiten zu dürfen, springe ich hurtig auf, mich anzuziehen und vor Angst die rechte Predigt zu hören. Da kommt mir ein unbekanntes Weibstück entgegen, bringt mir einen Gruß von Kr. Hennings, der auf mich gewartet hätte und nunmehr spazieren gefahren wäre – mich aber bitten ließ, die beiden Bücher geschwind durchzulesen u ihm selbige morgens wo nur möglich persönl. einzuhändigen. – Bloß zur Zerstreuung hatte ich in die Kirche laufen wollen; und das gebratene Wildbrett kam mir ins Maul geflogen. Mein erster Gedanke ist immer, einem Überbringer erkenntl. zu seyn und darnach mich am Geschenk zu befreyen. Hier war es wohl kein Geschenk, als mehr als das. – Die Verlegenheit, ob und wieviel ich der Überbringerin geben sollte, meine Hausmutter, die alle meine Ausgabe Geld in ihrer Verwahrung hat, dazu willig zu machen. – Ein physiognomischer Blick auf die Überbringerin, und der Himmel kennt das Spiel der Gedanken und Bewegungen am besten in den kleinsten kritischen Augenblicken, die unsere Aufmerksamkeit auf sich ziehen – Ich freute mich, daß ich meinem blinden verwöhnten Triebe, Biergeld auszutheilen widerstanden hatte und ging mit einer triumphierenden Miene und zwei Quartanten Großformat in meine Gehöft, um meine Andacht auf eine andere Art zu befriedigen. Sie sollten noch am selben Tage mir aus den Augen und aus dem Hause seyn, um den Montag darauf in meinem Catalog fortfahren zu können.

Der erste Theil wurde beiseite gelegt und ich laß wie ein hungriger Mensch, der die gantze Woche mit Grütze für liebgenommen und den Sonntag auf einem fetten Kalbsbraten zu Gast ist. Ein viertel des Buches war in einer Stunde verschluckt und ich fieng an zu blättern, oder wenn man einen guten Grund gelegt, nach Pfefferbißen zu wühlen. Indem ich bilderte, fiel mir natürl. Weise eins auf, wo ein großes Zeichen lag, das ich bisher garnicht bemerkt hatte. Niemals hat Original und Copie sich einander so angestaunt, Autor (Leser) und Kunstrichter, als der geneigte Leser über sich selbst.

Kurz die Eitelkeit der Abigail für ein Weib von guter Vernunft und schön von Angesicht wenigstens von einem inspirirten Physiognomisten ausposaunt zu werden, verwandelte den lieben guten Lavater zu einem Seher Gottes in meinen Augen und zu einem ausdrückl. Engel, der mit einem Kelch vom Himmel erschien, mich im Staube meiner Sorgen zu stärken. Heil ihm, dem Nasen- Mund- und Ohr Seher, der vielleicht meiner nächsten langen Weile, dir mir Gott schenken wird, ein sokratisches Lachen über meine eigene Gestalt, wie ich selbige in littore seines zweiten Versuchs zur Beförderung der Menschenkenntnis und Menschenliebe gesehen, zubereitet.

Was Sie mir von dem lieben Cl.[15] schreiben ist mir eben nicht unerwartet. Vielleicht wäre es ihm beßer gewesen, meinem tollen blinden Wink zu folgen u nach Preußen zu kommen. Die feine Luft scheint ihm dort nicht zu bekommen. Ich habe mich über Euch Künstler seines Glücks gefreut – aber ebenso sehr darüber gewundert, wie es Euch möglich werden würde einen Wandsbecker Boten in einen Oeconomie Inspector zu verwandeln. Wenn er zu einer Organisten Stelle bestimmt u ein guter Gesellschafter ist, so schieben Sie sein Glück in Weimar nicht auf und heben Sie mir den calcanten Posten auf, weil ich nicht musikalisch bin. Ich will ihn schon fleißig erinnern, daß er das Stimmen seiner Orgel nicht vergeßen soll, wie seines Claviers.

Das Wunderthier selbst kennen zu lernen weil ich aus allen Beschreibungen des micromegas nicht klug werden kann und Bückeburg zu überrumpeln, sind immer 2 Hirngespinste gewesen, die parallel auf mich gewürkt haben. Wenn dem lieben Gott noch was an meinem Leben gelegen seyn sollte, so habe ich eine Zertsreuung für meine Gesundheit nach meinem so vieljährigen Gefängnis im eigentlichen Verstande nöthig, und die häusliche Zufriedenheit, welche bisher alles ersetzt wird wegen überwiegender Beängstigungen immer leichter und hinfälliger, das mir also nichts übrig bleibt als die letzte Hoffnung aller fehlgeschlagener Wünsche – ein Deus ex machina oder im Gewitter, – wie ich ihn heute im Hiob gelesen – vieleicht zum letzten Mal in meiner Michaelisschen Übersetzung.

Ich Ihnen an eine Kunst zu sehen gedacht, woran Pentzel[30] arbeitet? Weder ihm noch mir ist so was eingefallen. Krause[34] ist mir ganz fremd geworden u übersetzt für Kanter[35] auf Greens[36] Empfehlung eines Arthur Youngs[37] politische Rechenkunst. Krause hat woran gearbeitet. – Was es gewesen hat er und ich nicht vielleicht recht gewußt. Er wurde darüber krank vor Überspannung seiner Kräfte. Wenn ich ja so ein Analogon guid geschrieben; so mag ich von deßen Arbeit mit ihm geträumt haben. Ob es Kunst zu sehen seyn sollte, weiß selbst ich nicht mehr, weil mein Gedächtnis ephemerisch ist und alles was ich lese bey mir zu Asche wird, worinn ein granum salis höchstens übrig bleibt, das beim Elaboriren spagirisch-hermetisch-palingenetische Wundergestalten hervorbringt. Daß ich Jacob Behm und Pordäge gelesen habe werden Sie aus Beyl. ersehen. Das Lustigste bey dieser Aufführung ist, daß der Name Eberhard [38] daselbst vorkommt. Ich habe das Vergnügen gehabt, im Ernst wegen dieser Rezension beklagt zu werden. – Es mögen ebenso viel sich darüber gefreut haben, ohne zu wißen, daß sie von guter Hand kommt, die sich selbst nicht weh thun wird.

Es thut mir leid, daß Sie von meinem Schwiegersohn [30] nicht viel beßer als dem ppo von Sans-Soucy u seinem Capellmeister denken. Ich bin mißtrauisch genug gewesen – auch sag ich für keinen Menschen auf der Welt gut, so wenig für mich selbst als für ihn; aber in dieser gantzen Sache möchte er wohl gantz unschuldig seyn, und Sie sind durch eine falsche Nachricht hintergangen worden. Er hat hier seine Zuhörer, fast alle verloren, und zugl. den meisten Umgang. Kanter [35] hat sich erboten ihn in seinen Laden und Haus zu nehmen, wozu er willig gewesen; aber es fehlt an einem kleinen Vorschuß, der unter ihnen verabredet worden, und Pentzel ist ein Mann von Wort, und strenger in diesem Stück, als man es ihm zutrauen sollte. Sein Hertz ist so offen wie sein Kopf. Er hat mir seinen Lebenslauf so haarklein erzählt, daß mich sein Schicksal mehr für ihn eingenommen hat als alles übrige – und in diesem gantzen Schicksal herrscht eine solche Naivität und Unschuld von seiner Seite, die ihn größer in meinen Augen macht als seine Anlage zur Gelehrsamkeit. Unterdeßen bekennt er von sich selbst daß gute Tage ihm sehr gefährlich sind, und die mittelmäßigen vielleicht auch hier für ihn geworden wären – Können sie mir die Stelle anzeigen in der Lemgoer Bibliothek, so überheben Sie mich der Mühe selbige künftig selbst wegen dieser Ursache durchzulaufen. Er besucht mich die

Woche einmal u studirt beynahe bloß für seinen eigenen Autornamen auf eine neue Ausgabe des Horatz u von neuem Geographie. Ich bin aber nicht im stande seine Hülfsmittel dazu u die Hinlänglichkeit derselben zu übersehen.

den 13. Morgens frühe

Meinen guten Willen zu antworten werden Sie wenigstens verstehen können und ebenso wie sauer es mir wird aus Mangel der Zeit –

Ist jetzt die Hälfte Ihrer Urkunde [39] heraus? Möchten Sie mir nicht einmal den Inhalt des übrigen in nuce mittheilen ehe er noch herauskommt, oder können Sie schon absehen, wenn alles fertig werden dörfte – Wird Ihre bevorstehende Verpflanzung nicht einen ziemlichen Stillstand verursachen; ich glaube aber fest, daß Ihre künftige Gegend auch in Betracht Ihrer Autorlage Ihnen günstiger seyn wird. Ich habe noch nie erfahren können, worüber Eberhard [38] den Preis bekommen hat, so gerne ich es wißen möchte. Die neue Ausgabe hat Nikolai [11] mir geschickt. Ich habe mir vorgenommen sie gantz langsam zu lesen, bin aber fast nicht mehr im stande, etwas langsam zu lesen u. scheine auch weniger Vorteil davon zu haben als von meinem Galop. Wie mir bei diesem Buch zu Muthe ist, ohngeachtet ich nur im Anfang bin, kann ich Ihnen nicht sagen. Sehr oft, wenn von der Orthodoxie die Rede ist, fällt mir die Philosophie des S.S. ein – Wenn die Zend Auesta gantz seyn wird, werde ich Ihre Erl. vornehmen, weil mir noch in allem der Zusammenhang fehlt. Unter allen diesen Werken dörfte aber die Urkunde mein Liebling bleiben, und da Sie wirklich Ihr Wort in vielem erfüllen, so wünschte ich am Ende die Balance zu ziehen von dem, worinn wir übereinstimmen u von einander abweichen, worinn Sie zu weit gehen und nach meinem Gefühl zurückbleiben.

Ich oder vielmehr mein innerer Mensch ist von Gram, Unruhe und Verdruß, Ärger und kümmerl. Sorgen so ausgemergelt, daß ich selbst nicht weiß was ich thue oder noch thun werde – Ich bin willens Ihren Geburtstag statt des meinigen dies Jahr zu feyern, weil letzterer auf einen Dinstag fällt. Erfreuen Sie mich doch bald mit der Nachricht, einer glücklichen Entbindung – Ich habe Ihnen nichts zur Sache geschrieben und noch so viel im Sinn und in petto. In Bückeburg können Sie wohl nichts wie als meinen Catalog von mir erwarten. – Vieleicht sehen wir uns von Angesicht zu Angesicht in Weimar oder können uns ein Rendezvous nach Herzenswunsch einmal geben. Gott begleite Sie mit seynen guten Engeln – Sollte mein kleines liebes Pathchen beym Empfang dieses schon da seyn, so sagen Sie ihm ein herzl., zärtliches, inniges Willkommen. Meiner liebenswürdigen und ehrwürdigsten Gevatterin küße ich Mund und Hände. Gott erhalte und vermehre Ihre Hausfreude 60 und 100 fältig. Mein Hänschen [9] empfiehlt sich dem kleinen Magister u seinem alten Freunde Joh. Christ. Gott segne Sie – künftig mehr. Ich ersterbe Ihr treuergebenster Freund und Gevatter

Joh. Georg Hamann.

ANMERKUNGEN

1 Johann Gotthelf Lindner (1729–1776), Hofprediger in Königsberg, Kirchen- und Schulrat, Professor der Poesie.

2 Dr. med. Friedrich Ehrengott Lindner (1733–1816), Hofmedicus in Mitau.

3 Berens, Johann Christoph (1730–1792), Handelsherr in Riga.

4 Mendelssohn, Moses, * in Dessau 1729, † in Berlin 1786, Philosoph, Verfasser des „Phädon" oder „über die Unsterblichkeit der Seele".

5 Berens, Catharina, Schwester von[3], von Hamann „Aspasia" genannt.

6 Johann David Michaelis (1717–1791), Professor der Theologie, der Philologie und Orientalist in Göttingen.

7 Boileau, Nicolas (1636–1711), französischer Dichter.

8 Moser, Carl v. (1723–1798), Kanzler in Hessen-Darmstadt.

9 Hamann, Johann Michael, Sohn Hamanns, Direktor des Königsberger Altstädtischen Gymnasiums.

10 Bucholtz, Baron v., Gönner Hamanns. Besitzer v. Welbergen.

11 Nikolai, Christoph Friedrich (1733–1811), Schriftsteller und Verlagsbuchhändler in Berlin.

12 Reichardt, Johann Friedrich (1752–1814), Kapellmeister in Potsdam bei Friedrich II.

13 Hartknoch, Friedrich, Verlagsbuchhändler in Riga.

14 Lavater, Johann Kaspar (1741–1801), Pfarrer an der Waisenhauskirche und an der St. Peterskirche in Zürich.

15 Claudius, Matthias (1740–1815), „Asmus" von Hamann genannt, Herausgeber des „Wandsbecker Boten".

16 Jacobi, Friedrich Heinrich (1743–1819), Philosoph und Schriftsteller in Düsseldorf, sein Landsitz Pempelfort war geistiges Zentrum seiner Zeit.

17 Scheffner, Johann Georg (1736–1820), Kriegsrat in Königsberg.

18 Hippel, Theodor Gottlieb (1714–1769), Kriminalrat in Königsberg.

19 Kreutzfeld, Johann Gottlieb (1754–1784), Professor in Königsberg.

20 Kraus (1753–1825), Lieblingsschüler Kants, Professor für Philosophie und Kameralwissenschaften in Königsberg.

21 Abegg, Johann Friedrich (1765–1840), Gymnasialdirektor und Theologe.

22 Starck, Johann August (1741–1816), Professor für morgenländische Sprachen, Oberhofprediger in Königsberg, seit 1777 Lehrer am Mitauer Gymnasium.

23 Deutsch, Kriegsrat in Königsberg.

24 Abt, Thomas (1738–1766).

25 Stockmar, Provinzial-, Akzise- und Zolldirektor in Königsberg, Vorgesetzter von Hamann.

26 Basedow, Johannes Bernhard (1723–1790), Begründer des Philanthropiums in Dessau.

27 Hintz, Jakob Friedrich, † 1767, Buchhändler in Mitau.

28 Friedrich II., der „Salomo du Nord“ genannt.

29 Lauson, Johann Friedrich (1727–1783), Lehrer an der Domschule in Königsberg.

30 Pentzel, Abraham Jakob (1749–1819), Dozent und Journalist in Königsberg, Schwiegersohn Hamanns.

31 Scarron (1610–1660).

32 Phidias, „Er vollendete sein Werk, wenn er es auch nicht verkaufte.“

33 Hennings, Samuel Gotthelf (1725–1787), Kriegsrat in Königsberg.

34 Krause, Christian Jakob (1753–1807), Professor für Philosophie und Kameralwissenschaften.

35 Kanter, Johann Jakob (1738–1786), Verlagsbuchhändler in Königsberg.

36 Green, englischer Kaufmann, Freund Kants.

37 Young, Eduard, englischer Volkswirt. Von E. Young stammen folgende Sätze: Nicht zwey Gesichter, nicht zwo Seelen sind einander vollkommen ähnlich; alle tragen vielmehr das sichtbare Unterscheidungszeichen der Natur an sich. . Da wir nun als Originale gebohren werden, – wie kommt es doch, daß wir als Copien sterben!

38 Eberhard, Johann August (1739–1809), Professor der Philosophie in Halle.

39 „Die älteste Urkunde des Menschengeschlechts“.

40 Jacobi, Johann Georg, * in Düsseldorf 1740, † in Freiburg 1814, Professor der Philosophie und der Beredsamkeit in Freiburg.

Herder in Riga (1764–1769)

Bevor über Herder in Riga berichtet wird, muß zunächst gesagt werden, als was, in welcher seelischen und körperlichen Verfassung er nach Riga kam.

Herder wurde in der kleinen ostpreußischen Stadt Mohrungen am 25. August des Jahres 1744 geboren. Sein Vater Gottfried Herder bekleidete das Amt eines Küsters und das eines Lehrers an der dortigen Mädchenschule. Seine Mutter, Anna Elisabeth geborene Peltz, war die Tochter eines Schusters. Der Vater, ein ernster und pflichtbewußter Mann, verlangte von den Kindern dieselbe Grundhaltung. Wenn er mit seinem Sohne Johann Gottfried zufrieden war, so verklärte sich sein Antlitz; er legte seine Hand auf das Haupt seines Sohnes und nannte ihn „Gottfriede". Das stellte die höchste Belohnung dar, die dem Jungen zuteil wurde. Die Mutter war eine rührige Hausfrau, von zierlicher Gestalt. Sie hatte ein empfindsames Gemüt, gepaart mit Empfindungsreichtum. Beides hatte sie ihrem Sohne vererbt. Der Gemütsart der Eltern entsprechend herrschte im Hause eine tiefe Religiosität.

Mohrungen bot damals das Bild einer mittelalterlichen Stadt. Sie war noch von der Stadtmauer umgeben, durch die drei Tore Zugang zu den engen Straßen der Stadt gewährten. Die Bevölkerung bestand größtenteils aus kleinen Handwerkern und Ackerbauern und war sehr arm. Die Oberschicht bildeten einige Landedelleute mit dem Grafen Dohna an der Spitze, der im „Schlößchen" wohnte; ferner der königliche Amtmann, die Geistlichen und einige Kaufleute. Nicht zu vergessen sind auch die Offiziere vom Stabe einer

Dragoner-Eskadron. Herder spricht einmal von einer „dunklen, aber nicht dürftigen Mittelmäßigkeit“, in der er aufgewachsen war.

Vor den Toren der Stadt lag der Mohrung, der „Silbersee“ von Herders Kindheit, und etwas weiter das „Paradieswäldchen“. Beide zogen den Knaben immer wieder in ihren Bann, so daß früh bei ihm eine Naturverbundenheit festzustellen ist. Aber auch das alte Ordensschloß, die Türme und Tore der Stadtbefestigung haben ihn beeindruckt und seinen Sinn für Geschichte geweckt. Im Jahre 1756 rückten die Dragoner der Garnison ins Feld, und zwei Jahre später besetzten russische Truppen vorübergehend die Stadt.

Als maßgeblich für die Entwicklung eines Kindes ist die schulische Erziehung anzusehen. Anfangs erhielt der kleine Herder Unterricht von Rektor Grimm, der die Lateinschule der Stadt leitete. Er verlangte von den wenigen Schülern, die nach höherer Bildung strebten, hauptsächlich das Auswendiglernen von lateinischen, griechischen und hebräischen Texten. Der Stock diente dabei als oft gebrauchte Erziehungsbeihilfe. Herder war ein Musterschüler und der Liebling des Rektors; doch hat er später immer mit einem gewissen Schauder an die Methoden der Erziehung des alten Rektors gedacht. Immerhin mußte er sich gestehen, daß er doch eine ganze Menge an Wissen bei ihm gelernt hat.

Mit 16 Jahren zog Herder zum Diakon Trescho[1], um in dessen stillem Hause besser seinen Studien nachgehen zu können. Als Entgelt mußte er Manuskripte des Diakons abschreiben, der sich schriftstellerisch betätigte. Dieser wiederum führte Herder in die Anfangsgründe der französischen Sprache ein. Noch wichtiger war für den jungen Mann der Zutritt zu der Bibliothek des hochgebildeten Trescho, der selbst beruflich überlastet war und sich nicht mehr als irgend nötig mit seinem Zögling abgab. Dieser hat damals sehr viel gelesen. Sein Hunger nach weiterer Bildung nahm immer mehr zu, und sein Ziel war es, die Universität in Königsberg zu besuchen. Trescho aber hat immer davon abgeraten, was ihm Herder sehr übelnahm; er fühlte sich bedrückt und zurückgesetzt. Er hatte das ungestillte Verlangen, aus der Enge des abgelegenen Mohrungen in die „große Welt“ hinauszugelangen. Das Verhältnis zwischen Trescho

Johann Gottfried Herder (1744–1803). Gemälde von Anton Gralt (1785)

und seinem Zögling gestaltete sich immer unerfreulicher, und es bedurfte eines „deus ex machina", um Herders Wünsche zu erfüllen. Dieser trat in Erscheinung in Gestalt eines Militärarztes in russischen Diensten; er hieß Schwartz-Erla und wurde im Hause des Diakons einquartiert. Ihm wurde in kurzer Zeit bewußt, welche Begabung, die nach weiterer Entfaltung trachtete, in dem strebsamen jungen Herder steckte. Als er mit seinem Regiment in westlicher Richtung abrückte, erbot er sich, den Jüngling nach Königsberg mitzunehmen. Dort wollte er ihn zum Chirurgen ausbilden lassen. Dafür sollte Herder ihm eine medizinische Arbeit ins Lateinische übersetzen. Als 1762 der Friede mit Rußland und Preußen geschlossen war, konnte dieser Plan verwirklicht werden.

Überwältigend war für Herder der Anblick der geschäftigen, gewerbereichen und geräuschvollen Stadt. Allein bei der ersten Leichenöffnung, zu der Schwartz-Erla Herder mitgenommen hatte, fiel dieser in Ohnmacht. Das medizinische Studium mußte deshalb aufgegeben werden. Er entschied sich nach einigem Überlegen für ein Studium der Theologie. Ein kleines Stipendium erhielt er von der Stadt Mohrungen; außerdem gab er Nachhilfestunden, und nach einiger Zeit unterrichtete er sogar an einer Schule. So war er finanziell durchaus gesichert. Er wohnte im Heim des Friedrichskollegs, in dem auch Söhne reicher Russen, Polen, Liv- und Kurländer untergebracht waren.

Als Trescho ihn im Jahre 1764 in Königsberg besuchte, stellte er fest, daß Herder alle „Blödigkeit und Scheu" verloren hatte und für die „große Welt" gemacht dastand. Neben der Theologie hörte er auch Kollegs über Naturkunde bei Professor Teske. Dessen Spezialgebiet waren Elektrizität und Magnetismus. Bei Kant, damals noch Privatdozent, hörte er Astronomie und physische Geographie, nicht zuletzt aber auch Philosophie. Kant stand damals unter dem Einfluß von Hume und Rousseau. Maßgebend aber war für Herders Geistesleben, daß Kant auch über ästhetische Probleme mit jenem diskutierte. Großen Einfluß auf den jungen Studenten hatte auch außerhalb der Universität Hamann. Dieser brachte ihm das Englische bei und vervollkommnete sein Französisch. Sie studierten zusammen und lasen Shakespeares Werke. Großen Eindruck machte auf Herder Hamanns These, daß ein volles ausgeschöpftes Leben wertvoller sei als alle Bücherweisheit, daß sich einem empfindenden Herzen Wahrheit und Schönheit eher offenbaren als dem nüchternen Verstand.

Zwei Jahre hat Herder in Königsberg „studiert, gelernt und geschwärmt". Dann erhielt er einen Ruf vom Rat der Stadt Riga, Lehrer an der dortigen Domschule zu werden. Es war vorgesehen, daß er dort in Mathematik, Naturkunde, deutschem Stil, Geschichte und Französisch unterrichten sollte.

Mehrere Personen stritten sich darum, für die Berufung Herders nach Riga verantwortlich gewesen zu sein. Da war zuerst der Rektor der Schule, J.G. Lindner[2], der an seinen Freund Christian Klotz[3] schrieb, er sei der einzige gewesen, der „diesen Freund damals aus Einsicht seines Genies an die Schule nach Riga zog". Aber er handelte ja auf die Empfehlungen, die ihm Hamann gegeben hatte, und der verfügte über gute Beziehungen zu Rigaer Ratskreisen auf Grund seiner früheren Tätigkeit als Hofmeister. Es war aber noch der Buchhändler und Verleger Johann Friedrich Hartknoch[4] da, der Herder von der Universität her kannte. Dieser hatte ihm geraten, in Riga eine Buchhandlung zu gründen. Maßgeblich aber war an der Berufung auch der Dr. Johann Christoph Schwartz beteiligt. Er hatte sich selbst eine Vorstellung davon gemacht, wes Geistes Kind der Kandidat wohl wäre, indem er sich in eine deutsche und eine lateinische Prüfungsarbeit Herders vertieft hatte. Am 13. September 1764 berichtete er dem Rat ausführlich über den Eindruck, den er sich vom Kandidaten gebildet hatte. Auf Grund dieses Berichtes berief der Rat Herder zum „Kollaborator" an die Domschule. Am 27. September teilte Dr. Schwartz dem Rat mit, daß Herder bereit wäre, sich für drei Jahre zu verpflichten, das angetragene Amt zu übernehmen. Als der Kandidat in Riga eingetroffen war, wurde das Schulkollegium beauftragt, ihn zu examinieren. Schwartz fiel als Scholarch die Aufgabe zu, ihn in der Domschule zu introduzieren, was am 7. Dezember geschah. Leider dauerte der Verkehr Herders mit seinem Protektor nur drei Jahre. Dann wurde

Johann Christoph Schwartz, dieser geistig hochstehende Mann, in die Moskauer Gesetzeskommission berufen und mußte Riga verlassen.

Herder schrieb am 5. Jan. 1765 an Hamann: „ich habe alles, wo zur Lebensnotdurft gehört und Luther in die 4. Bitte faßt; bis auf ein Weib". Am 16. Jan. 1765 bekannte er Hamann: „ich habe meine jetzige Lage Ihnen zu verdanken, und bei jedem Guten und Bösen erinnere ich mich also Ihrer".

Es lag Herder daran, von vornherein klare Verhältnisse zu schaffen und die Bürger wissen zu lassen, in welchem Sinne er beabsichtigte, sein Schulamt auszuüben. Dies legte er in seiner Antrittsrede dar, der er den Titel gab: „Von der Grazie in der Schule".

Er zeichnet zuerst die Verhältnisse in den Schulen, wie sie ihm selber und wohl auch den älteren Zuhörern aus eigener Erfahrung geläufig waren. Die Schulmeister waren meist Pedanten, die sich zur Bewältigung der Faulheit, der mangelnden Intelligenz der Schüler und der Aufrechterhaltung von Ruhe und Ordnung vor allem des Stockes bedienten. So wurde der Jugend „die Schule das erste Gefängnis, wo man ihr das Sitzen, das Lernen und weiß Gott was für Übungen beibrachte. Was kann der Lehrer am Kinde verderben, wenn er sich vergißt, aufschäumt, und seine Wut an den Kindern ausläßt. Der Lehrer muß den Kindern den Weg zu den Wissenschaften verkürzen, aber sie selbst gehen lassen, nicht tragen wollen und damit lähmen. Nicht eigentlich Gelehrsamkeit soll den Lehrer auszeichnen, sondern Talente muß er haben, um leicht aber doch gründlich, ganz und doch spielend seinen Lieblingen die Wissenschaften einzuzaubern". Und dies ist die Grazie, ohne die er immer ein unvollkommener Lehrer bleibt. Er sei so gründlich wie er will, hat er dabei nicht den Anstand, den Vortrag, die Annehmlichkeit, so ist er kein Lehrer der Jugend. „Grazie", gibt Herder zu, ist an dieser Stelle ein etwas ungewohnter Ausdruck. „Nennen Sie es Reiz, Anstand, Schönheit, Anmut, Annehmlichkeit, Holdseligkeit. Alles das sind Teile, sind Grade, sind Charakter der Grazie; aber kein Wort erschöpft ihren Begriff ganz. Zwar muß es die Würde der Schule wiederum verhindern, daß sie eine Tanzakademie, ein Komplimentengymnasium, ein Platz der Scharlatanerie würde."

Wie weit Herder sich in Riga eingelebt und in gewissem Bezug angepaßt hatte, geht aus dem Schluß des Vortrags hervor, in dem er sich zunächst bei dem hochweisen Herren des Rats der Stadt für die erwiesene Gewogenheit bedankt. Sein Dank gilt gleicherweise dem Ministerium für das erwiesene Vertrauen. Und weiter heißt es: „Es blühe unsere Schule, die Kinder, die Eltern. Es blühe Riga, die Stadt, wo man mit Fleiß und Nutzbarkeit Feinheit, mit Freundschaft und Bequemlichkeit Wohlstand, mit Freiheit Gehorsam, mit Rechtgläubigkeit das Denken, mit den Wissenschaften und Tugenden die Grazie verbindet. Riga, das unter Rußlands Schatten beinahe Genf ist". Gleich russischen Patrioten feiert er schließlich die Monarchin als „Huldgöttin des Reiches".

Herder hat sein Amt mit viel Geschick und Takt gehandhabt. Man war allgemein mit ihm zufrieden. Der Ruf seiner pädagogischen Fähigkeiten drang sogar bis nach Petersburg. Die dortige lutherische Gemeinde bemühte sich, Herder als Inspektor für ihre Schule zu gewinnen. Um den erfolgreichen Schulmann in Riga zu behalten, bot man ihm eine eigens für ihn geschaffene Predigerstelle an, was ganz den Bestrebungen Herders entsprach, so daß er weiter vier Jahre in Riga blieb.

Für Herder, dessen Interesse schon damals den Sprachen, den Dichtungen und Eigenarten der Völker galt, waren die Ostseeprovinzen des russischen Reiches ein äußerst interessantes Beobachtungsfeld. Er hat sich dort eifrigst umgesehen und sich bemüht, möglichst viel von dem Aufenthalt in Riga zu profitieren. Über Rußland orientierte er sich anhand der Bücher des August Ludwig Schlözer, den „Annalen von Rußland", erschienen 1767 in Riga, und den „Beilagen zum neuveränderten Rußland". Über Letten, Esten und Kuren, Liven, Litauer und Finnen stützte er sich entweder auf eigene Beobachtungen, die ja infolge der Sprachschwierigkeiten recht beschränkt waren, oder er suchte bei geeigneten, beschlagenen Leuten Auskünfte zu erlangen. Manches mag er sich auch hier aus Büchern angeeignet haben. Er schreibt, ohne daß seine Ansichten viel Einsicht in die Materie verraten:

„Alle Volkssagen und Lieder der Lappen, Finnen und Esten zeigen, daß sie ein sanftes Volk sind. Daher wurden die Lappen an den Nordpol hinaufgedrängt, die Finnen, Ungarn und Esten sklavisch unterjocht, die Liven aber ganz ausgerottet. Das Schicksal der Völker an der Ostsee macht überhaupt ein trauriges Blatt in der Geschichte der Menschheit. Die Litauer, Kuren und Letten sind ungewissen Ursprungs. Aller Wahrscheinlichkeit nach auch indessen dahin gedrängt, bis sie nicht weiter gedrängt werden konnten. Zwischen den deutschen, slavischen und finnischen Völkern konnte sich der friedliche lettische Stamm nirgends weit ausbreiten, noch weniger verfeinern und war zuletzt nur, wie seine Nachbarn, die Preußen, am meisten durch die Gewalttätigkeiten merkwürdig, die allen diesen Küstenbewohnern teils von den Polen, teils vom Deutschen Orden und denen, die ihnen zur Hilfe kamen, widerfuhren. Die Menschheit schaudert vor dem Blut, das hier vergossen ward".

Über die Russen – es sind hier wohl die Beamten gemeint, mit denen Herder es gelegentlich zu tun hatte – urteilt Herder wohl mehr oder weniger aus eigener Erfahrung:

„Die Ehre will es, daß man sich von den Mitbürgern unterscheidet und schöne große, außerordentliche Handlungen tue. Ein Russe kann nicht diese Triebfeder haben, denn er hat keine Mitbürger; er hat für „Bürger" kein Wort in seiner Sprache(!). Der junge Russe sieht an Bürgern nur als Knechte, wovon ich selbst ein redendes Beispiel gekannt habe. Der junge Russe sieht nichts als Pfiffe (Vortäuschungen der wirklichen Absichten), wodurch er sich heben kann. Diese Pfiffe sollen ihm zum Avancement verhelfen. Ists honett ein betrügerischer Kaufmann, ein Schmeichler, ein Rebell, ein Königsmörder zu sein? Der Russe ist alles von Natur . . . Kein Russe ist fein, um zu zeigen, daß er nicht grob und niedrig ist; denn sonst würde er es immer sein, auch gegen Bediente, Untere usw.; sondern gegen die ist er Despot. Solche Sitten haben sich dem Rate in Riga eingeflößt, und der dicke Bulmering (Ratsobersekretär) ist ein Muster russischer Politesse." Herders Urteile sind recht bösartig und sind wohl zum geringsten Teil begründet.

Aber nicht milder verfährt er mit der deutschen Oberschicht in den Ostseeprovinzen in dem Journal seiner Reise: „Livland, du Provinz der Barbarei und des Luxus, der Unwissenheit und eines angemaßten Geschmacks; der Freiheit und der Sklaverei; wieviel wäre in dir zu tun, um die Barbarei zu zerstören, die Unwissenheit auszurotten, die Kultur und die Freiheit auszubreiten; ein zweiter Zwingli, ein Calvin und Luther dieser Provinz zu werden! Kann ichs werden, habe ich dazu Anlage, Gelegenheit, Talent?"

Kurland kommt nicht besser weg: „Kurland, du Land der Lizenz (hier so viel wie Zügellosigkeit), und der Armut, der Freiheit und der Verwirrung. Jetzt eine moralische und literarische Wüste; könnte es nicht der Sitz und die Niederlage der Freiheit und der Wissenschaft werden, wenn auch nur gewisse Pläne einschlagen?" Aber etwas findet er doch, in Kurland zu loben: „der gute Umgang zwischen den Predigern in Kurland" sei mir auch Vorbild. „Jetzt Riga, was ists jetzt? Alte Freiheit von Riga, da der Ältermann seinen Hut auf dem Rathaus ließ und nach Schweden eilte, um die Stadt zu verteidigen, wo jetzt? Alles ist zurückgefallen mit weichem Sinn ist Schwachheit, Falschheit, Untätigkeit, politische Biegsamkeit eingeführt; der Geist der Hansestädte ist weg aus Nordeuropa! Wer will ihn aufwecken? . . . Die Stadt hat nichts, um mehr auszugeben als sie hat. Sie hat eine dürftige, nutzlose Herrlichkeit, die ihr aber kostet. Ihre Stadtsoldaten kosten, und was tun sie? Das Ansehen ihrer Ratsherren kostet ihnen so schlechte Begegnung und nutzt nichts, als daß sie sich brüsten und den Bürger vor den Kopf stoßen können. Alles reibt sich an der Stadt: Gouverneur und Regierungsrat, Minister und Kronschreiber. Dieser gibt ein dummes Ansehen mit seinen 150 Rubeln über Bürgermeister und Rat: das ist Übelstand. Gouverneur wird in Ansehen Despot und verbindet noch Interesse: Übelstand. Alles ist gegeneinander; die Kaiserin und Stadt, Gouverneur und Stadt, Hof und Stadt, Kronsbediente und Stadt, Titelräte und Stadt, Adel und Stadt, Schmarutzer und Stadt, Ratsherren und Stadt – welcher Zustand! Man kriecht, um über andere zu brüsten; man schmarutzt, um sich zu rächen. Man erkauft sich einen Titel, um elend zu trotzen, man bereichert sich, um mit leeren Versprechungen zu helfen".

Herder muß sich auf der Seereise in einem denkbar schlechten

Sinneszustand befunden haben, daß er so vernichtend urteilt, wo er es doch eigentlich ganz gut in der Stadt gehabt hat. Er traut sich auch, ohne näheren Einblick in die Verfassung und die Gesetze zu haben, Besserungsvorschläge zu machen, zu denen man aus Unkenntnis der Verhältnisse nicht allzuviel sagen kann bis auf die Aussage, „der Oberpastor stehe über dem Pastor der Jakobikirche, aber unter dem Superintendenten, und das Stadtkonsistorium so unter dem Oberkonsistorium, wie der Magistrat unter dem Hofgericht"! Das erscheint noch ganz plausibel.

Herder sagt von der Reise mit dem Schiff: „Was gibt ein Schiff, das zwischen Himmel und Erde schwebt, nicht für weite Sphäre zu denken". Man muß noch hinzufügen, daß auch die Phantasie durch solch eine Fahrt ungeheuer angeregt wird. Unter diesem Gesichtspunkt ist dieser Erguß Herders zu werten.

Nun fragt es sich: was war denn der junge 25-jährige Herder für ein Mensch, und welchen Eindruck konnte er auf seine Umgebung machen? Aus jener Zeit existiert wohl keine Charakteristik von ihm aus fremder Feder, aber er war selbst einsichtig genug, um selbst von sich ein glaubwürdiges Bild in seinem Reisejournal zu geben:

„Wie ist die Entfernung in mir so mächtig; wie kann mich ein Unglück, eine Träne im Auge meiner Freundin rühren. Was hat mich mehr angeheftet als dieses; was ist mir rührender gewesen als jene, die Entfernung. Daher auch mein Geschmack für Spekulation und für das Sombre der Philosophie, der Poesie, der Erzählungen, der Gedanken. Daher meine Neigung für den Schatten des Altertums und in die Entfernung in die verflossenen Jahrhunderte, meine Neigung für Hebräer, als Volk betrachtet, für die Griechen, Ägypter, Kelten, Schotten usw. Ebenso unstreitig auch der Eindruck von Kirche und Altar, Kanzel und geistlicher Beredsamkeit, Amtsverrichtung und Ehrerbietung. Daher die Liebhabereien meines Gartens, meine einsamen Spaziergänge, mein Schauder bei psychologischen Entdeckungen und neuen Gedanken der menschlichen Seele, mein halbverständlicher, halbsombrer Stil . . . Wenn in gewissen Augenblicken noch jetzt meinem Gefühl eine Neuigkeit und gleichsam Innigkeit gebe; was ists anders als ein Schauder, der nicht ein

Schauder der Wollust wäre? Breite ich nicht eine unglückliche, verzogene Natur aus? Oder ists kein Unglück eine solche zu haben? Oder werden mir bei reiferen Jahren, in der Ehe, bei rechten sanften Schäferstunden andere Gefühle und Schwingungen bevorstehen? Was weiß ich? Indessen bleibt dies immer Bemerkung in mir, die sich auf alles erstreckt. Ein erstes Werk, ein erstes Buch, ein erstes System, ein erster Gedanke, ein erstes Gemälde geht immer bei mir in dies gotische Große. . . Gefühl von Erhabenheit ist also die Wendung meiner Seele. Danach richtet sich meine Liebe, mein Haß, meine Bewunderung, mein Traum des Glücks und Unglücks. Mein Leben ist ein Gang durch gotische Wölbungen oder wenigstens durch eine Allee voll grüner Schatten. Die Aussicht ist immer würdig und erhaben. Der Eintritt war eine Art Schauder: so aber eine andere Verwirrung wird es sein, wenn plötzlich die Allee sich öffnet und ich mich auf dem Freien fühle. Jetzt ist Pflicht, diese Eindrücke so gut zu gebrauchen, als man kann, gedankenvoll zu wandeln, aber auch die Sonne zu betrachten, die sich durch die Blätter bricht, und desto lieblicheren Schatten malet, die Wiesen zu betrachten mit dem Getümmel darauf. Mein Geist ist nicht in der Lage zu bemerken, sondern eher zu betrachten, zu grübeln. Er hat nicht die Wut, Kenntnisse zu sammeln, wo er sie kann, sondern schließet sich schlaff und müde in den ersten Kreis ein, der ihn festhält."

Anschließend stellt Herder sich einem jungen Schweden gegenüber, den er auf seiner Reise angetroffen hat. „Ich habe so oft an ihm gesehen, daß sein Auge und sein Geist mehr für das Richtige geschaffen war als meines, daß er in allem ein gewisses Gefühl für Realität hatte, das ihn nicht mit Hypothesen sättigte, daß er nicht aus Büchern Sachen lernen wollte, die auf Erfahrung und Praxis beruhen, sondern zur Tat schritt. . . Womit habe ich in meinem vergangenen Zustande verdient, daß ich nur bestimmt bin, Schatten zu sehen, statt würkliche Dinge mir zu erfühlen. Ich genieße wenig, d. i. zu viel im Übermaß und also ohne Geschmack. Ich sehe und empfinde in der Ferne, hindere mir selbst den Genuß durch unnötige Präsumption und durch Schwäche und durch Blödigkeit im Augenblick selbst. . . Überall eine aufgeschwellte Einbildungskraft zum voraus, die vom Wahren abirrt und den Genuß tötet, ihn matt und schläfrig macht, und mir nur nachher fühlen läßt, daß ich nicht genossen, daß ich matt und schläfrig gewesen. So selbst in der Liebe, die immer platonisch, in der Abwesenheit mehr als in der Gegenwart, in Furcht und Hoffnung mehr als im Genuß, in Abstraktionen, in Seelenbegriffen mehr als in Realitäten empfindet. So bei der Lektüre: wie walle ich auf, ein Buch zu lesen, es zu haben und wie sinke ich nieder, wenn ich lese, wenn ichs habe. Empfindungen der Art haben mich auf die Idee gebracht, ein Werk über die Jugend und die Veraltung menschlicher Seelen zu erdenken, wo ich teils aus meiner traurigen Erfahrung teils aus Beispielen anderer Seelen, die ich zu kennen Gelegenheit gehabt, einer solchen Veraltung zuvorzukommen und sich seiner Jugend recht zu erfreuen und sie recht zu genießen lehre. Der Plan entstand mir schon in Riga in traurigen Tagen, wo die Organisation meiner Seele gleichsam gelähmt, das Triebrad der äußeren Empfindungen stillestand und sie, in ihr trauriges Ich eingeschlossen, die muntere Sehnsucht verloren hatte, sich Ideen und Vergnügungen und Vollkommenheiten zu sammeln. Da ging ich daher, dumm und gedankenlos und stumpf und untätig. . . nahm 100 Bücher, um 100 von ihnen wegzuwerfen und doch nichts zu wissen.

Bis auf meine Tugend war ich nicht mit mir zufrieden; ich sah sie für nichts an, als Schwäche, für einen abstrakten Namen, den die ganze Welt von Jugend realisieren lernt. Zu viel Keuschheit, die schwächt, ist ebensowohl Laster, als zu viel Unkeuschkeit. O, es ist eine zweiseitige Schwäche. . . und wir nennen sie mit dem großen Namen Tugend. . .“

Man sollte meinen, daß sich Herder, was seine geistigen Fähigkeiten angeht, doch nicht ganz richtig einschätzt. Wenn man sein Reisejournal liest, gewinnt man den Eindruck, daß er sehr viel gelesen und auch in sich aufgenommen hat, so daß er über einen ungewöhnlich reichen Schatz an präsentem Wissen verfügt. Auch wenn man berücksichtigt, daß die Gelehrten zur Zeit Herders allgemein viel universaler gebildet waren als heutzutage. Es dürften nur wenige ein derart vielseitiges Wissen gehabt haben. Das bestätigen nachher auch Lavater[5], Heyne[6], Wieland[7] und Goethe. Im „Journal“ stößt man auf Themen über Theologie, Astronomie, Philologie, Historie, Physik, Biologie und Ästhetik.

Wenn er sich beklagt, sein Wissen sei zu abstrakt, so hat er doch die Fähigkeit, Zusammenhänge zu ahnen und Brücken zu schlagen. So schlägt er vor, die Psyche der Völker aus ihrer Sprache und ihrer Dichtkunst zu ermitteln. Diese Wissenschaft nennt er Semiotik. Oder er konzipiert ein Werk über die Geschichte der Bildung, angefangen bei den frühen Kulturen Asiens, über die Antike, das Mittelalter, das Barock bis auf seine Zeit.

In seinen „Ideen zur Philosophie der Geschichte“ hat er nachher versucht, dieses Werk zu schreiben. Erst Spengler hat in unseren Tagen ähnliche Themen behandelt. Aber man muß staunen, was Herder schon für Bogen über die Jahrtausende gespannt hat.

Das Bild, das er von seiner seelischen Verfassung in der Zeit seines Aufenthalts in Riga zeichnet, ist das eines tiefunglücklichen jungen Mannes. Es bedrückt ihn, an der Peripherie des europäischen Kulturkreises sich aufhalten zu müssen. Er fürchtet, er könnte in dieser Abgeschiedenheit etwas versäumen, seiner geistigen Entwicklung könnte hier der fruchtbare Boden fehlen. Er ist mit sich und seiner Umgebung nicht zufrieden. Dabei hatte er sich durch seine in Riga verfaßten wissenschaftlichen Arbeiten bereits in literarischen Kreisen Deutschlands einen Namen gemacht. Die wichtigsten Arbeiten, die hier anzuführen wären, sind die Untersuchung „Haben wir noch das Publikum und das Vaterland der Alten?“ und die „Fragmente zur neueren deutschen Literatur“, die 1767 und 1768 bei Hartknoch gedruckt wurden. Als Beweis, daß er kein Unbekannter mehr ist, wäre zu erwähnen, daß Friedrich Nikolai[8], Schriftsteller und Buchhändler in Berlin, ihn am 19. November 1766 zur Mitarbeit an der von ihm herausgegebenen „Allgemeinen Deutschen Bibliothek“ auffordert. Am 30. Dezember des gleichen Jahres schreibt Nikolai ihm: „Glauben Sie wirklich, daß Ihr Name bei uns noch unbekannt wäre“?

In den „Fragmenten“ befaßt sich Herder mit der Sprache und im besonderen mit der deutschen. Er sagt Gedanke und Wort,

Empfindung und Ausdruck sollen sich verhalten wie Seele und Körper. Den Ausdruck kann man auch als „Boten“ des Gedankens oder als „Vehiculum“ menschlicher Gedanken bezeichnen. Wenn er an die deutsche Sprache denkt, dann wird er erinnert an das, was Tacitus über die Germanen sagt: „Die Völker Germaniens, die durch keine Vermischung mit anderen entadelt sind, sind eine eigene unverfälschte originale Nation, die von sich selbst ein Urbild ist“. Nun aber kann er sagen: „die Völker Deutschlands sind durch Vermischung mit anderen entadelt, haben durch eine lange Knechtschaft im Denken ganz ihre Natur verloren, sind, da sie mehr als andere ein tyrannisch Vorbild nachgeahmt, unter allen Nationen Europas am ungleichsten sich selbst. Daher hat auch die Dichtkunst der Deutschen jene Macht verloren, die sie in ersten rohen Zeiten gehabt hat, da noch die Seele des Dichters, die zu sprechen und nicht zu plappern gewohnt war, nicht schrieb, sondern sprach und auch schreibend lebendige Sprache tönete, in jenen Zeiten, wo die Seele des anderen nicht las, sondern hörte“.

Bei der Begegnung der Germanen mit der höher entwickelten römischen Kultur wurde das Latein die Sprache der Gebildeten und der Kirche. Das römische Erbe hat sich in der Satzkonstruktion der deutschen Sprache gehalten, bis Luther die deutsche Sprache, diesen „schlafenden“ Riesen aufgeweckt und losgebunden hat. „Er hat die scholastische Wortkrämerei verschüttet und durch seine Reformation eine ganze Nation zum Denken und Gefühl erhoben“. Statt aber in den lutherischen Fußstapfen weiter zu schreiten, fand man erneut ein Ideal, dem man glaubte nacheifern zu müssen. Man bemühte sich in gekünstelter Weise, das Französische nachzuahmen. Gottsched kam dann das Verdienst zu, das Französische aus der Literatur „weggeschlämmt zu haben“.

Immerhin war es auch Gottsched nicht gelungen, den Einfluß des Lateins aus der Sprache der Literatur ganz zu löschen, da diese noch immer auf den Gymnasien gepflegt wurde. Deshalb setzt sich Herder für die Gründung von Realschulen ein, die den Hauptzweck haben, brauchbare, tüchtige Bürger heranzuziehen. „Es ist klar, daß die Realschüler sich nicht zu Genien und Geistesschöpfern erheben werden, aber werden auch nicht zu dummen Dorfteufeln herabsinken." „Die Welt", sagt Herder, „braucht 100 tüchtige Männer und nur einen Philologen." Damit ist Herder seiner Umgebung um etwa 100 Jahre voraus. Solche Gedanken hätte man von dem Philologen, dem es in so hohem Maße die „Ferne" der Vergangenheit angetan hatte, am wenigsten erwartet.

An anderer Stelle sagt er: „O, dies verwünschte Wort „klassisch", das die Dichter veranlaßte, in der Fremdsprache zu dichten und so klassisch zu sein wie Horaz und Virgil. Dieses Wort hat manches Genie unter einem Schutt von Worten vergraben, seinen Kopf zu einem Chaos von fremden Ausdrücken gemacht und auf ihn die Last einer toten Sprache wie einen Mühlstein gewälzt."

Ein ähnliches Thema, nämlich über die Zerrissenheit des deutschen Volkes, behandelt Herder in seiner Untersuchung „Haben wir noch das Publikum und das Vaterland der Alten?", die er anläßlich der Einweihung des neuen Rathauses in Riga vorgetragen hat.

Er vergleicht die zeitgenössische Situation mit den verschiedenen Kulturkreisen. „Ein ganz homogenes Publikum gab es in Palästina, wie wir es aus dem Alten Testament entnehmen können. Moses sprach zu seinem Volk wie zu *einer* Person. In der Bestrafung durch die Propheten trägt jeder die Schuld des anderen, wie auch der Trost des anderen seinen Landsleuten zustatten kommt." Von solch einer Geschlossenheit sind die Deutschen weit entfernt. Ganze deutschsprachige Länder sind von Deutschland abgetrennt. Provinzen und Kreise verstehen einander kaum. Was noch schlimmer ist, die Stände haben sich voneinander abgesondert. Die oberen benutzen zur Verständigung die französische Sprache; nur mit dem Knecht oder der Magd wird deutsch gesprochen.

Die Griechen waren nach den Perserkriegen das wehrhafteste und kultivierteste Volk. Es wäre niemandem eingefallen, sich einer anderen Sprache als der griechischen zu bedienen. Denn in ihrer Sprache hatten sie die Meisterwerke im Schauspiel, in der Poesie, in der Geschichtsschreibung, in der Gesetzgebung und dem Gerichtswesen hervorgebracht. Solch ein Publikum wie die Griechen hat bei den Deutschen nie existiert.

Noch schlechter war es allerdings bei den Römern bestellt, das mit römischer Anmaßung Brot und Zirkusspiele begehrte. Das wünschten wir Deutschen uns erst gar nicht.

Zu einem wertvolleren Publikum kam es unter dem Einfluß der Kirche. „Die kleinste christliche Versammlung ist ein Symbol der einen, allgemeinen Kirche, die unter hundert Völkern der Erde lebt. Glücklich, wenn man in ein Publikum tritt, an welchem die Stimme des Evangeliums im reinen Klange tönet. Sie umfaßt alle Stände, dringt durch alle Gewölbe und trifft den wesentlichen Punkt der Menschheit."

„Die Schulen und Universitäten haben unter Beihilfe der Buchdruckerkunst ein Publikum geschaffen, das kein Volk der Alten besessen hat. Das Publikum der Schriftstellerei ist besonderer Art, unsichtbar und allgegenwärtig, oft taub, oft stumm und nach Jahren, nach Jahrhunderten vielleicht sehr laut und regsam; verloren und doch unverloren, ja unverlierbar, was man in seinen Schoß schüttet."

„Doch sollten wir bloß in Reden und Schriften, in Lehren und Hören ein Publikum haben? Keines für unsere Handlungen? Der Kreis, in dem du lebest und dein Geschäft treibest, ist dein Publikum. Sei dies klein oder groß, du prägst in dasselbe das Bild deiner Existenz, deiner Denk- undd Handlungsweise."

Jetzt geht Herder auf den zweiten Teil seiner Ausführungen über und fragt, ob wir noch das Vaterland der Alten haben. Es ist schlechterdings nicht zu erwarten, daß die verschiedenen Völker dieselbe Idealvorstellung von ihrem Vaterlande haben könnten. Herder zeigt auf, was die Deutschen an ihrem Vaterlande achten und lieben sollten: „Nichts, was das Vaterland einst war, sondern was es jetzt ist, darauf kommt es an. Nicht auf den Glanz einstiger Größe sollten wir uns verlassen."

„Moralisch schätzen wir uns glücklich in einem Lande, in dem wir bei einer gesetzesmäßigen Freiheit und Sicherheit vor uns selbst nicht erröten, sondern als tätige Söhne des Vaterlandes jede unserer Pflichten ausüben. . . Nicht zu grübeln hast du über dein Vaterland,

Rathaus in Mohrungen.

Der Herder- und der Domplatz in Riga.

aber mithelfen, ermuntern, retten, bessern – und wenn du die Gans des Kapitol wärest."

„Man muß auf die Winke und Blicke derer achten, die weiter sehen als andere. Sie muntern auf, wenn alles schläft; sie seufzen vielleicht, wenn alles tanzt. Wolltest du sie zum Schweigen bringen, weil ihr bloß nach der gemeinen Arithmetik rechnet?"

„Der Ruhm des Vaterlandes kann für unsere Zeit und für die noch schärfer urteilende Nachwelt kein anderer sein, als daß diese edle Mutter ihren Kindern . . . die Erziehung verschaffe, die ihr selber Schutz und Nutz, Würde und Ruhm ist. In unserer Zeit läßt sich nicht mehr Barbar sein. Man wird als Barbar hintergangen, verachtet, mißhandelt."

„Zur Achtung und Würde des Vaterlandes gehört schließlich, daß man seine Sprache, in der die Meisterwerke einer Dichtkunst geschrieben sind, rein halte von fremdem Tand."

Neben der Furcht, in der östlichsten Ecke des Abendlandes zu verkümmern, hätte noch ein anderes Motiv Herder in seinem Drange, Riga zu verlassen, bestärken können, hätte vielleicht eine Vereinsamung, ein mangelnder Kontakt zu den gesellschaftlichen Kreisen Grund dafür sein können. Dazu lag aber kaum Veranlassung vor. Im Gegenteil: in seinem ganzen Leben hat Herder nicht so gesellig gelebt wie in Riga.

Zwar schrieb er anfangs an Hamann: „Mir fehlen die Türen zu Bekanntschaften". Diese Klage war verfrüht, denn er fand sehr bald Zutritt zu den ersten Häusern der Stadt. Hamann hatte ihm wohl schon Empfehlungen an die Familie Berens mitgegeben, bei der jener längere Zeit gewohnt und unterrichtet hatte. Durch die Familie Berens konnte er auch Beziehungen zu den Familien Schwartz und Zuckerbäcker anknüpfen[9]. Mit dem Verleger Hartknoch und dem späteren Bürgermeister Wilpert hatte er zusammen in Königsberg studiert. Herder wurde Lehrer der Söhne und Töchter dieser Kreise. Unter anderen unterrichtete er Johanna Sophia Berens, die nachmalige Frau des wortführenden Bürgermeisters von Riga, Adam Heinrich Schwartz (1740–1800). Bei gesellschaftlichen Veranstaltungen war Herder der belebende geistige Mittelpunkt. Dankbar erinnert er sich in seinen „Briefen zur Förderung der Humanität" an seine Rigaer Zeit: „Empfindlich ward meine Seele gerührt, wenn ich an die Zeiten zurückdenke, in denen ich in ihren Kreisen lebte, an so manche treffliche Charaktere ihrer edlen Geschlechter, an meine Freunde in derselben und unter ihnen an den Verfasser des Bonhomien (Johann Christoph Berens) zurückdenke."

Seine „schönsten Sommer" verbrachte Herder auf den „Höfchen" Gravenheide, Frankenhof und Strasdenhof seiner Freunde Berens, Vogel und v. Budberg. Es handelt sich um denselben Baron Budberg, der Zögling von Hamann gewesen war und mit dem dieser so unzufrieden gewesen war. Wenn der junge Budberg aber die Gesellschaft von Herder gesucht hat, so darf man annehmen, daß Hamann ihm doch einiges Wertvolle mit auf den Lebensweg gegeben hat.

Ein weiterer Freund entstand Herder in Gestalt des Zollinspektors Begrow. Es handelt sich hier anscheinend um einen Juristen, da Herder sich in Fragen der russischen Gesetzgebung an ihn wandte. Ferner: ob er ein Exemplar seines Werkes über „Die Bildung der Völker, der Zeiten, der Gesetze, der Regierungen" an die Kaiserin schicken sollte und ob sie wohl lieber deutsch oder französisch lese, und ob wohl der Fürst Orlow [10] als Vermittler in Frage käme. Was für gigantische Pläne sich Herder in Riga überlegte, um in Rußland eine Demopädie, d. h. eine Erziehung der Völker und Kommunen einzuführen, das hat er nachher in seinem „Reise-Journal" niedergelegt. Mal wollte er nur Livland, mal wollte er das ganze Rußland kultivieren. Deshalb schätzte Herder auch das Predigtamt so hoch: „Von hier aus ließe sich am besten Kultur und Menschenverstand unter den ehrwürdigen Teil der Menschheit bringen."

„Ausgezeichnet groß", berichtet Wilpert, „war der Beifall, den seine Kanzelvorträge fanden. Obschon sie nachmittags gehalten wurden, obschon seine Kirche in der Vorstadt lag, so war sie doch immer den Städtern nicht zu weit; besonders war die Zahl der jungen Leute und jungen Kaufleute unter diesen sehr groß". Man wird sich auch den Worten Wilperts anschließen können, wenn er sagt: „Ich bilde mir ein, nie hätte Herder über Städte, Zünfte, Herkommen, Gerechtsamkeiten so im 4. Teil seiner „Ideen“ schreiben können, wenn er nicht in einer Munizipalstadt wie Riga diese und gerade diese Jahre so gelebt und lehrend so gelernt hätte.“ Sehr wahrscheinlich hat K. Stavenhagen (Abhandlungen des Herder-Instituts I, Riga 1925) zu Recht gesagt, daß erst in Riga das eigentlich Herderische zum Durchbruch gekommen ist, d. h. das erstarkte Selbstbewußtsein, sich auch im Widerspruch zu herrschenden Meinungen zu äußern.

Wiederum Karl Wilpert verdanken wir den Bericht eines Ungenannten, der Herder öfter in Abendgesellschaften bei sich gehabt hat, über dessen „schwache Seiten und Flecken“. „Eine leichte Anwandlung, sich für beleidigt zu halten, und eine Empfindlichkeit, wovon sich die Spuren nicht so leicht wegwischen lassen. Leicht konnte die Befürchtung entstehen, in der Helle seines Blicks Ironie zu vermuten; doch in meinen Augen überwog so viel Sanftmut und Einfalt jede Furcht vor einer Geistesüberheblichkeit. Nicht so vielleicht bei manchen anderen, deren Gelehrsamkeit und Ansehen mit einem Zugutetun auf eigenes Genie sich bei ihm gedrückt fühlte.“ Das mit der Ironie mag wohl richtig beobachtet sein. Denn sie gehört ebenfalls zu einem weiteren Zug des „Herderischen“, der hier zum Durchbruch kommt und sich mit zunehmendem Alter immer stärker bemerkbar macht. Er hat oft selbst seinen aufrichtigen Freunden den Umgang mit ihm durch seinen Spott und Sarkasmus unerträglich gemacht.

Zu den wichtigsten Persönlichkeiten von Herders Freundeskreis in Riga gehörte noch die Frau des Kaufmanns Busch, Amalie Reinholdine, geborene Tesch. Über das Verhältnis zu ihr berichtete Herder in einem Brief an seine Braut, die Grund zur Eifersucht zu haben meinte:

„Wissen Sie, wer diese unglückselige Freundin war? Eine vortreffliche, aber äußerst unglücklich verheiratete Dame zwischen 30 und 40 Jahren, deren Freund und täglicher Umgang ich neben einem anderen ehrlichen Kerl war, vor dem wir nichts Geheimes im Herzen hatten. 2 runde Jahre bin ich in ihrem Hause vor Mittage, Mittage, nach Mittage und abends bis in die Nacht gewesen. Einerlei Übel unserer Augen machte uns bekannt, und da ich von Tag zu Tage ihren lebhaften Geist, ihr gutes Herz und ihren ausgebildeten Charakter immer mehr kennen lernte, so haben wir täglich als Freunde gelebt, deren es nicht viele in der Welt und in Riga, wohl außer uns, gar nicht gab. Da waren wir täglich zusammen, um zu plaudern, um zu lesen und uns zu zanken und uns zu trösten und zu tändeln, uns zu liebkosen und – nichts mehr. Ein Gedanke weiter hätte unsere Freundschaft beleidigt . . . Die ganze Stadt wußte unsere Freundschaft, weil ich ihr alle Gesellschaften, die mich häufig suchten, aufopferte."

Als es Abschied zu nehmen galt, begleiteten ihn Gustav Berens, Hartknoch mit Frau, Begrow und die Madame Busch Herder in einer Schaluppe bis auf die Reede zum Schiff, das ihn aus Riga entführte. Dieses Comitat war erneut ein Beweis für die Hochschätzung, die man Herder entgegenbrachte. Ob seines abrupten Weggangs waren „Gemeinde, Vorsteher und Bürger alle in Verdruß und Staunen", schreibt er an Hamann, „die sich in Sympathie und abscheidende Gutheit auflösten." So recht verstanden sie doch nicht, was in dem jungen Genie vor sich ging. Er selbst spricht „von einem Aufenthalt, wo man ohne gelehrten Umgang kaum als Pflanze fortleben kann". Die Kaufleute, die Juristen, Theologen und Gutsbesitzer waren nicht imstande, ihm Anregung in den Sphären zu verschaffen, die ihm gemäß waren. Entscheidend für Herders Weggang von Riga war auch sein Ehrgeiz. „Ich gehe durch die Welt; was habe ich in ihr, wenn ich mich nicht unsterblich mache!". Er fürchtete, etwas zu versäumen, wenn er nicht mit den führenden Geistern in Deutschland Fühlung bekam. Aber fünf Jahre später seufzt er in einem Brief an die Braut: „In Riga ist mehr zu machen als in diesem verwünschten, unter den kleinen Herren darbenden Deutschland".

Herder hat seinen Freundeskreis in Riga recht bald vergessen. Im Mai 1771 schlug er einen Ruf nach Riga leichten Herzens aus (Brief an seine Braut). Aber er frohlockte wieder, als er einem Schreiben von Hamann entnahm, daß ein Ruf an ihn in Kurland Ende 1772 in Erwägung gezogen wurde. Nur wenn er in Geldnöten war, und das war recht oft der Fall, denn weder er noch seine Frau verstanden es mit dem Gelde hauszuhalten, da ging Herder seinen Freund Hartknoch an, ihm aus der Verlegenheit zu helfen. Noch in der Weimarer Zeit hat auch Berens ihm mit 230 Talern ausgeholfen.

An den Schluß dieser Ausführungen sei das von Herrn Ober-Secretär Anthon Bulmering verfaßte offizielle Zeugnis angeführt, das Herder auf seinen weiteren Lebensweg mitgegeben wurde:

„Es wird Herren Supplicant in seinem Gesuche gefügt, derselbe seiner bishero mit Ruhm und besten Beifall bekleideten Ämter angeführter Ursachen halber erlassen, Ihm zu seinen vorhabenden Reisen und künftigen Unternehmungen alles Glück und des Höchsten Beistand angewünschet, wornächst derselbe, in Absicht seiner vorzüglichen Geschicklichkeit, sich auch in Abwesenheit der ferneren Wohlgewogenheit eines Wohledlen Raths versichert halten kann."

d. 8. Mai 1769.

Herders Bemühungen um die Sammlung von Volksliedern in den Ostseeprovinzen

Wie schon darauf hingewiesen wurde, meinte Herder aus den Volkksliedern auf den Charakter und die Sinnesart der Völker schließen zu können. Er war nicht der erste, dessen Interesse den Volksliedern galt. Der Engländer Blackwell (Enquiry to Homer) und der Franzose Goguet in „L'origine des lois, des Arts, des sciences. . ." (1758) und auch Lessing hatten sich schon früher mit dem Sammeln von Volksliedern beschäftigt. Auch Hamann muß hier genannt werden. 1765 gab der Engländer Percy eine Sammlung englischer Volkslieder heraus. Herder bemühte sich nicht systematisch um das Sammeln; nur wenn sich eine Gelegenheit bot, „dann wurde sie auf Papier geworfen, nicht für das gebildete Publikum, das er weder zu amüsieren noch feiner zu bilden beabsichtigte, sondern für sich selbst und einige wenige, die mit ihm hierin einerlei fühlen". Im breiten Publikum fehlte damals das Verständnis für diese „primitive Poesie".

Als Herder in Riga die Lieder zu sammeln begann, mußte er bald erfahren, mit welchen Schwierigkeiten das verknüpft war. Erst mußten geeignete, willige Personen gefunden werden, die die Lieder aufschrieben. Nachher bereitete die Übersetzung ins Deutsche ihm Kummer, da er über die Anfangsgründe der lettischen Sprache nicht hinausgekommen war. An das Estnische und Litauische hatte er sich erst gar nicht herangewagt. So ist er auch keines einzigen russischen Volksliedes habhaft geworden.

Einige Lieder konnte er der westlichen Literatur entnehmen, Philipp Ruhig, Pastor in Waltherkemen bei Insterburg, publizierte 1743 drei litauische Gesänge, von denen Lessing zwei in seinem 33. Literaturbrief aufnahm. Das estnische Liebeslied „Jörru, Jörru" fand er in der „Königsberger Politischen und Gelehrten Zeitung" (1764). Von Johann Gottlieb Kreuzfeld[11], Professor an der Universität Königsberg (1745–1784), übernahm er weitere vier litauische Lieder. Zehn reimlose vierzeilige Lieder hatte Pastor Gottfried Friedrich Stender herausgegeben, dazu noch ein lettisches Lexikon und eine Grammatik (1762), die sich Herder auch angeschafft hatte. Pastor Stender hatte in Jena studiert und war nachher Pastor in Selburg und Sonnaxt. Herder wandte sich ferner an den Pastor in Oberpahlen, Wilhelm Hupel, einen der angesehensten damaligen Prediger Livlands. Hupel war Herausgeber der „Topographischen Nachrichten von Liefland und Esthland". Er verschaffte Herder acht estnische Lieder.

In den „Topographischen Nachrichten" äußert sich Hupel[12] über den Gesang der Esten und Letten (2. Bd. S. 133): „Wie ich unterwegs in der Erntezeit die Schnitter im Felder antraf, hörte ich allenthalben ein wüstes Gesänge, welches die Leute bei ihrer Arbeit trieben, und vernahm von einem Prediger, daß es noch alte heidnische Lieder ohne Reimen waren, die man ihnen nicht abgewöhnen konnte. Der Gesang gehört eigentlich den Weibspersonen zu. Auf Hochzeiten sind besondere Weiber zum Singen eingeladen; doch stimmen auch die Mannspersonen mit ein, sobald Getränke die Freude allgemein machen. Etliche haben gute Stimmen und natürliche Anlagen zum Gesang, doch die Esten mehr als die Letten.

Jene singen alle nur einstimmig, aber gemeiniglich in 2 Chören, so daß jede Strophe, die ein Haufe vorsingt, von dem 2. wiederholt wird. Bei Hochzeitsliedern hängen sie an jede Zeile „Kassika“ oder „Kanike“ (Katzchen, Maichen) an. Die Letten dehnen die letzte Silbe sehr lang und singen gewöhnlich 2-stimmig, so daß etliche dazu eine Art Baß brummen. Als Instrument dient die Sackpfeife, die sie selbst machen und 2-stimmig mit viel Fertigkeit blasen.“

Wegen der lettischen Lieder verwies Hupel Herder an Jakob Fischer. Dieser war von Hause aus Apotheker, seit 1770 aber Waisenbuchhalter in Riga. Er besaß einen großen Bekanntenkreis und setzte sich mit dem nachmaligen Probst Heinrich Baumann in Wenden in Verbindung. Dieser genoß einen Ruf als Literat und Sammler von Antiquitäten. Baumann schritt sofort zur Tat. Er versammelte sein Ingesinde um sich und forderte die Leute auf, ihm ihre lettischen Lieder vorzusingen. Die Mägde und Knechte gerieten förmlich in Ekstase, daß der Herr Pastor mit einem Mal sich für die bei den Deutschen sonst verpönten lettischen Lieder interessierte, und wollten gar nicht mit ihren Darbietungen aufhören.

Pastor Baumann schickte Hupel das Ergebnis mit einer deutschen Prosa-Übersetzung: im ganzen 79 Lieder. Gleichzeitig fragte er an, was der Herr Konsistorialrat in Weimar wohl mit diesen Liedern anfangen wolle.

Charakteristisch für die lettischen Lieder ist der Trochäus als Versmaß entsprechend der Eigenart der lettischen Sprache, die gewöhnlich die erste Silbe des Wortes betont. Schon Hamann hatte den Zusammenhang von Poesie, Musik und Bewegungen des Körpers zwecks Erleichterung der Arbeit, z. B. beim Mähen oder Dreschen erfaßt. Herder mußte daran denken, als er ein Johannisfest auf dem Lande in Livland mitmachte und die feiernden Leute beim Tanzen und Singen beobachtete.

Es ist möglich, daß noch andere Sammler an den Liedern, die Pastor Baumann herbeigeschafft hatte, beteiligt waren. In Frage käme da am ehesten Pastor Gustav Bergmann, der in Arrasch, Salisburg und Rujen amtierte. Er hatte in Jena und Leipzig als Zeitgenosse Goethes studiert. 1807 gab er die „Erste Sammlung ächt lettischer

Sinngedichte“ heraus, die auf einer Handpresse gedruckt worden waren. Die Ausgabe enthielt 238 Gesänge. Genaues darüber ist aber nicht bekannt.

Herder hat 1773 die erste Volksliedersammlung zusammengestellt. Hauptsächlich waren in ihr englische und deutsche Lieder enthalten. Im zweiten Band befinden sich fünf Lieder aus dem Baltikum, die Herder schon in der Rigaer Zeit zugänglich gewesen waren. Das Werk wurde nicht publiziert, da der Autor den Spott der Kritiker fürchtete. 1778/79 erschien eine weitere Sammlung von Volksliedern. Sie weist 17 Lieder aus dem Baltikum auf. Die Ausgabe erschien aus den genannten Gründen ohne Namensnennung des Autors. Herder plante in seinen letzten Lebensjahren noch ein vollständigeres Werk, das Gesänge, nach Ländern, Sprachen, Zeiten und Nationen geordnet, „eine lebendige Stimme der Völker, ja der Menschheit selbst“ enthalten sollte. Es war ihm nicht vergönnt, diesen Plan auszuführen. „Die Stimmen der Völker in Liedern“ erschienen erst im Jahre 1807, herausgegeben von Johannes v. Müller nach Herders Skizzen und Entwürfen.

Estnisch

Klage über die Tyrannen der Leibeignen

Tochter, ich flieh nicht die Arbeit,
Fliehe nicht die Beerensträucher,
Fliehe nicht von Jaans Lande;
Vor dem bösen Deutschen flieh ich,
Vor dem schrecklich bösen Herren.

Arme Bauern an den Pfosten
Werden blutig sie gestrichen.
Arme Bauern in den Eisen,
Männer rasselten in Ketten.
Weiber klopften vor den Türen,
Brachten Eier in den Händen,

Hatten Eierschrift im Handschuh,
Unterm Arme schreit die Henne,
Unterm Arme schreit die Graugans,
Auf dem Wagen blökt das Schäfchen.
Unsre Hühner legen Eier,
Alles für des Deutschen Schüssel:
Schäfchen setzt ein fleckig Lämmchen,
Das auch für des Deutschen Bratspieß.
Unsrer Kuh ihr erstes Öchschen,
Das auch für des Deutschen Felder;
Pferdchen setzt ein muntres Füllen,
Das auch für des Deutschen Schlitten.
Mutter hat ein einzig Söhnchen,
Den auch an des Deutschen Pfosten.

Fegefeur ist unser Leben,
Fegefeur oder Hölle.
Feurig Brot ißt man am Hofe,
Winselnd trinkt man seinen Becher,
Feuerbrot mit Feuerbrande,
Funken in des Brotes Krume,
Ruten unter Brotes Rinde.

Wenn ich los vom Hofe komme,
Komm ich aus der Hölle wieder,
Komm zurück aus Wolfes Rachen,
Komm zurück aus Löwens Schlunde,
Aus des Hechtes Hinterzähnen,
Los vom Biß des bunten Hundes,
Los vom Biß des schwarzen Hundes.
Ei, du sollst mich nicht mehr beißen!

Buntes Hündchen und du schwarzer!
Brot hab ich für euch, ihr Hunde,
In der Hand hier für den schwarzen,
Unterm Arm hier für den grauen,
In dem Busen für das Hündchen.

Liebeslied

Jörru, Jörru, darf ich kommen?
Nicht, o Liebchen, heute.
Wärest du doch gestern kommen
Nun sind um mich Leute.

Aber morgen, früh am Morgen,
Schlankes liebes Ästchen,
Kannst du kommen ohne Sorgen,
Da bin ich alleine.

Wenn der Maienkäfer schwirret
Früh im kühlen Taue,
Hüpf' ich, Liebe, dir entgegen
Weißt – auf jener Aue.

Estnische Lieder

Lied vom Kriege

Schon erscholl die Post des Krieges
Schon erging der Ruf der Feindschaft.
Wer von uns geht nun zum Kriege?
Jüngster Bruder, größter Bruder!
Die höchsten Hüte, die schönsten Pferde,
Die stolzesten Pferde, die deutschesten Sättel!

Eilig rüstet' ich den Bruder,
Rüstet' ihn und unterwies ihn:
Lieber Bruder, guter Bruder,
Reit' nicht vorwärts, bleib' nicht rückwärts,
Denn der Feind erschlägt die ersten
Und der Feind erschlägt die letzten,
Dreh dich mitten in den Krieg hin,
Halt dich nah am Fahnenträger,
Denn die Mitte kommt nach Hause.

Bruder kam zurück nach Hause,
Ging vor seines Vaters Tür:
„Vater komm, erkenn den Sohn!“
Vater kam und kannt ihn nicht.

Ging vor seiner Mutter Tür:
„Mutter, komm, erkenn den Sohn!“
Mutter kam, erkennt ihn nicht.

Ging vor seines Bruders Tür:
„Bruder komm, erkenn den Bruder!“
Bruder kam, erkannt ihn nicht.

Ging vor seiner Schwester Tür:
„Schwester komm, erkenn den Bruder!“
Schwester kam, erkennt den Bruder.

Woran erkannt' ich meinen Bruder?
Kannt' ihn an den kurzen Kleidern,
Kannt' ihn an dem niedern Mantel.

„Lieber Bruder, guter Bruder,
Sag! erzähle mir vom Kriege!
Sprich, wie lebt man in dem Kriege?
Ist im Kriege auch das Weib lieb?
Lieb das Weib, die Gattin teuer?

Liebe Schwester, kleine Schwester!
Zieh mir aus die staubgen Kleider,
Wisch mir ab den blutgen Degen,
dann erzähl ich dir vom Kriege.

Nein, im Krieg ist nicht das Weib lieb,
Nicht das Weib, die Gattin teuer!
Lieb im Krieg ist blanker Degen,
Lieb im Krieg ein wackres Pferd,
Das den Mann vom Kriege rettet,
Lieb zu wechseln Feindes Degen,
Das Gewehr aus Feindes Hand.

Estnisch

Hochzeitslieder

Schmück dich, Mädchen, eile, Mädchen,
Schmücke dich mit jenem Schmucke,
Der einst deine Mutter schmückte!
Lege an dir jene Bänder,
Die die Mutter einst anlegte!
Auf den Kopf das Band des Kummers,
Vor die Stirn das Band der Sorge.
Sitze auf den Sitz der Mutter,
Tritt auf deiner Mutter Fußtritt!
Weine, weine nicht, o Mädchen,
Wenn du bei dem Brautschmuck weinest,
Weinest du dein ganzes Leben.

Junges Mädchen, komm, o Mädchen,
Ei, was horchst du in der Kammer,
Stehst da blöde hinter Wänden,
Lauschest durch die kleinen Spalten.

Junges Mädchen, komm, o Mädchen,
Lerne die Verwandtschaft kennen,
Lerne dein Freund empfangen,
Deine Schwiegermutter grüßen,
Deiner Schwägrin Hände reichen!
Schwiegermutter, Schwiegerinnen
Stehen all in Silbermützen –
Junges Mädchen, komm, o Mädchen!

Lettisch

Es pa zellu raudadams
Gahju, tewi mekledams

Frühlingslied

Komm, o komme, Nachtigällchen,
Komm mit deinem warmen Sommer!
Meine lieben jungen Brüder
wüßten sonst die Saatzeit nicht.

Liebes Mütterchen, die Biene,
Die so vielen Honig hat;
Allen gibet sie nicht Honig,
Doch der Sommer allen Brot.

Väter, Väter bahnen Wege,
Kinder, Kinder folgen nach.
Gebe Gott, daß unsre Kinder
Unsren Wegen folgen nach.

Füllen mit dem weißen Fuße,
Scheust du dich, hindurch zu traben,
Sohn, du mußt durch alles wandern,
Heimzuholen deine Braut.

Gestern nicht, es war schon lange,
Da die Sonne Braut noch war;
Gestern nicht, es war schon lange,
Als der erste Sommer ward.

Reiterlied

Klingend war mein Pferd gezäumet,
Klingend mit der Harfensaite,
Mit ihm ritt ich in die Fremde,
Tönete,
Hüpfete.
In der Fremde sah ich Mädchen,
Schön wie Blumen, frisch wie Rosen:
Jüngling, der du einsam lebest,
Hast nur Leid und Plage;
Jüngling, nimm dir eine Freundin,
Das gibt Lebensfreude!

Litauisch

Brautlied

Ich habs gesagt schon meiner Mutter,
Schon aufgesagt von Sommers Mitte:
Such, liebe Mutter, dir nun ein Mädchen.
Ich hab gesponnen gnug weißes Flächschen.
Hab gnug gescheuert die weißen Tischchen,
Hab gnug gefegt die grünen Höfchen,
Hab gnug gehorcht der lieben Mutter,
Muß nun auch horchen der lieben Schwieger,
Hab gnug geharket das Gras der Auen,
Hab gnug getragen den weißen Harken.
O du mein Kränzchen von grüner Raute,
Wirst nicht lang grünen auf meinem Haupte.
Ihr, meine Flechtchen von grüner Seide,
Sollt nicht mehr funkeln im Sonnenscheine.
O du, mein Härlein, mein gelbes Härlein,
Wirst nicht mehr flattern im wehenden Winde.
Besuchen werd' ich die liebe Mutter
Nicht mehr im Kranz, sondern im Häubchen.
O du mein Häubchen, mein feines Häubchen.
Du wirst noch schallen im wehnden Winde.
Und du mein Nähzeug, mein buntes Nähzeug,
Du wirst noch schimmern im Mondenscheine.
Ihr, meine Flechtchen von grüner Seide,
Ihr werdet hangen, mir Tränen machen.
Ihr meine Ringchen, ihr goldenen Ringchen,
Ihr werdet liegen im Kasten, rosten.

Die erste Bekanntschaft

Tief in Nacht, im Dunkel,
Tief im dicken Walde,
Ferne war mein Mädchen,
Eh' ich sie noch kannte.

Ohne sie zu kennen,
Ritt ich ungefähr hin,
Setzte mich inn Winkel
Hinterm weißen Tische.

Saß mit vollem Herzen,
Wein't mich ab und schluchzte;
Da, da sah das liebe Mädchen
Seitwärts auf mich nieder.

Und nun kam ein Gläschen
Rundum weiß im Schaume,
Hui, das war für mich ein Leben!
Wem sei's zugetrunken?

Ihr sei's zugetrunken!
Ihr, dem frischen Mädchen!
Vor, wie weit von mir entfernet!
Jetz und meine Liebe!

Abschiedslied eines Mädchens

Dort im Garten blühen Majorane,
Hier im Garten blühen Thymiane,
Und wo unser Schwesterchen sich lehnte,
Da die allerbesten Blumen blühen.
Warum liegst du hingelehnt, mein Mädchen?
Warum hingelehnt, mein junges Mädchen,
Ist nicht Jugend noch dein liebes Leben?
Und noch leicht und frisch dein junges Herzchen?
Ist gleich Jugend noch mein liebes Leben,
Und noch frisch und leicht mein junges Herzchen,
Dennoch fühl ich, junges Mädchen, Schmerzen,
Heute geht zu Ende meine Jugend.

Durch die grüne Hofflur geht das Mädchen,
Ihren Brautkranz in dem weißen Händchen,
O, mein Kränzel! O, mein schwarzes Kränzel,
Weit von hinnen wirst du mit mir gehen!

Lebe wohl nun, Mutter, liebe Mutter!
Lebe wohl nun, Vater, lieber Vater!
Lebt wohl, liebe Brüder!
Lebt wohl, liebe Schwestern!

Reiterlied

Mit frühem Morgen
Sei schon mein Pferd gefüttert.
Sobalds nur taget
Mit Sonnenaufgang
Muß ich von hinnen reiten.

Da steht mein Vater,
Da, mir zur Seite steht er,
Der alte Vater, drängt sich an meine Seite,
Er steht, mit mir zu sprechen;
Er spricht, mich zu ermahnen,
Und mich ermahnend, weint er.

Still, weine nicht, mein Vater!
Still, weine nicht, mein Alter!
So frisch ich weggetrabet,
So frisch trab ich zurücke,
Um dich nicht zu kränken.

Ei, mein Hengstchen,
Ei, mein Brauner,
Wohin streichst du,
Wohin schnaubst du?
Wohin wirst du mich tragen?

Ei, in Krieg hin!
Hin in fremde Lande!
Dahin streichst du,
Dahin wirst mich tragen.

Wird dir zu sauer
Die weiße Straße?
Wird dir zu schwer
dieser Sack mit Hafer?
Oder dieser junge Reiter
In dieser Reuters-Livre
Mit dem blanken Säbel?

Ja, zu sauer
Wird der lange Weg mir,
Und diese Nacht, stockfinster,
Und diese grüne Heide
Und dieser schwarze Morast . . .

Lettisch

Erlustiget euch, ihr kleinen Vögel,
ich will mir eine Lerche fangen.
Die Drossel wie ein Pferdesattler
hat ein graues Mäntelchen.
Der Biber ist jung, das Roth-
schwänzchen hat eine Haubel wie Zobel.
Der Schnepf hat lange Beine und
hält sich zu den Kutschen.
Der Holzspecht hat ein buntes Kleid an,
der mag der Brautführer sein.
Der Hase hat leise Füße, der soll
der Vorläufer sein.
Der Pfingstvogel hat grüne Kleidung,
der soll der Umbitter sein.
Die Nachtigall hat viele Stimmen, die
soll die Gäste vergnügen.
Das Eichhorn mit dem, mit dem kraus-
blättrigen Schwanz, soll die
Tische rein halten.
Der Rabe mit dem langen Schnabel
soll das Fleisch zerlegen.
Der Häster mit dem breiten Gürtel
die Teller zusammenlegen.
Die Krähe hatte krummgebogene Schultern,
sie sollte das Wasser herbeitragen.
Der Bär hatte breite Tatzen, er
mußte Holz spalten.
Die Schwalbe mit schwarzem Harnisch
sollte das Küchenzeug waschen.
Die Bachstelze, eine anmutige Dirne,
sei die Aufnehmerin zum Tanz.
Der Guckuck hat eine holde Stimme,
er sei der Drommelschläger.

Der Wolf hatte ein großes Hirtenhorn,
er sollte Pfeifer sein.
Der Fuchs, welcher ansehnliche Kleider
hatte, sollte der Braut zur Seite tanzen.

Die Stiefmutter

Mütterlein hat mich verlassen
wie eine Henne ihre Küchlein.
Küchlein laufen in ein Häuflein zusammen.
Wo soll ich so alleine hin?
Weiset mir, ihr guten Leute,
wo liegt mein Mütterlein?
Zwischen der Tanne und der Fichte
auf jenem Sandhügelchen!
Steh auf, liebes Mütterlein,
ich will den Rasen aufheben,
hast ja genug geschlafen,
ich hab genug geweinet.
Ich will dir mit Tränen erzählen,
was die fremde Mutter mir tut.
Backenstreiche gibt sie, rauft mir's Haar,
stößt im Weggehn mich mit Füßen.
Steh auf, liebes Mütterlein, usw.

Diese Herren, jene Herren
sind nichts gegen unsre Herren.
unsres Herren Mütze glänzt
von dem besten Flittergold.

Auf unsres Herren Vorhof
sind drei silberne Quellen.
Aus einer tranken Kühe und Ochsen
Aus der zweiten ein braunes Füllen.
Unsres Herren Sohn in der dritten
spülte Silber ab.

Unser Herr ist zum Herrn geboren,
das Brüderchen zum Ackern.
Der Herr klingelte mit dem Gelde,
der Bruder mit der Erdscholle.

Hochzeitslied

Wer wird dem Raben Honig geben, wer
wird einem Knecht sein Mutterkind
zur Ehe geben? Friß, du junger Rabe,
Moos im Morast, nimm, du elender Kerl,
dir eine Dienstmagd!

Zum Kruge hin weiß ich den Weg,
zur Kirchen weiß ich ihn nicht.
Nach dem Krug ist der Weg eben,
nach der Kirchen buschig.

Die Russen und die Litauer gingen gestern, auf
der Düna sich schlagen.
Das Eis ging brizzu brazzu,
die Schwerter klungen und sprungen.
snikka snakku sohbini.

Hochzeitslied

Zu Hunderte wachsen Eichen
Bei des Bruders Pförtchen.
Auf der hundertsten Eiche
singt die Drossel auf dem Wipfel.
Sage, Drossel, singende,
wer dort reitet! Die Erde dröhnt.
„Dort reiten zwei junge Burschen,
wie die Eichen schaukeln sie."
Heraus treten zwei junge Mädchen,
wie die Linden blühen sie.
Heraus tritt die liebe Mutter,
Tränen wischte sie.
„Das ist, Mütterchen, deine Schuld,
warum verlobst du sie so ferne?"
Darum ritten weit die fremden Freier,
deines schönen Leibes halber.
Das war unsre junge Schwester,
die man fortführt gen Litauen.
Wer, du Riedgras, dir erlaubte,
eine Kleetochter zu nehmen?
Besser nehmt ihr ein Schilfmädchen,
das schon nebenan da schaukelt.

ANMERKUNGEN

[1] Trescho, Sebastian Friedrich (1733–1808), Pfarrer in Mohrungen.

[2] Lindner, Johann Gottlieb (1729–1776), Rektor der Domschule in Riga, Hofprediger, Kirchen- und Schulrat, Professor für Poesie.

[3] Klotz, Christian Adolph (1738–1771), Professor der Philosophie und der Beredsamkeit in Halle.

[4] Hartknoch, Johann Friedrich, Verlagsbuchhändler in Riga.

[5] Lavater, Johann Kaspar (1741–1801), Prediger an der Waisenhausschule und an der St. Peterskirche in Zürich.

[6] Heyne, Christoph Gottlieb (1729–1812), Professor für Philologie in Göttingen.

[7] Wieland, Christoph Martin (*1733 in Biberach, †1813 in Weimar), Verfasser des „Musarion", des „Agathon", des „Oberon" und vieler anderer Werke.

[8] Nikolai, Christoph Friedrich (1733–1811), Schriftsteller und Buchhändler.

[9] Berens, Schwartz, Zuckerbäcker, Wilpert und Stöver, Rigaer Patrizierfamilien, die die obersten Beamtenstellen in der Stadt innehatten.

[10] Orlow, Gregor Gregorjewitsch, (1734–1784), Kriegsminister unter Katharina II.

[11] Kreutzfeld, Johann Gottlieb (1754–1784), Professor in Königsberg.

[12] Hupel, August Wilhelm, aus dem Weimarischen gebürtig, Pfarrer in Oberpahlen, Herausgeber der „Topographischen Nachrichten für Liefland und Esthland".

[13] Johannes v. Müller, (1742–1809) aus der Schweiz

BENUTZTE LITERATUR:

Leonid Arbusow: Herder und die Begründung der Volksliederforschung im deutschbaltischen Osten. Aus der Sammlung „Im Geiste Herders", Holzner Verlag, Kitzingen 1925.

Hans Reisinger: Joh. Gottfried Herder. Sein Leben in Selbstzeugnissen, Berichten und Briefen, Propyläen-Verlag, Berlin 1942.

Geschichte der Rigaschen Familie Schwartz, verfaßt von Arendt Buchholz, Druck v. H. S. Hermann & Co, Berlin 1921.

Carl von Manteuffel-Katzdangen

Im 19. und auch noch zu Beginn des 20. Jahrhunderts gab es in Europa noch Persönlichkeiten, die auf Grund ihrer finanziellen Potenz und ihrer Phantasie sich an Projekte wagten, die sie entweder selbständig oder nur mit geringer Unterstützung von anderer Seite aus eigenem Antrieb mit allen Fasern ihrer Seele vorantrieben, ohne dabei auch nur im geringsten an den eigenen Vorteil zu denken. Es ist das eine Einstellung, die, wie man sich vorstellte, im „Goldenen Zeitalter" allgemein geherrscht haben mag:

> aetas, quae vindice nullo
> sponte sua sine lege fidem rectumque colebant.

Zu diesen Persönlichkeiten wären die meisten Künstler zu zählen. Von ihnen wollen wir aber absehen, da sich ihr Wirken in rein geistigem Bereich abspielte. Es gab aber auch Männer, die mit einer ähnlichen Einstellung mit beiden Beinen auf dem Boden der harten Tatsachen standen. Von dieser Gruppe ist z. B. Ernst Abbé zu nennen. 1898 wurde er Alleininhaber der Zeißwerke in Jena. Anstatt nun die Gewinne der gut florierenden Firma für eigene Zwecke zu benutzen, wie das unzählige andere Fabrikanten getan haben, übertrug er sein Besitzverhältnis auf die von ihm gegründete Carl-Zeiß-Stiftung, die die Bezahlung und Rechtsstellung der Betriebsangehörigen regelte.

Da ist ferner Cecil Rhodes zu nennen. Er hatte bei der Ausbeutung der südafrikanischen Diamantfelder ein enormes Vermögen gewonnen. 1890–1896 war er Premierminister der Kapkolonie. Er veranlaßte die Eroberung des Betschuanalandes und begründete bald darauf die Südafrikanische Gesellschaft, die Rhodesien erwarb. Er erreichte auf friedlichem Wege die Angliederung der Burenrepubliken. Immer vertrat er eine fortschrittliche Eingeborenenpolitik. Als Endziel schwebte ihm ein Kolonialreich von Kairo bis Kapstadt vor.

Was plagte den Kavallerie-Offizier Graf Zeppelin, das lenkbare Luftschiff zu entwickeln? Und Geld und Arbeit darauf zu verschwenden? Er erhoffte wohl von diesem Projekt eine Änderung in der Kriegsführung zur Sicherung seines Vaterlandes herbeizuführen. Daß die technische Entwicklung ihm, nicht recht gegeben hat, mindert nicht die Bedeutung der Aufgabe, die er sich selbst gestellt hatte.

Erhaben ist auch die Lebensarbeit des Freiherrn v. Bodelschwingh, der 1872 die Anstalt für Epileptiker gründete, die sich unter seiner und der seines Sohnes Friedrich v. Bodelschwingh Leitung zum größten Hilfswerk der Inneren Mission entwickelte.

Auch Kurland hat solch einen Mann hervorgebracht, der, erfüllt von Idealismus, mit Phantasie begabt und mit Geldmitteln reichlich versehen, von niemanden gedrängt, seine finanziellen Hilfsmittel dazu verwandte, um Politik auf eigene Faust zu betreiben. Das war der Majoratsherr auf Katzdangen.

Carl Baron Manteuffel wurde 1872 in Kurland geboren. Er entstammte einem ritterlichen Geschlecht, das seit Anfang des 14. Jahrhunderts im Baltikum nachweisbar ist. Der Ahnherr Soye erwarb durch Heirat einige Güter in Kurland, darunter auch den Besitz von Katzdangen, das seitdem 13 Generationen hindurch der Familie gehörte. Im 17. Jahrhundert nahm das Geschlecht den Namen Manteuffel an. Der Großvater Manteuffels war Kurländischer Landesbevollmächtigter gewesen. Der Vater wie auch sein Sohn Carl waren Kreismarschälle von Hasenpoth. Die Mutter Alexandra (Alice) war eine geborene Fölkersam, die Großmutter väterlicherseits eine geborene Prinzessin Lieven. Von seiten der Mutter war Manteuffel ein Großsohn des Gouverneurs von Livland, Georg v. Fölkersam, und ein Großneffe des Agrarreformers Hamilkar v. Fölkersam. Durch die Großmutter mütterlicherseits, eine Prinzessin Walujewa, hatte Manteuffel auch russisches Blut in seinen Adern.

Er besuchte das Gymnasium in Mitau, an dem er 1888 die Reifeprüfung bestand. Zu seiner näheren Charakterisierung sei erwähnt, daß er seit frühester Jugend im Christentum verwurzelt war, das ihn zweifellos befähigte, während seines an Rückschlägen und Enttäuschungen reichen Lebens sein seelisches Gleichgewicht zu bewahren. Schon 1886 finden wir in seiner Sammlung von Gedichten eines mit dem Titel „Gottesstille", dem er 1926 eine verbesserte Fassung gab.

Nach bestandenem Abitur ging Manteuffel nach Deutschland. Er hielt sich dort bei den preußischen Manteuffels auf, und zwar bei dem Sohn des Ministerpräsidenten Otto v. M. Diesen Aufenthalt benutzte er wohl, um sich mit den Verhältnissen im Reich bekanntzumachen. Anschließend ging er nach Bonn, wo er dem Corps der „Borussen" beitrat und sich dem Studium der Nationalökonomie widmete. 1899 promovierte er in Halle zum Dr. phil.

Zur Erweiterung seines geistigen Horizonts unternahm er daraufhin Reisen nach Frankreich, England und Italien. Wie jeden aufgeschlossenen Nordländer haben die Länder am Mittelmeer ihn schon bei der ersten Begegnung in ihren Bann geschlagen. Die Sehnsucht nach dem Süden hat ihn bis an sein Lebensende nicht mehr losgelassen. Eine besondere Vorliebe hat nach der Anzahl der ihr gewidmeten Gedichte Manteuffel für Venedig gehabt. Aber auch Griechenland, Kleinasien und Ägypten haben ihn gedanklich immer wieder beschäftigt.

Nachdem er jetzt wenigstens einen Teil der „Herrlichkeiten dieser Welt" kennengelernt hatte, spielte er mit dem Gedanken, diese „herrliche Welt" zu seinem Betätigungsfeld zu machen, d. h. in den diplomatischen Dienst zu treten. Im Jahre 1900 kehrte er in seine Heimat zurück. Wie er es sich vorgenommen hatte, sollte es sich nur um einen kurzen Aufenthalt handeln. Aber gewisse Kreise im Landtag hatten schon auf ihn gewartet. Freunde seines Großvaters sorgten dafür, daß er in die wichtigsten Ausschüsse des Landtags gewählt wurde. So kam es, daß er seine Träume von einer diplomatischen Karriere aufgab und im Lande blieb. Nach einigen Jahren wurde er auch noch wie sein Vater Kreismarschall von Hasenpoth, wie er selbst gestand, ohne besondere Verdienste aufweisen zu können. So war er kurz „der Katzdangensche“ geworden.

Im Jahre 1938 schrieb er als Bericht über seine Lebensaufgabe das Werk „Meine Siedlungsarbeit in Kurland“, der drei Jahre später im Verlage von S. Hirzel, Leipzig, im Druck erschien. Auf dieser Schrift basieren die folgenden Ausführungen über die Erlebnisse Manteuffels und sein Wirken in Kurland von der Jahrhundertwende bis zum Jahre 1918.

Da er Sozialpolitik an der Universität gehört hatte, suchte er als junger Majoratsbesitzer die modernen Ideen in die Tat umzusetzen. Es gab in Rußland zu der Zeit vor der Revolution keine umfassende Sozialgesetzgebung. Der einzige, der in Notfällen helfen konnte, war der Gutsbesitzer und seine Frau. Den lettischen Bauern fehlte das Vertrauen zu den Behörden mit den meist nur russisch sprechenden Beamten. So war es die Regel, daß sich schon am Morgen bis zu 100 Ratsuchende in Manteuffels Büro einfanden. Der Gutsherr ging mit viel Idealismus daran, die Verhältnisse auf seinen Gütern zu verbessern, Intrigen aufzudecken, schlechte Beamte durch geeignetere zu ersetzen. Begabte junge Letten schickte er auf *Fachschulen,* damit sie sich in den verschiedenen Sparten der Agrikultur ausbilden konnten. Durch *hohe Gehälter und gelegentliche Geschenke* suchte er sich die Gutsleute zu verpflichten. Durch „die Macht der Liebe“ war er bestrebt, mit dem lettischen Volk zu einem gedeihlichen Zusammenleben zu kommen. Er baute moderne *Wohnungen* für seine Knechte. Für deren *Gesundheit* war ein Gutsarzt bemüht. Manteuffel baute eine *Apotheke,* wo die Gutsleute zunächst kostenlos sich die verschriebenen Medizinen holen konnten. Als damit Unfug getrieben wurde, mußten für jedes Rezept zehn Kopeken bezahlt werden. War eine Krankenhausbehandlung notwendig, so fanden die kranken Gutsleute im *Gutskrankenhaus* unentgeltlich Aufnahme. Manteuffel richtete eine *Altersversorgung* ein. Die Alten konnten im Altenheim gratis wohnen und bezogen noch ein Ruhegehalt.

Besonders am Herzen lag Manteuffel das gute Verhältnis zu den lettischen *Hofbesitzern,* die er als Mitstreiter in der Abwehr sozialistischer und kommunistischer Einflüsse im lettischen Volk betrachtete. Er hielt ihnen unentgeltlich *Zuchttiere*, er richtete Körungen und Wettbewerbe ein. Er sorgte für ihre Gärten, indem er zu Hunderten edle Obstbäume aus Deutschland kommen ließ und sie ihnen kostenlos überließ. Die vorhandene *Hofschenke* ließ er schließen und richtete statt dessen eine Stube mit alkoholfreien Getränken ein. Es lagen dort deutsche und lettische Zeitungen aus. Bücher konnten aus einer vom Gutsherren gestifteten Bücherei entliehen werden. Alle diese Einrichtungen fanden von seiten der Gutsleute regen Zuspruch. Nur an der ebenfalls gestifteten Kegelbahn fanden die Letten keinen Gefallen.

Das sind noch nicht einmal alle sozialen Maßnahmen, die Manteuffel im Interesse des guten Einvernehmens mit den Letten unternommen hatte. Und doch befriedigten ihn die Auswirkungen seiner Bemühungen nicht. Mitunter hatte er das Empfinden, es seien doch alles vergebens. So stellte er den Antrag, aus dem russischen Untertanenverband entlassen zu werden. Der Antrag wurde nicht genehmigt. Während Manteuffel noch über die Konsequenzen der Ablehnung nachdachte, brach der Russisch-Japanische Krieg aus. Die Kurländische Ritterschaft schickte eine Kolonne des Roten Kreuzes in die Mandschurei. Sie stand unter der Leitung von Manteuffel und einem Baron Hahn. Obgleich kein Angehöriger der kämpfenden Truppe, erhielt Manteuffel für bewiesene Tapferkeit das Georgskreuz, während ihm die Dorpater Universität den Dr. h. c. der medizinischen Fakultät verlieh.

Bei der Rückkehr auf seine Güter bereiteten die Letten ihm einen begeisterten Empfang, der dazu angetan war, seine pessimistischen Bedenken zu zerstreuen. Aber die Ereignisse nahmen eine Wendung, wie sie sich Manteuffel in den düstersten Stunden nicht gedacht hatte.

Mit dem Kanonenschuß auf den Zaren anläßlich der Wasserweihe im Jahre 1905 war das Sturmzeichen für die Revolution gegeben. Sie verschonte auch das Baltikum nicht. Allein im Hasenpothschen Kreis wurden 32 Gutshäuser eingeäschert. Als Manteuffel auf dem Landtage in Mitau weilte, wurde auch das Schloß Katzdangen in

Katzdangen um 1850. Stahlstich von Wilhelm Stavenhagen.

der Silvesternacht auf das Jahr 1906 von einer anarchistischen Bande angezündet; es brannte drei Tage lang bis auf die Grundmauern nieder. Kein einziger der höheren lettischen Gutsbeamten hatte sich eingesetzt und war den Brandstiftern entgegengetreten. Die „Macht der Liebe" und Güte hatte sich nicht bewährt.

Die rein materiellen Schäden wurden relativ schnell beseitigt. Schon bald nach dem Brande wurde das Schloß nach Plänen des Architekten Schultze-Naumburg (1869–1949), seit 1930 Direktor der Kunstschule in Weimar, wiederaufgebaut. Die geistigen Einbußen, die die Wirren der Revolution mit sich gebracht hatten – sie betrafen hauptsächlich das Einvernehmen zwischen Deutschen und Letten – wogen viel schwerer und ließen sich nicht mehr ungeschehen machen.

Unter dem Eindruck der Schrecknisse der Revolution schlossen sich die Deutschen enger zusammen. Der völkische Standpunkt trat gegenüber dem ständischen mehr in den Vordergrund. Deutsche Vereine wurden gegründet. Manteuffel selbst wurde zum Vorsitzenden des Deutschen Vereins in Kurland gewählt. Durch ein kaiserliches Manifest war es den Deutschen wieder gestattet, Schulen mit deutscher Unterrichtssprache zu unterhalten. Daraufhin wurden in Kurland die Landesgymnasien in Mitau und Goldingen wieder eröffnet, ferner ein Lehrerseminar, Fortbildungsschulen und Handwerkerkreise. Die Gutsbesitzer zahlten „Willigungen" zur Unterhaltung dieser Fortbildungsinstitute. Aber trotz aller dieser recht erfreulichen Tatsachen beurteilten kritische Köpfe im Lande die Zukunft der Deutschen im Baltikum sehr pessimistisch. Die Deutschen wohnten vorzugsweise in den Städten und waren also biologisch auf einen Zuzug vom Lande angewiesen, der nur in beschränktem Maße vorhanden war. Die Letten bevölkerten das Land und hatten den höheren Geburtenüberschuß. Es war also damit zu rechnen, daß die Letten das deutsche Element im Lande immer mehr verdrängen würden. Es blieb nur eine Lösung, um dies zu verhindern: die Ansiedlung deutscher Bauern.

Solche Gedanken kreisten in den Köpfen mancher weitsichtiger Köpfe im Baltikum. Trotzdem kam es eigentlich ganz zufällig zu einer Realisierung dieser Ideen. Nach dem Abzug der russischen Truppen, die den Aufstand niedergeschlagen hatten, war die Unsicherheit im Lande besonders in den ländlichen Bezirken noch sehr groß. Die Gutsbesitzer hatten sich Leibjäger aus Deutschland angeworben, die nicht billig waren und die Gutskassen schwer belasteten. Auf einer Sitzung des „Selbstschutzes“ erklärte Manteuffel, er habe eine vage Vorstellung, daß es im Gouvernement Wolhynien deutsche Bauern gebe; ob man diese nicht als Stärkung des deutschen Elements ins Land holen könnte. Zufällig war ein Herr Böttcher – ein Kenner der Verhältnisse in Wolhynien – im Saale anwesend. Er erbot sich, einem ihm bekannten dortigen Pastor zu schreiben und ihn um seine Meinung zu befragen. Pastor E. Althausen aus Rowno berichtete in seinem Antwortschreiben, daß es vielen Bauern in seiner Gemeinde wirtschaftlich schlecht gehe. Sie seien bereit, nach Kurland überzusiedeln. Erstaunlicherweise waren ihre Lohnforderungen niedriger als die Löhne, die in Kurland den lettischen Knechten gezahlt wurden. Maßgeblich für die schlechte Lage der Deutschen war, daß sie unter russischer oder polnischer Herrschaft arbeiten mußten, die, wie zu erwarten, Arbeiter ihrer eigenen Nation bevorzugten.

Kurzerhand machte sich Manteuffel in Begleitung seiner Bevollmächtigten, Baron Simolin und des Herrn v. Villon, auf den Weg nach Wolhynien. Was die drei Balten dort vorfanden, war zunächst nicht sehr ermutigend. Ihnen wurde anfangs die halb verfallene Schule am Ort gezeigt. Die dortigen Kinder machten einen unterernährten Eindruck; ihre Kleidung war ärmlich und dürftig. Des Lehrers Bildung schien nicht weit über das Lesen und Schreiben und das Einmaleins hinauszugehen. Ebenso enttäuschend war das Bild, das sich den Angereisten am Abend bot, als die Eltern sich zu einer Besprechung in der Schule einfanden: es waren meist blasse, kränklich aussehende Gestalten in abgetragener Kleidung. Als die Bauern die Bedingungen erfuhren, unter denen sie in Kurland würden arbeiten können, erklärten sich 40 Männer mit ihren Familien dazu bereit umzusiedeln. Ihre Hauptforderungen waren Gottesdienste und Schulen in der Muttersprache, was Manteuffel mit Genugtuung zur Kenntnis nahm.

Ein bedeutend günstigeres Bild bot sich den Reisenden in *Nowgorod-Wolynsk:* besser gekleidete, gesunde Bauerntypen, schöne Höfe mit gutem Vieh und Obstgärten. Der dortige Pastor, Johannes Barth, versicherte, es würden sich auch hier Siedlungswillige finden, sofern sie Aussicht hätten, in Kurland eigene Höfe erwerben zu können. Das war ein neuer Aspekt, der Manteuffel sehr gefiel.

Nach Kurland zurückgekehrt, berichtete Manteuffel auf dem Landtage über die Eindrücke seiner Reise. Seine Anregungen wurden wohlwollend aufgenommen. Eine ganze Anzahl von Gutsbesitzern erklärte ihre Bereitschaft, auf ihren Gütern Siedler aufzunehmen. Es wurde ein Ausschuß für Siedlungsfragen gegründet und Vertrauensleute für die einzelnen Bezirke ernannt. Der Oberförster *W. Lakschewitz,* der seine Aufgabe sehr geschickt handhabte, wurde als Werber nach Wolhynien geschickt.

Es blieb natürlich nicht aus, daß *die Letten* Wind davon bekamen, was für Projekte im Landtag verhandelt worden waren. Sie schickten ihrerseits Abgesandte nach Wolhynien, die den dortigen Deutschen die Verhältnisse in Kurland in den düstersten Farben schilderten. So kam es, daß eines Tages ein Brief von den Bauern, die sich zur Umsiedlung gemeldet hatten, ankam, in dem sie erklärten, sie hätten es sich anders überlegt und würden in ihrer alten Heimat bleiben. Daraufhin lud Manteuffel einige Vertreter der Wolhyniendeutschen ein, nach Kurland zu kommen, damit sie sich persönlich mit den herrschenden Verhältnissen vertraut machen könnten. Diesen Vertretern gelang es dann, bei ihren Landsleuten alle Bedenken zu zerstreuen.

Am 23. April 1906 kamen die ersten 40 Familien mit ihrem dürftigen Hausrat in Katzdangen an. Die Männer und Frauen sahen kraftlos und müde aus, ebenso die zahlreichen Kinder, so daß die Letten höhnisch lachten: „Die sollen uns ersetzen"?

Zunächst ersetzte Manteuffel den Ankömmlingen das Reisegeld, was ursprünglich nicht vereinbart war. Diese sahen, daß man ihnen mit Wohlwollen entgegenkam; dieser Eindruck war ausschlaggebend.

Der Anfang war unsagbar schwer. Die Siedler waren das Klima und die harte Arbeit nicht gewohnt. Die lettischen Gutsbeamten sorgten für Intrigen und Reibereien. Als die Deutschen sich zum deutschen Gottesdienst vor der Kirche versammelt hatten und die Letten nach ihrem Gottesdienst die Kirche gerade verließen, nahmen sie eine drohende Haltung ein. Daß es nicht zu Ausschreitungen kam, war Manteuffel zu danken, der sich schützend unter die Deutschen stellte.

Hier wie überall, wo sein Siedlungswerk in Gefahr war, griff Manteuffel persönlich ein und traf auch gewöhnlich das Richtige. In einem Sommer kam über die Siedler eine Epidemie mit hohem Fieber, ausgerechnet zu der Zeit, als der Gutsarzt auf Urlaub war. Manteuffel ließ das Untergeschoß von Schloß Katzdangen als Krankensaal einrichten und sorgte dafür, daß alle Kranken dorthin geschafft wurden. Zu dem Saal hatte niemand Zutritt außer ihm selber und der Baronin Medem, die damals die Funktion einer Gutsherrin übernommen hatte. Um den Kranken die Abneigung gegen das Rhizinusöl zu nehmen, genoß er coram publico selbst einen vollen Löffel von dem „grausigen" Öl, obgleich er es gar nicht nötig hatte. Zu seiner Genugtuung breitete sich die Epidemie nicht weiter aus, und es starb niemand an ihr. Die Kinder der Siedler litten anfangs unter der ägyptischen Augenkrankheit, die sehr ansteckend ist. Es war zum Verzweifeln. Erst nach jahrelangem Bemühen gelang es, sie zum Verschwinden zu bringen.

Aber mit der Zeit ging es doch sichtlich aufwärts. Die Kolonisten benahmen sich wie Pflanzen, die man aus „dumpfen Kellern an die warme Frühlingsluft gebracht hat". Aus den blassen, ausgemergelten Gestalten waren stramme Bauern geworden, die sich in der neuen Umgebung sicher und den einheimischen Letten überlegen fühlten.

Auch was ihre Leistungen anbetrifft, so genügten sie den Anforderungen. Der Gutsherr konnte viele Kolonisten in gehobenere Stellen aufrücken lassen, so daß auf zwei seiner Güter vom Verwalter bis zum letzten Knecht nur Deutsche beschäftigt waren. Auch mit dem Zuzug weiterer Arbeitskräfte aus Wolhynien gab es keine Schwierigkeiten mehr. Die Vorurteile waren beseitigt, der Damm war gebrochen. Aus 40 Familien waren bald 100 geworden. Der Andrang war so groß, daß Manteuffel auch andere Gutsbesitzer mit deutschen Arbeitskräften versorgen konnte. Denn sein Plan war es ja, nicht nur Katzdangen, sondern möglichst auch das übrige Kurland zu germanisieren.

Es gab unter den deutschen Bauern in Wolhynien auch solche, die über kleine Kapitalien verfügten und den Wunsch äußerten, Höfe in Kurland zu erwerben. Nach einigen Fehlschlägen glückte auch das, natürlich nicht, ohne daß Manteuffel dabei Hilfestellung leistete. Er selbst parzellierte eines seiner Güter und verkaufte es an Kolonisten. Dabei gehörte zu jeder Parzelle ein schon vorhandenes Gebäude, das nur zu einer Wohnstätte und zu einem Stall ausgebaut zu werden brauchte. Das Gutsgebäude behielt Manteuffel für sich, da in Kurland kein Gut vollkommen aufgeteilt werden durfte. Er verpachtete es an die Kolonisten, die darin eine Schule, einen Betsaal und einen Versammlungsraum einrichten konnten. Alle diese Maßnahmen bewährten sich. Kein Kolonist verkaufte seine Parzelle weiter. Manchem tüchtigen Kolonisten verhalf Manteuffel, auch wenn er nicht über Geldmittel verfügte, zu Landbesitz. Er verpachtete ihm eine Parzelle auf einem seiner Güter, so daß der Pächter sich an die Bearbeitung des Bodens gewöhnen, daß er sich Ackergeräte und Vieh zulegen konnte. Konnte er dann Ersparnisse zurücklegen, so galt es nur, sich nach einem Hof umzuschauen, den gerade ein Lette zu verkaufen beabsichtigte. Die Stufenleiter, die viele Kolonisten durchmachten, war die vom Knecht zum Landknecht, dann zum Halbkörner, zum Pächter und schließlich zum Hofbesitzer.

Die Siedlung war bei der Großzügigkeit von Manteuffel natürlich mit außerordentlich hohen Geldopfern für diesen verbunden. Er bekennt, daß er sich, abgesehen von seiner Schülerzeit, als ihn sein Vater reichlich mit Taschengeld versehen hatte, stets in Geldsorgen befand, und das trotz der 14 Güter, die zum Majorat gehörten.

Welch herrliches, bequemes Leben hätte sich der Majoratsherr leisten können, wenn er sich nicht die Erhaltung und Verbreitung des Deutschtums in Kurland zur Lebensaufgabe gemacht hätte! Zur materiellen Belastung kam die seelische, der er ausgesetzt war. Freunde und selbst Verwandte warfen ihm vor, daß er sich in seinem Streben nach Phantasiegebilden wirtschaftlich ruinieren werde. Es gab zwar damals in Kurland eine Reihe von Gutsbesitzern, die mehr waren als nur Landwirte, die möglichst viel aus ihrem Grund und Boden herauswirtschaften wollten, die jedoch ihren Landbesitz als Verpflichtung dem Lande und seinen Bewohnern gegenüber betrachteten. Die Experimente von Manteuffel gingen aber selbst diesen Idealisten doch zu weit. Trotzdem ließ sich dieser nicht beirren und ging den Weg, den er einmal eingeschlagen hatte, tapfer weiter.

Es ist hier geschildert worden, wie Manteuffel um das materielle Wohl seiner Schützlinge besorgt war. Er ließ es aber damit nicht bewenden. Er selbst interessierte sich seit seiner ersten Italienreise für die bildenden Künste. Damals hatte er schon mit namhaften Künstlern Umgang gepflogen. In Kurland setzte er diese Gewohnheit fort. So war der lettische Maler Wilhelm Purvit häufiger Gast in Katzdangen. Dem litauischen Maler Kalpokas ermöglichte er einen Aufenthalt in München. Manteuffel wollte aber auch auf die Kolonisten kunsterziehend wirken. Deshalb bestellte er beim Kunstwart-Verlag einige 100 Kunstblätter und ließ sie in schlichten Eichenrahmen fassen. Wenn nun ein Siedlerpaar eine Wohnung bei ihm bezog, so durfte es sich aus der Bildersammlung ein Bild heraussuchen. Es war für ihn interessant zu beobachten, daß Dürer und Grünewald bevorzugt wurden. Dann kamen die Praeraffaeliten, dann Raffael selbst, während die Maler des 19. Jahrhunderts weniger beliebt waren.

Es klingt fast vermessen, daß Manteuffel sich auch anmaßte, seine Kolonisten geistlich zu betreuen. Aber auch das muß als gelungen und segensreich angesehen werden. Besonders am Anfang des Siedlungswerks gab es jeden Sonntag einen Gottesdienst in Lettisch, aber nur einmal im Monat einen in deutscher Sprache. An den übrigen drei Sonntagen im Monat sollten die Küster, so gut es ging, den

Pastor ersetzen. Manteuffel besuchte jeden Sonntag die Gottesdienste. Er fand, daß die Küster nicht verstanden, die Aufmerksamkeit der Besucher zu fesseln. Diese fühlten sich nicht angesprochen, und mancher von ihnen schlief in der Kirchenbank ein. Manteuffel hatte das Empfinden, daß er das besser machen könne. Er fing damit an, daß er den Besuchern eine von den Predigten des Hofpredigers Stöcker vorlas. Aber er merkte bald, daß auch das nicht das Richtige war. Die Predigten von Stöcker waren eben auch nicht für Bauern ersonnen. Manteuffel schaffte sich dann die Sammlung von Frenssen an. Aber diese waren zu liberal gehalten und nicht dem konservativen bäuerlichen Gemüt entsprechend. Es blieb ihm nichts anderes übrig, als selbst die Texte der Predigten zu entwerfen, und er fand, daß er damit das Richtige getroffen hatte. Die Bauern schliefen nicht mehr ein, der Kirchenbesuch verstärkte sich, so daß die Räume im Katzdangeneschen Schloß nicht mehr ausreichten. In Kolonistenkreisen war man vielfach der Meinung, der Baron predige besser als der Pastor.

Von anderen Siedlergemeinden liefen Anträge ein, der Herr Baron möge doch an Sonntagen auch bei ihnen Gottesdienste halten, wenn der Pastor nicht verfügbar sei. Manteuffel führte seine Beliebtheit darauf zurück, daß er vollkommen undogmatisch und unorthodox eben das sagte, was er selbst empfand, daß von allen Wundern dies eine das größte ist, daß man Gott im Herzen fühlen, mit ihm reden und zu ihm beten kann. Einmal fragte Manteuffel den Generalsuperintendenten Bernewitz, ob es ihm auch recht sei, daß ein Laie soviel Gottesdienste halte. „Warum denn", sagte Bernewitz, „Wir sind doch alle Protestanten". Aber den Konfirmandenunterricht solle er doch den Pastoren überlassen. Das hatte Manteuffel ja nun auch nicht beabsichtigt. Als er aber in den ersten Kriegsjahren nach Wjatka verbannt wurde, hat er, da dorthin nur einmal im Jahr ein deutscher Geistlicher kam, immerhin mehrfach getauft und beerdigt.

Einmal weilte der Gouverneur von Kurland, Jägermeister Knjasew, bei Manteuffel zu Gast. Es war ein Sonntag, und der Gutsherr erklärte seinem Gast, daß er an diesem Tage auf seinem Gut den Gottesdienst halten müsse: ob der Gast wohl Lust habe mitzukommen? Knjasew war sofort bereit. Nun hatte Manteuffel im Hinblick auf den Besuch des hohen russischen Beamten den Gottesdienst nicht der ganzen Gemeinde angekündigt, damit sich nicht zuviel Kolonisten einfänden. Der Vertreter der Regierung sollte keine Vorstellung von dem Umfang der Germanisierung auf dem Gute des Gastgebers erhalten. So war der Besuch nur mäßig. Auch fehlte die Dame, die sonst auf der Hausorgel den Gesang begleitete. Als reichlich unmusikalischer Mensch wollte Manteuffel den Gesang nicht anstimmen. Auch von den Gemeindemitgliedern getraute sich niemand, den Vorsänger zu machen. Da sprang der Russe ein, der erklärte, er habe in der Jugend oft evangelische Kirchenlieder gehört (vermutlich hatte er eine der deutschen Kirchenschulen in Petersburg oder Moskau besucht) und sei in der Lage anzustimmen. So wurde unter seiner Leitung „Ein feste Burg ist unser Gott" und „Befiehl du deine Wege" gesungen.

Nach dem Gottesdienst bat Knjasew, sich die Wohnungen der Kolonisten ansehen zu dürfen. Bei der Gelegenheit mußte Manteuffel Briefe vorlesen, die einige Siedler aus ihrer alten Heimat erhalten hatten, die sie aber nicht lesen konnten. Es handelte sich um Verwandte, die darum baten, man möchte doch den Gutsbesitzer bitten, ihnen das Reisegeld vorzuschießen. Sie wollten auch nach Kurland umsiedeln, da es ihnen in Wolhynien so schlecht gehe. „Was werden Sie tun" fragte Knjasew. Manteuffel antwortete, daß er zur Zeit keine Arbeitskräfte brauche. „Aber die armen Leute, sie scheinen doch gar kein Fortkommen zu haben. Schicken Sie ihnen doch das Reisegeld, mir zuliebe". Nichts konnte Manteuffel willkommener sein als diese Reaktion des gutherzigen Gouverneurs.

Einmal waren der Küchenmagd Lisa auf Katzdangen drei Rubel gestohlen worden; die übrigen Mägde beschuldigten sich gegenseitig. Keine traute der anderen. Da hatte Manteuffel Gelegenheit, sich auch als Kriminalist zu betätigen und zu bewähren, wenn man ihn nicht mit dem König Salomon vergleichen will. Er bestellte die weibliche Dienerschaft auf den folgenden Tag um 8 Uhr abends in der Dunkelheit ins Kavaliershaus, wo er zu der Zeit logierte. Die Küche war schon im neuerstandenen Schloß untergebracht. Manteuffel ließ durch die gerade anwesende Baronin Medem unter dem Gesinde die Nachricht verbreiten, er verfüge über ein unfehlbares Mittel, die Schuldige zu überführen. Es sei daher für die Diebin besser und günstiger, sich freiwillig zu stellen. Wenn sie das Geld der Bestohlenen zurückerstatte und sich entschuldige, werde man ihr das Vergangene nicht nachtragen. Es meldete sich aber niemand.

Als die Mägde im dunklen Kavaliershaus die Treppe nach den oberen Zimmern beschritten hatten, sahen sie im ersten Zimmer die Baronin an einem Tisch sitzen. Über ihr brannte ein heller Kronleuchter. Auf der Mitte des Tisches lag ein leicht geneigter Spiegel, der das Licht des Kronleuchters reflektierte und die Mägde blendete. Vor sich hatte die Baronin ein altes in Schweinsleder gebundenes Buch. Es war ein Nachschlagewerk der Pflanzenkunde in lateinischer Sprache. Nachdem sich die Mägde im Halbkreis um den Tisch gruppiert hatten, forderte sie die Baronin auf, unverwandt in den Spiegel zu gucken. Selbst begann sie mit beschwörender Stimme an einer x-beliebigen Stelle in dem Buch Sätze vorzulesen, die weder sie geschweige denn die Mägde verstanden. Trotzdem verfehlten die unverständlichen Worte nicht ihre Wirkung auf die durch die unheimliche Zeremonie eingeschüchterten Frauen. Sie starrten auf den Spiegel, und ihre Gesichter wurden immer bleicher. Darauf ließ die Baronin die Mägde in einen nebenanliegenden Saal weiterziehen, wo sie ihre Handflächen auf einen marmornen Tisch kurz auflegen sollten. Dabei werde es sich mit Sicherheit zeigen, wer den Diebstahl begangen habe. Die verängstigten Frauen schoben sich einzeln an dem verhängnisvollen Tisch vorbei und gelangten dann in das erleuchtete Schreibzimmer des Gutsherren. Dort mußten sie ihm kurz ihre Handflächen zeigen, anschließend die Hände in ein Waschbecken tauchen und sie dann abtrocknen. Darauf ging Manteuffel auf die Diebin zu und bezeichnete sie als die Sünderin. Diese brach in Tränen aus und gestand ihre Schuld. Er bestand darauf, daß sie die drei Rubel zurückgab und sich entschuldigte; dann werde man ihre Verfehlung mit dem Mantel der Liebe zudecken und das Geschehene vergessen. So geschah es denn auch.

Unter den Kolonisten verbreitete sich nach diesem Ereignis das

Gerücht, der Baron verfüge über übernatürliche Kräfte, die ihn befähigten, in das Herz der Menschen zu schauen. Das war keineswegs der Fall: Manteuffel hatte die Marmorplatte des Tisches im dunklen Saal mit einer feinen Rußschicht bedeckt, und er war sicher, daß die Delequentin ihre Handfläche nicht auf die Tischplatte legen würde. Tatsächlich war nur deren Handfläche rein weiß geblieben. Da aber alle sich nachträglich die Hände säubern mußten, verfiel niemand auf den angewandten Trick.

Besonders die gute Erziehung und Bildung der Siedler lag Manteuffel am Herzen. Die russisch-lettische Volksschule kam für die deutschen Kinder nicht in Betracht, schon weil sie die Unterrichtssprache nicht beherrschten. Zudem waren 42% der Volksschullehrer marxistisch verseucht, was sie durch ihre Teilnahme an der Revolution von 1905 manifestiert hatten. So blieb Manteuffel nichts anderes übrig, als eigene Volksschulen zu beschaffen und zu unterhalten. Er wählte unter den vorhandenen Lehrern und Küstern die brauchbaren aus. Die Ungeeigneten brachte er als Beamte in der Guts- oder Forstwirtschaft unter. Damit wurde das Niveau der Hofschulen in etwa dem einer deutschen Volksschule angeglichen. Für die begabten Schüler wurde eine „Bürgerschule" eingerichtet, die mit einem Internat verbunden wurde. Dort unterrichteten gebildete deutsche Lehrkräfte und brachten den Kindern neben dem Wissen auch noch Sinn für Reinlichkeit und Gehorsam, Ordnung und gute Umgangsformen bei.

Mit der Zeit fand Manteuffels so sorgsam durchdachtes Siedlungswerk unter seinen Standesgenossen immer mehr Anerkennung. Immer wieder erschienen Besucher, die sich persönlich von den Erfolgen des Siedlungswerkes überzeugen wollten. Die Aktion nahm einen sich immer weiter ausdehnenden Umfang an. Sowohl in Livland als auch in Estland griff man das Problem an. Aber keiner konnte es in so großem Maßstab betreiben wie Manteuffel, weil er über größere Mittel verfügte als die anderen. Zudem war er unverheiratet und anspruchslos, so daß er sich rückhaltlos seiner Aufgabe, die er sich einmal gestellt hatte, widmen konnte.

Er war klug genug, niemals in Enthusiasmus über seine Erfolge zu verfallen. Bis zum Schluß plagten ihn Zweifel, ob der von ihm eingeschlagene Weg tatsächlich zu einer Konsolidierung des Deutschtums in Kurland führen werde. Ein Federstrich der herrschenden Regierung könnte über Nacht das Werk zunichte machen; ein organisierter Widerstand der Letten hätte dem Häuflein der 16000 Kolonisten das Dasein in Kurland unmöglich machen können. Aber der Gutsherr kam immer wieder zu dem Schluß, daß es keine Alternative gab, und so ging er den einmal beschrittenen Weg weiter.

Kurz nach Ausbruch des Ersten Weltkrieges wurde Manteuffel als Germanophile nach Wjatka in Sibirien verbannt. 1917 floh er von da nach Japan. Über die USA und Schweden gelangte er nach Deutschland. Er wurde mit kaiserlicher Protektion zum Hauptmann á la Suite im 2. Garderegiment zu Fuß ernannt.

Während der Okkupation Kurlands durch die deutschen Truppen machte sich Manteuffel Gedanken darüber, wie Kurland dem Deutschen Reich eingegliedert werden könnte. Doch soll hier nicht näher darüber berichtet werden und es einem Berufenerem überlassen werden, dies Thema zu behandeln.

Von hier an sind die biographischen Daten, die greifbar waren, recht lückenhaft. Nach dem Zusammenbruch Deutschlands und in Enteignung seiner Güter verließ Manteuffel Kurland und begab sich ins Reich. Anfangs war er anscheinend recht ruhelos: er wußte nicht, wo er sich niederlassen sollte. 1921 veröffentlichte er eine kleine Schrift „Deutschland und der Osten“, in der er für den Gedanken einer deutschen Ostsiedlung warb, ein Zeugnis für den unbeirrbaren Glauben an eine deutsche Sendung im Osten. Er reiste in den ersten Jahren seines Aufenthalts in Deutschland noch mehrfach. Aus seinem Gedichtband kann man die einzelnen Stationen ermitteln. Man erkennt unschwer, daß ihn völkische Gedanken auf diesen Reisen bewegten. Von Straßburg schreibt er angesichts des Münsters: (1923)

> In jedes Antlitz schlägt
> die Scham, daß es nun wieder
> die fremden Ketten trägt.

1925 sind zwei Gedichte Deutsch-Österreich und Deutsch-Tirol

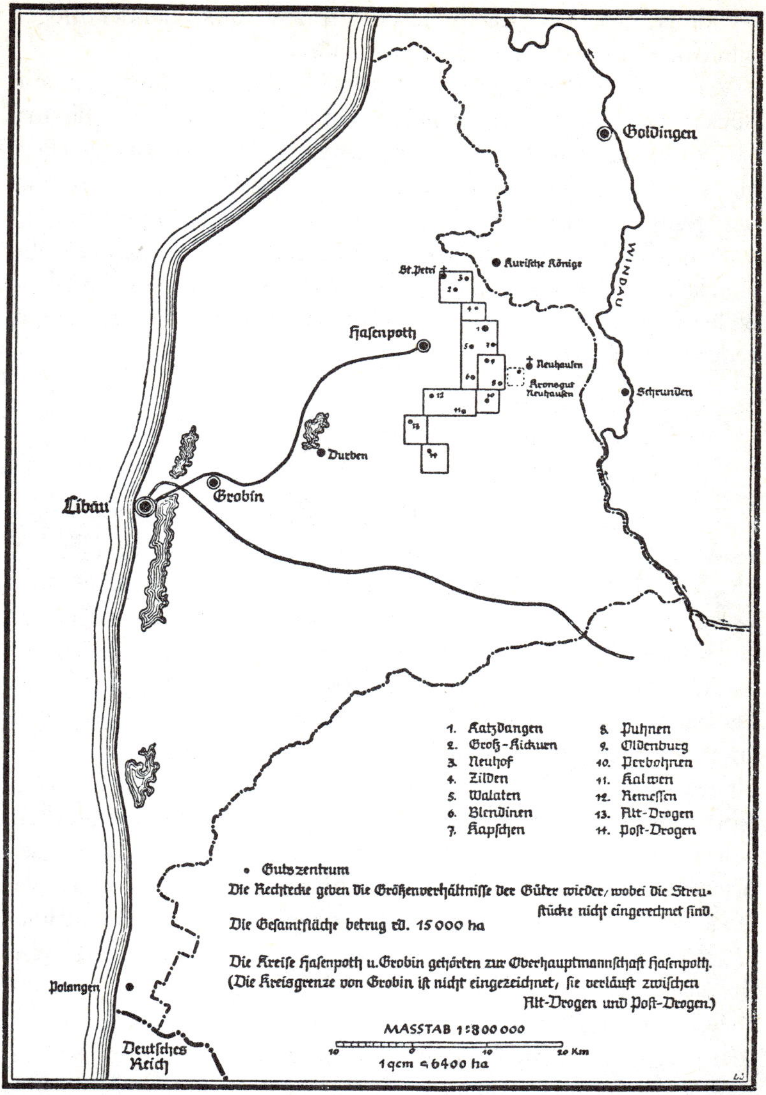

Die Katzdanger Güter vor der Enteignung 1919.

gewidmet, aus denen die Sehnsucht spricht, diese Länder mögen bald einem großen Deutschland angehören.

Verständlich, daß er auch wieder Italien aufsuchen muß, das er in glücklicheren Tagen kennengelernt hat. Aber es fehlt ihm diesmal die beschauliche Ruhe, die Schönheiten des Südens zu genießen. Hat er sich bis zur Güterenteignung um das Deutschtum in Kurland gesorgt, so drückt ihn jetzt die Sorge um die Zukunft Deutschlands nieder. Im verträumt dahinvegetierenden Ragusa schreckt ihn plötzlich der Gedanke, Deutschland könnte gleich dieser Stadt in Bedeutungslosigkeit verfallen. Ein andermal wird ihm der Süden verleidet, weil

im düster grauen Kleid
steigt auf aus dunklen Fluten
das deutsche Leid!

In den dreißiger Jahren finden wir Manteuffel in Berlin. Er bewohnt ein Zimmer in einem Hotel mittlerer Güte, im „Preußischen Hof". Er beabsichtigt jetzt, sich literarisch zu betätigen: es sollte ein zusammenfassender Bericht über seine Siedlungsarbeit in Kurland verfaßt werden; außerdem stand noch die Redigierung eines Gedichtbandes bevor. Er suchte sich einen Sekretär und fand ihn in der Person des Herrn Heinrich Hahne. Dieser studierte damals in Berlin und war an der Aufbesserung seines kargen Wechsels sehr interessiert. Hahne berichtete mir 40 Jahre später, er habe sich bei der Vorstellung einem liebenswürdigen alten Herrn gegenübergesehen, dem man in keiner Weise hätte ansehen können, daß man ihn seiner Güter beraubt und seine Lebensarbeit vernichtet hatte. Es war etwas von der Gelassenheit dem Besitz gegenüber, von der Paulus (2. Kor.-Brief, 7, Vers 30) spricht: „Ihr sollt besitzen, als besäßet Ihr nicht".

Eine andere Beobachtung konnte Herr Hahne machen, daß sich sein Gegenüber zum Nationalsozialismus recht reserviert verhielt. Eine anfängliche Begeisterung, die in einigen seiner Gedichte zum Ausdruck kommt, hatte bereits einer Ernüchterung Platz gemacht. Vielleicht hatte dazu beigetragen, daß er sich von Hitler ein eigenes

Bild hatte machen können. Dieser hatte ihn persönlich konsultiert, um sich mit ihm über Siedlungsfragen zu unterhalten.

Manteuffel pflegte in dieser Zeit Kontakte zu seinen Korpsbrüdern, die z. T. einflußreiche Stellungen beim Militär oder in der Diplomatie innehatten. Daher war er recht gut über die politischen Verhältnisse in Deutschland im Bilde, auch über die Zustände und Probleme bei der Reichswehr. So konnte er Dr. Hahne schon Monate vor dem Beginn des Rußlandfeldzuges von diesem geplanten Unternehmen unterrichten, als gewöhnliche Sterbliche zu solch einem gewagten Abenteuer ungläubig den Kopf geschüttelt hätten.

Des öfteren fuhr Manteuffel auch nach Doorn, um den Kaiser im Exil zu besuchen. Er war dort immer als amüsanter Unterhalter ein gern gesehener Gast. Öfters kam er wenn er, gewöhnlich auf dem Ehrenplatz zur Rechten des Hausherrn, Tagesereignisse unter Einstreuung von Anekdoten kommentierte, einfach nicht zum Essen. Es war ja allgemein bekannt, wie schnell der Kaiser mit den Gängen bei Tisch fertig wurde. Damit wurden aber auch schon die Teller von den Bediensteten rücksichtslos eingesammelt. Das war in dieser Zeit, als das Fleisch rationiert und „nur im eigenen Saft" zur Verfügung stand, recht schmerzlich.

Die Kaiserin Hermine unterhielt sich mit Manteuffel gewöhnlich über die Erziehung ihrer Söhne aus erster Ehe. Sie revanchierte sich für die guten Ratschläge mit kostbaren Aschenbechern, verziert mit Kaiserkronen und Monogrammen.

Zu Beginn des Zweiten Weltkrieges meldete sich Manteuffel freiwillig zur deutschen Armee. Nach einer kurzen Ausbildungszeit in Königsberg wurde er Sonderführer im Rang eines Majors. Vermutlich war er im Westen bei der Verwaltung der besetzten Gebiete tätig. Denn mit seinen 68 Jahren kam er zur Verwendung im Fronteinsatz ja nicht mehr in Betracht.

Beim Zusammenbruch der Front im Westen geriet Manteuffel in amerikanische Gefangenschaft mit allen ihren Strapazen und Unannehmlichkeiten. Zu letzteren gehörte es, daß er bei der Versessenheit der Amerikaner auf Chronometer, seiner Armbanduhr verlustig ging. Bei ihm mag es sich um ein besonders begehrenswertes

Exemplar gehandelt haben. Jedenfalls erhielt Dr. Hahne von Manteuffel nach dessen Entlassung aus der Gefangenschaft 1946 einen Brief, in dem er seinen ehemaligen Sekretär fragte, ob er ihm nicht eine Uhr verschaffen könne. Dieser war begreiflicherweise nicht imstande, Manteuffels Wunsch zu erfüllen. Trotz seiner durch Krieg und Gefangenschaft geschwächten Gesundheit unternahm Manteuffel im Jahre 1948 eine Reise nach Innsbruck, um seinen Verwandten und guten Jugendfreund, einen Baron Klopmann, zu besuchen. Unterwegs erkrankte er und starb am 3. April 1948 in Traunstein/Oberbayern. In der Familiengruft auf Schloß Pappenheim ist er beigesetzt.

Aus dem bisher Gesagten geht hervor, ein wie vielseitiger Mensch Manteuffel gewesen ist. Daß er die Siedler mit Geschick auf seinen Gütern zur Zufriedenheit unterbrachte und ihnen Arbeitsmöglichkeiten verschaffte, zeugt von einem hervorragenden Organisationstalent. Daß er sich ferner um ihre geschmackliche Bildung kümmerte, ist durchaus ungewöhnlich, ist ihm aber ebenfalls hoch anzurechnen. Diese Bemühungen zeugen für seine eigenen schöngeistigen Anlagen, die auch für die Abfassung einer großen Anzahl von Gedichten verantwortlich sind. Sind sie inhaltlich auch nicht überragend, so beweisen sie doch einen im Autor vorhandenen Drang nach Gestaltung. Dank seinem Einfühlungsvermögen in die Psyche der Kolonisten kam er zum Erfolg seiner Predigten, die denjenigen der Pastoren vorgezogen wurden. Dasselbe Verständnis für die Seelen der Gutsarbeiter offenbarte sich bei der Diebstahlsaffäre. Bei dieser Vielseitigkeit ist man enttäuscht zu hören, daß ihm die Landwirtschaft nie viel bedeutet hat und er auch wenig von ihr verstand. Für einen Majoratsherrn ist diese Einstellung doch recht ungewöhnlich. Die materielle Welt interessierte ihn erst in zweiter Linie. Eine Landschaft erregte sein Gefallen erst, wenn sie bei ihm ästhetische Empfindungen auslöste.

Er bekennt: „Nie habe ich ein beschauliches Dasein ersehnt, wie es meinem Vater und Großvater beschieden war im engen Kurland, ausgefüllt mit Landwirtschaft, Jagd und Familienereignissen". Er war viel zu sehr Pflichtmensch, um an solch einem Leben Gefallen zu finden. In seinen Gedichten heißt es:

Adel verpflichtet, Rechte gehen verloren
Pflichten, tapfer erkoren, adeln Seele und Geist.

Zu einem geistig hochstehenden Manne gehört auch, daß er sich selbst richtig einschätzt. Manteuffel besaß diese Gabe, wie hier gezeigt wird. Der starke 500 Seiten fassende Gedichtband hindert ihn nicht zu gestehen:

Ich bin kein Dichter, doch so manches Mal
zwingt eine Blume mich zu reden.

Nicht einmal seine Tätigkeit als Politiker wertet er überschwenglich. Welcher im öffentlichen Leben derart erfolgreiche und vielseitige Mann hätte die Einsicht gehabt, rückblickend zu sagen:

Wie kam es wohl, ich bin ein Kind geblieben,
Ein reiner Tor vielleicht,
Zum unbekannten Ziel getrieben,
Das niemand hier erreicht.
Was ich besaß, das hab' ich fortgegeben
Ich gab mich selber hin!
Das blieb vom wunderreichen Leben
mein einziger Gewinn.

BENUTZTE LITERATUR:

Manteuffel-Katzdangen, Meine Siedlungsarbeit in Kurland, erschienen in der Sammlung Georg Leibbrandt, Bd. 5, Verlag von S. Hirzel, Leipzig (1941).
Manteuffel-Katzdangen, Erlebte Lieder, J. F. Lehmann Verlag, München-Berlin (1938).
Gertrud v. d. Brincken, „Land unter“, I. G. Blaschke Verlag, Darmstadt (1977).

Gustav Tammann

Es ist eigentümlich, daß auch der dritte in der Reihe der bedeutenden baltischen Chemiker (nach Grotthus und Ostwald) nach einigem Schwanken sich doch wieder der Physikalischen Richtung der Chemie zuwandte. Sein Vater war Mediziner, und so hätte man annehmen können, daß dieser dem Sohne die Neigung zu biologischen Problemen vermacht hätte. Einen direkten geistigen Einfluß konnte der Vater allerdings nicht ausüben, da er starb, bevor der Junge Lesen und Schreiben gelernt hatte. Dagegen versuchte sein Hochschullehrer Lemberg ganz bewußt, den jungen Tammann für die physiologische Chemie zu interessieren. Und tatsächlich finden sich, wie wir gleich sehen werden, unter den frühen Arbeiten Tammanns einige Studien, die sich mit diesem Zweig der Chemie befassen. Es war wohl das Vorbild Ostwalds, das Tammann vor Augen schwebte, als er sich für die Physikalische Chemie entschied. Man sollte aber nicht annehmen, daß ihn die „Karriere" und die Erfolge von Ostwald reizten, sondern er hielt wohl die physikalische Chemie für die ihm am meisten zusagende Wissenschaft. An Vorbilder hat sich Tammann zeit seines Lebens nicht gehalten. Er ging stets eigene Wege unnd blieb ein Individualist reinsten Wassers.

Tammann war ein Zeitgenosse Wilhelm Ostwalds. Dieser wurde 1854, jener 1861 geboren und überlebte seinen Kollegen um fünf Jahre. Tammanns Großvater war Verwalter auf einem der Güter des Grafen Berg in der Nähe von Walk. Sein Vater Heinrich besuchte die Schule in Pernau und Dorpat. Daselbst studierte er Medizin, geldlich unterstützt vom Grafen Friedrich Berg. Nach bestandenem Examen heiratete er die Tochter Mathilde des aus Lübeck nach Dorpat eingewanderten Verlegers Schünmann. Heinrich Tammann ließ sich zunächst in Jamburg als praktischer Arzt nieder. Dort wurde ihm sein Sohn Gustav geboren. Sehr bald darauf siedelte er nach Gorki um, wo er am Landwirtschaftlichen Institut eine Stellung als Arzt erhielt. Als sein Sohn etwa fünf Jahre alt war, starb Heinrich Tammann, und die Mutter zog in ihr elterliches Haus nach Dorpat zurück.

Bei seiner Großmutter Justine Schünmann lernte der junge Gustav das Lesen und Schreiben. Nachher kam er auf die Volksschule und auf das Gymnasium. Er brachte stets gute Noten für Mathematik, Geschichte und Religion nach Hause. Ob es wohl eine tiefere Bewandtnis hat, daß ihm gleich Ostwald die Sprachen Schwierigkeiten machten?

Nach Beendigung der Schule schlug der alte Gönner der Familie, der General Graf Berg, dem jungen Tammann vor, in die Kadettenanstalt in Pleskau einzutreten. Dieser sicher wohlgemeinte Vorschlag fand nun bei der Mutter gar keinen Anklang. Nachdem sie mit sich und ihrem Sohne zu Rate gegangen war, entschloß man sich für ein Chemiestudium in Dorpat. Seine Lehrer wurden Karl Schmitt, Johann Lemberg, Gustav Bunge und Arthur v. Oettingen. Tammann gehörte dem Corps „Neobaltia" an und bekleidete dort auch mehrere Ehrenämter. Er war Oldermann, und 2. und 3. Chargierter. Anders als bei Wilhelm Ostwald, der dem Treiben in Dorpat wenig Verständnis entgegenbrachte, hat die Burschenzeit auf Tammann nachhaltigsten Einfluß ausgeübt.

Noch als Student wurde er für würdig befunden, die durch die Berufung Ostwalds nach Riga freigewordene Stelle eines zweiten Assistenten bei Professor Schmitt einzunehmen. Im Jahre 1882 machte er sein Staatsexamen. Seine Diplomarbeit behandelte die analytische Bestimmung von Fluor, die in der Zeitschrift für analytische Chemie veröffentlicht wurde. Damals suchte sein Lehrer Lemberg seinen Schüler, wahrscheinlich im Hinblick auf die Möglichkeit, als Agrikulturchemiker gutdotierte Stellen in Rußland zu bekommen, für das Gebiet der Pflanzenphysiologie zu erwärmen.

*Gustav Tammann *1861 in Jamburg, †1938 in Göttingen.*

Aber schon zu der Zeit fühlte sich Tammann der Physikalischen Chemie dermaßen verhaftet, daß er ihr, abgesehen von einigen unbedeutenden Abschweifungen, seine ganze Lebensarbeit widmete. Es muß zur Beurteilung dieses Verhaltens erwähnt werden, daß Tammann sich in ernsten finanziellen Schwierigkeiten befand, die es ihm z. B. zunächst nicht ermöglichten, seinen Doktor zu machen. Erst fünf Jahre nach seinem Staatsexamen promovierte er mit einer Arbeit über das Periodische System der Elemente.

Jetzt stand es für ihn fest, die akademische Laufbahn einzuschlagen. Da es mit seinen russischen Sprachkenntnissen so schwach bestellt war, konnte er nicht daran denken, Vorlesungen in der Reichssprache zu halten. Um den Boden in Deutschland zu sondieren, suchte er Helmholtz an der Physikalisch-Technischen Reichsanstalt in Berlin und Ostwald in Leipzig auf. Mit letzterem wurde er nicht recht warm. Der Grund mag Außenstehenden lächerlich erscheinen: der eine schwärmte für verdünnte Lösungen (Ostwald hatte gerade sein Verdünnungsgesetz gefunden), und der andere fand die konzentrierten Lösungen attraktiver. Dafür schloß Tammann Freundschaft mit Walter Nernst, die von entscheidender Bedeutung für ihn werden sollte, und mit Svante Arrhenius, die beide bei Ostwald arbeiteten.

Die Reise verlief, ohne greifbare Erfolge gebracht zu haben. Tammann war froh, bei Lemberg die Stelle des Ersten Assistenten zu bekommen. Seine Dissertation hatte ihm übrigens das Wohlwollen Mendeljews, des großen russischen Chemikers, einer der Entdecker des Periodischen Systems, eingebracht. Er legte ihm nahe, sich im Russischen zu vervollkommnen. Offenbar wollte er ihn der russischen Wissenschaft erhalten. Tatsächlich ging Tammann darauf ein und besuchte 1889 Petersburg, um an Ort und Stelle Sprachstudien zu treiben. Es wurde aber nicht viel daraus, denn er lernte in der Reichshauptstadt das Frl. Anna Mitscherling kennen, mit der er sicher kein Russisch sprach, denn er heiratete sie noch im selben Jahr, nachdem er eine Dozentur in Dorpat mit einem wahrhaft „fürstlichen“ Jahresgehalt von 2000 Rubeln erhalten hatte.

In den Weihnachtsferien 1889/90 reiste er nach Göttingen und vollendete mit Nernst zusammen eine Arbeit über die Entwicklung von Wasserstoff durch Metalle in Abhängigkeit vom Druck. Die Arbeit muß Aufsehen in der wissenschaftlichen Welt erregt haben; Tammann erhielt kurz darauf einen Ruf nach Gießen. Er schlug ihn aber aus, da die finanziellen Bedingungen ihn nicht befriedigten.

1891 wurde er zum außerordentlichen Professor in Dorpat ernannt. Ein Jahr später wurde er Institutsdirektor. 1894 folgte die Verleihung der ordentlichen Professur. Mit diesen Ehren waren harte Pflichten verknüpft. Jahre hindurch hat Tammann täglich von 8 Uhr morgens bis 8 Uhr abends mit einer Mittagspause von zwei Stunden Vorlesungen gehalten, die Arbeiten der Studenten im Laboratorium überwacht und eigene Versuche ausgeführt. Die Stelle eines Assistenten war im Etat des Instituts nicht vorgesehen.

1894 besuchte Tammann Holland und schloß Bekanntschaft mit van't Hoff, Roozeboom und Kamerlingh Onnes. 1896 galt eine Reise den Erdölfeldern von Baku. Sie war der Anlaß zu Versuchen über die Verträglichkeit von in Paraffinöl konservierten Sardinen. Die Versuche wurden an Hunden ausgeführt. Sie sollen diesen schlecht bekommen sein. Daneben gelang es Tammann, aus dem Erdöl einige Methylderivate zu isolieren.

1900 besuchte er in Paris den französischen Chemiker Le Chatelier und besichtigte bei der Gelegenheit die dortige metallurgische Industrie.

Zwei Jahre später (1902) erging an Tammann die Stimme des Schicksals, die sich dazu des sanften Organs von Walter Nernst bediente. Dieser fragte an, ob sich Tammann dazu bereitfände, das neuerrichtete Katheder für Anorganische Chemie in Göttingen zu übernehmen. Er fuhr nach Göttingen, besprach sich mit Nernst und akzeptierte.

Seitdem ist Tammann in dieser Stadt seßhaft. Er äußerte: „extra Göttingen non est vivere“. Nur als Nernst nach Berlin berufen wurde, siedelte er in das verwaiste Institut für Physikalische Chemie über. Im Jahre 1938 starb er in Göttingen.

Es würde den Rahmen dieser Zeitschrift überschreiten, wollte man hier eine Würdigung seines Lebenswerks bringen und die große Anzahl seiner Bücher aufzählen. Es sei jedoch erwähnt, daß er seine größten Erfolge auf dem Gebiet der Metallurgie, der Untersuchung der heterogenen Gleichgewichte, insbesondere der Kristallisation, und über den Glaszustand errungen hat. Wer näheres darüber wissen will, sei auf folgende Publikationen verwiesen: W. Beltz, Ztschr. Anorg. und Allgemeine Chemie (1931); Georg Masing, Die Naturwissenschaften, (1939) Ztschr. f. Elektrochemie, 45 (1939) 121; E. Garner, J. Chem. S. (1952) 1961.

Tammann hat es an Ehrungen nicht gefehlt. Er besaß die Ehrenmitgliedschaft der Bunsengesellschaft, der Deutschen Ges. für Metallkunde, des British Institute of Metals und der Chemical Society.

Soweit der Lebenslauf dieses baltischen Landsmannes, wie man ihn in der Literatur nachlesen kann. Danach war Tammann ein Wissenschaftler, dem Erfolg in seiner Forschung und Anerkennung seitens seiner Zeitgenossen und der Nachwelt in reichem Maße zuteil geworden waren. Aber nach den aufgezählten biographischen Daten kann man sich nicht im entferntesten ein Bild von diesem Manne machen. Erfolgreiche Professoren hat es in Deutschland seit 100 Jahren eigentlich ständig gegeben. Tammann war aber darüberhinaus eine Persönlichkeit, wie es sie in der erwähnten Zeitspanne schwerlich ein zweites Mal gegeben hat. Daß die Zukunft noch einmal eine ähnliche Erscheinung hervorbringen wird scheint ebenfalls sehr fraglich. Mehrere Jahre ist der Verfasser dieser Zeilen auf der Suche nach einem Tammann-Schüler gewesen, der bereit war, das Bild seines Lehrers in Erzählungen und Anekdoten wiedererstehen zu lassen. Schließlich fand sich in der Person des Professors Scheele, Hannover, solch ein bereitwilliger, zuverlässiger und glaubwürdiger Berichter.

Sein erstes Zusammentreffen mit Herrn Geheimrat verlief folgendermaßen:

Tammann: Nu, Freundchen, was woll'n Sie denn, hm?

Sch: Verzeihen Sie die Störung, Herr Geheimrat, ich wollte Sie um ein Testat bitten.

Tammann: Nu, wie heißen Sie denn, hm?

Sch: Ich heiße Scheele, Walter Scheele.

Tammann: Nu, sind Sie denn verwandt mit dem großen Chemiker Scheele, hm?

Sch: Nein.

Tammann: Nu, das wäre ja möglich, nicht wahr, hm? Nu, zeigen Sie Ihr Buch! – – Nu, na, nu, hm, schrieb sich denn der große Chemiker Scheele mit „ee" oder „eh", hm?

Sch: Mit „ee".

Tammann: Nu, das ist ja auch egal; aber was nicht egal ist, nicht wahr, hm, was der große Chemiker Scheele jemacht hat. Nu, was hat er denn jemacht, hm?

Sch: Er entwickelte die Phlogistontheorie.

Tammann: Und was hat der große Chemiker Scheele noch jemacht?

Sch: Er entdeckte das Chlor.

Tammann: Und was hat der große Chemiker Scheele noch jemacht?

Sch: Mehr weiß ich nicht.

Tammann: Nu, seh'n Sie, Freundchen, der große Chemiker Scheele hat auch das Barium jefunden, nicht wahr? Nu, der große Chemiker Scheele war ein Entdecker, ein großer Entdecker war er, hm!!

Sch: Jawohl, Herr Geheimrat.

Tammann (mit etwas verächtlichem Ton): Nu, Sie werden keine drei Elemente entdecken.

Sch: Das ist heutzutage auch nicht mehr so einfach.

Tammann (mit großem Nachdruck): Nu, mein lieber Freund, das war damals auch nicht einfach; aber der große Chemiker Scheele war ein Entdecker!! – – Nu, kennen Sie denn die Geschichte von dem Grafen Scheele?

Sch: Nein.

Tammann: Nu, hören Sie, da war eine große Gesellschaft am Hofe in Schweden, und da kommt der Adjutant zum Landesherrn und sagt: „Hören Sie, in unserer Mitte befindet sich ein bedeutender Mann, der große Chemiker Scheele!" „Nu, heißt es, da machen Sie doch den Mann zum Grafen!" – – Damals gab es kein Telephon und keine Telegraphie, und man reiste durch ganz Deutschland, den Chemiker Scheele zu suchen. Aber man konnte ihn nicht finden! Aber in einer Kadettenanstalt, nu, da war ein Kadett, der hieß auch Scheele, na, nu, da hab'n sie den zum Grafen jemacht.

Hab'n Sie denn schon Examen jemacht, hm?

Sch: Ich habe soeben das erste Verbandsexamen abgelegt.

Tamann (mit verächtlichem Ton): Nu, das erste – – das zweite, das Große soll'n Sie machen.

Einem anderen Neuankömmling wurde folgender aufmunternder Empfang zuteil:

(Studenten sind an ihren Arbeitsplätzen beschäftigt, der Neuling steht, noch im Mantel und einem Stock bewaffnet, verloren mitten im Raum. Geheimrat Tammann erscheint und geht auf ihn zu.)

Tammann: Nu, Freundchen, Sie haben ein Stöcklein in der Hand, Sie woll'n mich wohl totschlagen, hm?

Student: Herr Geheimrat, ich wollte bei Ihnen das Praktikum absolvieren.

Tammann: Nu ja, das hat jestern begonnen.

Student: Ich komme aus München und . . .

Tammann: Und da komm'n Sie erst heute anjereist?!

Student: Ja, äääh, ich war noch auf einer Wanderung.

Tammann: Nu, Freundchen, hier wird nicht jewandert, hier wird jearbeitet! Menschenskind, zum Arbeiten bist Du jeboren, hm?! (und dabei pufft der Geheimrat dem Neuling kräftig in die Rippen!)

Tammanns Grobheit machte auch nicht vor Vertretern des schönen Geschlechts Halt:

Tammann (sich an eine Praktikantin wendend): Nu, Fräuäuäuleinnn (!), was haben Sie denn jemacht, zeijen Sie, was Sie jemacht haben! – – Alle soll'n zeijen, was Sie jemacht haben (sich an die Praktikanten wendend), alle soll'n es zeijen, und Sie, Fräuäuleinn (!), nu zeijen Sie!

Studentin: Ich hatte das System Phenol und Wasser.

Tammann: Nu ja, was haben Sie denn da jesehn'n?

Studentin (nach einer Weile der Überlegung): Es wurde trübe, es mischte sich nicht mehr.

Tammann (sehr lebhaft): Nu, es wurde trübe, was heißt hier trübe, Fräulein, trübe, was heißt das?

Studentin (etwas verlegen, doch resolut): Es wurde eben trübe. – – milchig und so.

Tammann (langsam und sanft, aber doch mit Nachdruck): Nu, Fräulein, Ihre Augen, die glotzen, aber seh'n tun Sie gar nichts! – – Nu, Fräulein, seh'n Sie: Himmelsblau und Morjenrot – –, nu, das Morjenrot, das kenn'n Sie nicht; aber das Abendrot, Fräulein, nun, das kenn'n Sie! – – Na, ja, nu, hm – –

Kaum zu überbieten war die Verwirrung im Kopfe eines Studenten, der bei Tammann promovieren wollte und auf die groteskeste Weise nach bestandener Prüfung in einer Art „Fegewasser" schließlich doch in Gnaden in die Gemeinde der Doktoranden des Geheimrats aufgenommen wurde. Er geht in das Physikalisch-chemische Institut, um sich bei Tammann vorzustellen, und meldet sich bei dem Institutsdiener, der gleichzeitig Mechanikermeister und im übrigen mit den Gewohnheiten des Herrn Geheimrats sehr vertraut war.

Student: Ach, verzeihen Sie, ich wollte gerne Herrn Geheimrat Tammann sprechen, ich wollte hier meine Doktorarbeit machen.

Institutsdiener: Da gehen Sie mal die Treppe rauf und klopfen an dem Zimmer gleich rechts.

Der Student tut, wie ihm geheißen, und klopft an die Tür; ein lautes „Hereeeein" schallt ihm entgegen.

Tammann: Nu, was woll'n Sie, Freundchen?

Student: Herr Geheimrat, ich komme aus München und wollte gerne eine Doktorarbeit bei Ihnen machen.

Tammann: Nu, könn'n Sie denn schwimmen?

Student (völlig konsterniert und daher mit stammelnder Sprache): JJJJa, dddas kann ich.

Tammann: Nu, dann komm'n Sie heute nachmittag zum Baden bei Fritze Klie, hm?

Student: Jawohl, Herr Geheimrat.

Tammann: Na, denn, nu, ja, hm?!

Der Student begibt sich zu dem Institutsdiener, um ihn zu fragen, ob er überhaupt richtig gehört hat.

Institutsdiener: Zum Baden? Ja, da gehen Sie man ruhig hin, das ist bei Fritze Klie, jawohl, das ist richtig, bei Fritze Klie in der Badeanstalt (beschreibt ihm den Weg dorthin).

Student: Aber ich habe doch gar keine Badehose!

Institutsdiener: Dann aber rasch eine gekauft und dann nix als hin, um 3 Uhr geht das los.

Der Student findet sich, bewaffnet mit einer Badehose, pünktlich in der Badeanstalt ein. Doch Tammann ist schon da und wartet.

Tammann: Nu, Freundchen, könn'n Sie tauchen?

Student: Ja, das kann ich.

Tammann: Nu, dann woll'n wir tauchen. - - Wir woll'n dreimal tauchen.

Man geht in die Kabinen, man trifft sich nach dem Umkleiden, man geht gemeinsam ins Wasser, man taucht gemeinsam, wie geheißen.

Tammann: Nu, wir woll'n dreimal tauchen.

Und als der Geheimrat stark prustend nach dem dritten und letzten Tauchen an die Oberfläche kommt, wo der Student schon nach ihm Ausschau hält, ruft Tammann ihm laut zu: Nu, Freundchen, die Gashydrate!

Das nämlich war das Thema für die Doktorarbeit.

Schwer zu sagen, was Tammann mit dieser „Prüfung" bezweckte: wollte er sehen, ob der Jüngling imstande war, den Dingen auf den Grund zu gehen, oder bevorzugte er Schüler mit kühlen Köpfen?

Im Examen konnte Tammann sehr unangenehm werden. Mitunter war er launenhaft und verstieg sich sogar zu Ungerechtigkeiten. Einmal kam er aber an einen Kandidaten, der sich durch Tammanns Einwände nicht irremachen ließ. Dazu kam noch, daß er andere Symbole für die physikalischen Größen benutzte als der Herr Geheimrat, was diesen schon von vorneherein verärgerte. Allein wegen der profunden Kenntnisse des Kandidaten ließ Tammann ihm Gerechtigkeit widerfahren. Als die Prüfung schließlich zu Ende war – sie zog sich bis in den späten Nachmittag hin –, äußerte Tammann im Kreise seiner Mitarbeiter anerkennend: „Der Herr, der hat was gewußt, hm, nu, ja!"

Nach diesen ersten Erfahrungen mit dem Institutsdirektor ahnten die Studenten ungefähr, mit wem sie es zu tun hatten. Mit einem Manne nämlich, der wie kein anderer befähigt war, Leute vor den Kopf zu stoßen, und dem diese Tätigkeit anscheinend auch ein gewisses Vergnügen bereitete. Es verging kaum ein Tag, an dem Tammann nicht eine von seinen kleinen Bosheiten zum besten gab. Man wird an August Oettingen erinnert, von dem die Gemahlin Alexanders II., gleichfalls ständig Sticheleien erwartete („Was hat er wieder für eine Bêtise gesagt?"). So rechnete auch die physikalisch-chemische Gemeinde damit, daß ihr der Geheimrat den grauen Alltag mit seinen Sarkasmen würzte.

Man meine nicht, daß Tammann seinen Kollegen gegenüber respektvoller war als zu seinen Schülern. In einer Vorlesung äußerte er einmal: „Der Hantzsch, nicht wahr, vor 56 Jahren hat das auch schon gesagt, meine Herrn. Es war aber damals schon falsch." Darüber konnte sich der Angegriffene nicht mehr ärgern, da er schon das Zeitliche gesegnet hatte.

Einmal wurde im Kreise der Studenten über die zum Studium der Elektrochemie empfehlenswerte Literatur gesprochen. Dazu meinte Tammann: Der „LeBlanc" – das ist was für krasse Anfänger. Der „Nernst", das ist ein gutes Buch! Da steht auf jeder Seite: Siehe Tammann .. ."

Auch außerhalb seines Institutes legte sich Tammann keinerlei Zwang an und äußerte seine Meinung genauso freimütig wie zu Hause. Er war deshalb ein nicht von allen erwünschter Besucher von Kolloquien und Tagungen. Bemerkungen wie: „So was weiß man doch" galten noch als ziemlich milde.

Einmal trug ein Kollege über Goldverbindungen vor und schrieb dabei Formeln an die Tafel, die Tammanns Mißfallen erregten. Mitten im Vortrag stieß dieser plötzlich mit seinem Stock auf den Boden und rief: „$K^4 Au^3$! Nicht wahr, Herr Kollege, nicht wahr, Suaheli ist das, aber keine Chemie!" Mühsam stotternd brachte der unglückliche Redner seinen Vortrag zum Ende.

Einwände mancher Kollegen tat Tammann mit einer geringschätzigen Handbewegung ab, die so vielsagend war, daß sie jeden Widerspruch im Keim erstickte.

Tammanns Mitarbeiter Meyer wurde einmal die Ehre zuteil, mit dem Geheimrat zusammen einen Kongreß zu besuchen. Dort treffen sie einen von den Begründern der Physikalischen Chemie, Svante Arrhenius. Tammann begrüßt ihn und sagt, zum Herrn Meyer gewendet: „Dies ist der große Arrhenius, von dem Sie schon soviel gehört haben", und dann zu Arrhenius gewendet: „und dies ist der Herr Meyer, von dem Sie noch nie was gehört haben!"

Ein anderer Kollege mußte folgende Kritik über sich ergehen lassen: „Der Nernst, der ist jetzt ein ganz großer Mann, hm, und der Ostwald ist auch ein großer Mann geworden, hm. Ich stelle auch schon was vor. Aber Sie, Freindchen, Sie haben gebummelt!"

Tammann war aber auch außerhalb seines Instituts eine in Göttingen stadtbekannte Persönlichkeit. Wie sollte das auch bei solch einer mächtigen, über sechs Fuß messenden Erscheinung mit dem etwas schlürfenden Gang anders sein – es hieß, er habe einmal die Füße erfroren. Trat aus irgendeinem Grunde eine Verkehrsstockung ein und Tammann war zugegen, so fand er rasch einen ihm richtig erscheinenden Ausweg. Man konnte dann sicher sein, daß sich ihm ein Großteil der ratlosen Menge anschloß wie die Schafe einem Leithammel. Die Stadtpolizei machte dabei gute Miene zu dem ihr nicht immer zusagenden Spiel. Tammann gehörte auch dem Stadtrat an, wo seine Stimme oft ausschlaggebend war. Einmal setzte sich ein Stadtvater warm für die Einrichtung eines Familienbades in der neuerbauten Schwimmhalle ein. Tammann hörte sich die zündende Rede des Stadtverordneten an, dann erhob er sich und sagte nichts weiter als: „Sie wollen wohl was sehn, hm?" Das genügte, daß der Antrag abgelehnt wurde.

Nach 1933 beschloß der Führer, Tammann zum 75. Geburtstag den Adlerschild des Deutschen Reiches wegen seiner Verdienste um die Wissenschaft zu verleihen. Als Tammann davon hörte, stellte er im Kreise seiner Assistenten die Frage: „Kriegt man den Adlerschild um den Hals, hm, oder stellt man ihn auf den Schreibtisch, hm, oder trägt man ihn auf dem Arm wie die alten Jermanen, hm?"

Als dann eine in Braun gekleidete Abordnung erschien, um ihm die Auszeichnung in des Führers Namen zu überreichen, hörte er sich die hochfahrenden Worte des Sprechers an, empfing aus dessen Hand den Schild und steckte ihn in die Tasche seines Bratenrocks, wo er sonst das Kleingeld verwahrte. Dann ließ er die Abordnung stehn und ging zur Tagesordnung über.

Anläßlich des Geburtstages des Herrn Geheimrats hatten einmal die Schüler und Assistenten sein Zimmer geschmückt und einige Überraschungen vorbereitet. Tammann ließ alles mit großer Gelassenheit über sich ergehen. Schließlich fragte man ihn, womit man ihm sonst noch eine Freude bereiten könne. „Dann kommen Sie alle mit mir in die Schwimmhalle, hm!" Das wurde dann dem Geburtstagskinde auch nicht abgeschlagen.

Man muß sich die Frage stellen: was verbarg sich eigentlich hinter dieser rauhen Schale, welchen Erfahrungen entsprach dieser Sarkasmus, der sich zur Grobheit steigern konnte? Zweifellos spricht aus seiner Art, sich zu geben, große Menschenverachtung, besonders Verachtung menschlicher Dummheit, ein sicheres Gefühl für Echtes und Wahres und eine Abneigung gegen Unechtes, ja schon gegen Vages und Unbestimmtes. Diese Einstellung hat er mit anderen Wissenschaftlern gemein, z. B. mit dem Engländer Faraday, der in einem Briefe folgendes schrieb: „. . . daß ich den Gehorsam, die Anhänglichkeit und den Instinkt eines Hundes bei weitem der durchschnittlichen Torheit der Menschen vorziehe".

Seine Verachtung gegenüber der Anerkennung seiner Leistungen durch Personen, die zu einer Bewertung gar nicht imstande waren, hat er mit Dalton gemein, von dem ein Biograph schreibt: Er war von jenem echten, jetzt so seltenen philosophischen Geist erfüllt, der in der Erforschung der Wahrheit eine so große Belohnung findet, daß er daneben die vergänglichen Zeichen der Anerkennung der Menschen gering achtete.

Herzenskälte wird man ihm nicht vorwerfen können, wenn man hört, daß er sich während des Ersten Weltkrieges tatkräftig für die internierten Studenten russischer Untertanenschaft eingesetzt hat.

Was sonst in der Seele dieses Mannes vor sich gegangen ist, läßt sich schwer aus dem vorhandenen Material ergründen. Fest steht, daß dunkle Schatten auf seinen Lebensweg gefallen sind. Seine Frau nahm sich nach über 20jähriger Ehe das Leben. Auch sein Sohn, ein vielversprechender Mediziner in Hannover, vergiftete sich. Allerdings hat der alte Tammann das nicht mehr erlebt.

Fast will es scheinen, als wären entscheidend für die Art, sich zu geben, seine Studentenjahre im dörptschen Burschenstaat gewesen. Es wurde erwähnt, daß er dort auch das Amt eines Oldermanns bekleidet hat. Hat er nicht zeitlebens das Gehabe eines väterlich strengen Oldermanns beibehalten? Hat er nicht seine Schüler wie Füchse und die Assistenten wie ganz junge Häuser behandelt? Sein Genie und seine wissenschaftliche Überlegenheit ermöglichten ihm dies Gebaren, das sich ein anderer nicht hätte erlauben können.

Man kann das Phänomen Tammann schließlich noch unter einem anderen Aspekt betrachten. Das Wort Dichterfürst ist eine im deutschen Sprachgebrauch übliche Wendung. Sie wird im Zusammenhang mit einem Dichter gebraucht, vorausgesetzt, daß er mit der Sprache souverän umgehen kann und Fürst im Reich der Phantasie ist. Dabei berücksichtigt man weniger, ob er auch im täglichen Leben sich fürstlich souverän geben kann, was meist wohl nicht der Fall ist. Tammann stand im Reich der Wissenschaft sicher im Fürstenrang und verfuhr im täglichen Leben so, als sei man ihm unter allen Umständen Respekt schuldig. Und die Umwelt fügte sich seinem Herrschaftsanspruch. So mag man geneigt sein, im Falle Tammann von einem Gelehrtenfürsten zu sprechen.

DIE AXT AN DER WURZEL

Das Ende des Baltischen Deutschtums

August Bielenstein
1826–1907

Erik von Bremen
1888–1963

Eduard Frhr. von Dellinghausen
1863–1939

Alfred Fletcher
1875–1959

Historische Einleitung

Um darzulegen, welche Faktoren am Niedergang des baltischen Deutschtums wirksam gewesen sind, muß weit in die Geschichte dieser Volksgruppe zurückgegriffen werden.

Im Jahre 1199 wird Bischof Albert v. Buxhoevden vom Erzbischof von Bremen zum Bischof von Livland geweiht. Der Papst, der Kaiser und der dänische König sagen ihm Unterstützung für das Werk der Missionierung des Landes zwischen der Memel und dem Finnischen Meerbusen zu. Den deutschen Fernkaufleuten paßt diese Aktion ebenfalls gut ins Konzept, denn sie versprechen sich von ihr eine Belebung des Handels mit dem Osten.

Im Frühjahr des Jahres 1200 landet Albert mit einer Flotte von mit Kreuzfahrern besetzten Schiffen in der Dünamündung und gründet 1201 die Stadt Riga. Von der dortigen Bevölkerung, den Letten, Liven und Esten, erkennen die beiden ersteren die Oberhoheit der kulturell höherstehenden Deutschen an. Die Esten leisten anfangs hartnäckigen Widerstand, der 1217 gebrochen wird.

Der deutsche König Philipp von Hohenstaufen erteilt 1207 dem Bischof Albert Livland als Lehen. Dieser wird damit Fürst des Hlg. Römischen Reiches. Das Land wird aufgeteilt zwischen dem Bischof, der Kirche, und dem damals gegründeten Schwertbrüderorden. Russischer Einfluß von Polozk her wird zurückgedrängt. Mit der Inbesitznahme der Insel Oesel (1227) ist das gesamte von Esten besiedelte Land unterworfen und wird missioniert.

An die Stelle des in einer Schlacht mit den Litauern vernichtend geschlagenen Schwertbrüderordens tritt der Deutsche Orden aus dem Kulmer Land. Zur Stärkung der deutschen Position ziehen sowohl der Bischof wie der Orden Vasallen aus dem Reich ins Land, denen sie Lehen erteilen. Die Vasallen stammen vorzüglich aus Niedersachsen, Westfalen und dem Rheinland.

Einer Ausweitung des Gebietes nach Osten setzt die Niederlage des Ordens auf dem Eise des Peipussees durch den Fürsten Alexander Newski aus Nowgorod eine Grenze. Seitdem bilden der Peipussee und die Narowa die Kulturscheide zwischen dem Abendland und dem Ostslawentum. (1292)

Nach der Niederlage des Deutschen Ordens bei Tannenberg im Jahre 1410 wird der Hochmeister des Ordens Lehnsnehmer des Königs von Polen. Der livländische Zweig des Ordens bleibt hingegen selbständig. In den Jahren 1522 und 1523 hält die Reformation Einzug in Livland, zuerst in den Städten Riga, Reval und Dorpat.

Der erste Einbruch der Russen unter Zar Iwan dem Schrecklichen erfolgt 1558. Das Land ist uneins und zerstritten. Von der Hanse und vom Reich ist keine Hilfe zu erwarten; so wenden sich Gotthard Kettler, der letzte Ordensmeister, um Hilfe an Sigismund August, den König von Polen. Dieser besteht auf Unterwerfung des Landes unter die polnische Krone. Nach der Zusage gewisser Privilegien findet die Unterwerfung statt. Die Privilegien bestehen in der Erhaltung des lutherischen Bekenntnisses, dem Fortbestehen des deutschen Rechtes und der deutschen Verwaltung. Ein Teil der estländischen Ritterschaft und die Stadt Reval unterwerfen sich dem König Erich XIV. von Schweden; Kurland aber wird ein Herzogtum unter polnischer Lehnshoheit.

19 Jahre nach dem ersten Einfall der Russen brechen diese erneut in das Land ein. Der polnische König, Stephan Bathory, und die Schweden treiben gemeinsam den Angreifer aus dem Lande.

Im Jahre 1621 erobert Gustav Adolf von Schweden Livland. Im Jahre 1655 versuchen es die Russen unter dem Zar Alexei Michailowitsch zum dritten Mal, sich mit der Eroberung Livlands einen Zugang zur Ostsee zu schaffen. Sie werden aber wieder von den Schweden zurückgeschlagen. Keine 50 Jahre kann sich das Land des Friedens freuen, da wird es aufs neue durch den Nordischen Krieg auf die schlimmste Weise verheert. Karl XII. von Schweden und

Peter der Gr. schlagen sich mit wechselndem Glück, bis letzterer die Oberhand gewinnt. Der Krieg endet mit der Annexion von Estland und Livland durch Peter d. Gr.

Bei der Kapitulation garantiert er dem Lande die Privilegien des Königs Sigismund August.

Ständische Gegensätze

Das Konservative verstehen wir nicht als ein Hängen an dem, was gestern war, sondern als ein Leben aus dem, was immer gilt.

(Albrecht Erich Günther, der Ring, 1931, Heft 22)

Jetzt folgen 180 Jahre Frieden, die jedoch zu neuen inneren und äußeren Polarisationen führen. Wenden wir uns zunächst den inneren Spannungen im Lande zu!

In den ersten Jahrhunderten nach der Aufsegelung Livlands wurde den Esten und Letten vom Deutschen Orden ihr Eigentumsrecht an Grund und Boden belassen. Sie waren so Mitträger des wirtschaftlichen Lebens im Lande und beteiligten sich auch an der Verteidigung des Landes, da ihnen gestattet war, Waffen zu tragen. Somit waren sie unter der Herrschaft des Ordens selbständige Volksstämme. Mit Zunahme des Einflusses der Vasallen des Bischofs und des Ordens kam es hier zur Ausbildung der mittelalterlichen Grundherrschaft mit der Bindung des Bauern an die Scholle und der damit verbundenen Fronarbeit. Die Vasallen rekrutierten sich, wie gesagt, aus dem Adel Westfalens, des Rheinlandes und Niedersachsens, wo sich diese Verhältnisse bereits eingebürgert hatten. Im Jahre 1527 wurde den Bauern verboten, Waffen zu tragen. Die Bauern suchten sich den Unterdrückungen durch Flucht zu entziehen. Ihr Ziel waren die Städte, die schon früh wegen des Mangels an Arbeitskräften, bereit waren, die sog. „Läuflinge“ aufzunehmen und sie nicht an den Grundherren auszuliefern. 1515 wurde es in Reval und 1534 in Riga Gesetz, daß Stadtluft frei machte. Die Läuflinge konnten sich allerdings in den Städten nur als Hilfsarbeiter verdingen, da in den Städten für Handwerker Zunftzwang bestand und die Zünfte keinen Nichtdeutschen aufnahmen.

Nach den Ausführungen von Edgar Dunsdorf[1] war die Erbuntertänigkeit im XVII. Jahrh. nicht als Sklaverei zu bezeichnen. Die rechtliche Lage der Bauern war allerdings schlecht, die tatsächliche aber dadurch gemildert, daß vielfach patriarchalische Zustände auf den Gütern herrschten. Etwa 57% ihrer Arbeitszeit konnten die Bauern für persönliche Zwecke aufwenden, 30% für den Grundherren, und die Kirche. Es gab auch verschiedene Arten von Freibauern, Krügern und Handwerkern in verhältnismäßig gehobenen Stellungen. Es kann andererseits nicht bestritten werden, daß mancher Gutsherr seine Macht über den rechtlosen Bauern mißbraucht hat.

Indes regten sich schon um 1765, also vor der französischen Revolution bei einer Minorität des baltischen Adels Tendenzen, den Bauern mehr Rechte zuzugestehen. Es sollte z. B. die Trennung des Bauern von seinem Pachthof verboten werden; erworbene Mobilien sollten sein Eigentum bleiben; die Gerichtsbarkeit des Herren sollte eingeschränkt werden. Der Bauer sollte sogar die Möglichkeit erhalten, den Herren beim Landgericht zu verklagen. Aber begreiflicherweise war beim konservativen Teil des Gutsherren noch Widerstand zu überwinden, bis dann 1801 in Preußen die Leibeigenschaft aufgehoben wurde.

Ihm folgten im Jahre 1816 Estland, 1817 Kurland und im Jahre 1819 auch Livland. In diesen damals unter russischer Herrschaft stehenden Ostseeprovinzen geschah die Befreiung aus privater Initiative der Ritterschaften. In Rußland selbst erfolgte die Aufhebung der Leibeigenschaft erst 1861. Die zunächst nur persönliche Befreiung der Bauern im Baltikum wurde ergänzt durch weitere Reformen in den Jahren 1830–40, die den Bauern auch zum unabtrennlichen Grundbesitz verhalf. Diese Reformen sind mit dem Namen Hamilkar Baron Foelkersahm verknüpft, dem damaligen Landmarschall von Livland.

Die Aufhebung der Leibeigenschaft ist nicht der schwierigste Teil zur Überführung des Leibeigenen zu einem anerkannten und selbständigen Mitglied der menschlichen Gesellschaft. Dazu gehört die Befreiung von den Fronlasten, die Umwandlung der Fronpacht in die Geldpacht, schließlich die Bereitstellung von Land in den Besitz des Bauern; das alles mußte geschehen, ohne dabei den früheren Besitzer über Gebühr zu schädigen. So erfolgte die Bauernbefreiung in Dänemark schon 1788; die vollkommene Verselbständigung der Bauern trat erst 1849 ein. In Schleswig-Holstein wurde die Leibeigenschaft 1803 aufgehoben, aber die vollkommene Entlastung der Bauern ergab sich erst 1873.

Theodor Heuß[2] hat sich einst geäußert, daß sich in keinem Land feudaler Tradition die Neubildung des sozialen Agrarrechts so gesund und gerecht vollzogen habe wie im Baltikum. Als dann 1866 die Gewerbefreiheit eingeführt und der Zunftzwang beseitigt worden war, standen den Esten und Letten die Möglichkeiten zum Aufstieg in gehobene Stellungen offen.

Zum selbständigen Volk gehört unabdingbar die eigene Sprache, aus der sich eine eigenständige Literatur entwickeln kann. Baltische Pastoren haben den Letten und Esten zu einer Schriftsprache verholfen. Es seien hier nur die Namen der lutherischen Geistlichen Gottfried Stander und August Bielenstein genannt. Sehr bald entstanden dann auch bei den Esten und Letten Anfänge einer eigenen Literatur. Sie gründeten literarische und musikalische Vereine. Ihr Selbstbewußtsein erstieg Höhen, in denen sie die Befreiung von deutscher und russischer Vormundschaft und ein selbständiges Lettland oder Estland ersehnten. Diesem Ziel glaubten sie im Jahre 1905 durch Terror näherkommen zu können. Anlaß dazu boten damals der von Rußland verlorene Krieg gegen Japan und die darauffolgenden revolutionären Unruhen. 82 Balten, meist aus dem Adel oder der Geistlichkeit, wurden damals im Baltikum ermordet. 84 Gutshöfe fielen Brandstiftungen zum Opfer. Das Leben auf dem flachen Lande war mit Lebensgefahr verbunden und eine Reihe deutscher Familien zog es vor, ins Deutsche Reich zu emigrieren. Zu spät setzte die russische Regierung Militär zur Niederschlagung der Unruhen ein. Recht rigorose Strafexpeditionen wurden durchgeführt. Damit zogen einigermaßen Ruhe und Ordnung wieder ins Land. Im Untergrund aber schwelten weiter revolutionäre, vom Marxismus beeinflußte Ideen bei den Arbeitern und Bauern.

Schon im ausgehenden 19. Jahrhundert kam es zur Gründung der lettischen Sozialdemokratischen Partei, die sich 1906 der russischen Sozialdemokratischen Partei anschloß. Auch mit den Gesinnungsgenossen in Deutschland (August Bebel) kam es zu Kontaktaufnahmen. Lenin nahm gelegentlich eines Aufenthalts in Riga Verbindung mit den Letten auf (1901). Die lettische Presse trug wesentlich zur Verbreitung der sozialen und zu gewissem Teil auch nationalen Ideen bei.

Ursachen zur Untergrabung des Baltentums

Den Ritterschaften im Lande blieben diese Strömungen natürlich nicht verborgen; sie fühlten sich durch diese bedroht und machten sich Gedanken darüber, wie man die Bevölkerung an der Verwaltung des Landes beteiligen könnte.

Die freiheitlichen Ideen wurden noch dadurch gefördert, daß der Zar ebenfalls Konsequenzen aus den revolutionären Bestrebungen seiner Völker zog und durch ein Dekret im Jahre 1905 Rußland zu einer konstitutionellen Monarchie erklärte. In der Duma, der Volksvertretung, sollte die Bevölkerung an der Gesetzgebung im Reich beteiligt werden. Das entsprechende Manifest rief große Begeisterung im Volke hervor. Auch die Esten und Letten konnten Vertreter ins Parlament entsenden. Laut Dekret wurde der Bevölkerung gestattet, wieder Schulen mit Unterricht in der Muttersprache einzuführen, was sowohl den Balten wie den Esten und Letten zugute kam. Letztere nützten dieses Recht umgehend aus, gründeten Schulen, Verlage und kulturelle Vereinigungen.

Das Baltentum fühlte sich in dieser Zeit aber noch von anderer Seite bedroht und in seinem Einfluß geschmälert. In der 2. Hälfte des 19. Jahrhunderts wachsen im russischen Reich die Bestrebungen, irgendwelche Sonderrechte in den Randgebieten des Imperiums aufzuheben. Für diese Ideen agitierten die Slawophilen unter Führung der Gebr. Aksakow und von Juri Samarin[3]. Es handelte sich im wesentlichen um die für den Bestand des Deutschtums so wichtigen Privilegien Sigismund Augusts von Polen. Auch suchten die Slawophilen, die Esten und Letten zu russifizieren, sie der russisch-orthodoxen Kirche zuzuführen und sie damit dem deutschen Einfluß zu entziehen. Diese Bemühungen wurden erstmalig in den vierziger Jahren des 19. Jahrhunderts unternommen, wobei es zu etwa 74 000 Übertritten in die russisch-orthodoxe Kirche kam. Die Erfolge in den achtziger Jahren waren bescheidener. Doch stellten sie die baltischen Geistlichen vor schwere Gewissenskonflikte. Denn zu ihnen kamen die Bauern, die sich durch gewisse Versprechungen hatten verleiten lassen, der griechisch-orthodoxen Kirche beizutreten. Als die Versprechen nicht eingelöst wurden – es handelte sich um Landzuteilungen – und ihnen andererseits das Wesen der rechtgläubigen Kirche schon wegen der ihnen unverständlichen slawonischen Sprache innerlich fremd geblieben war, baten sie ihre alten Pastoren, sie wieder in ihre Gemeinden aufzunehmen. Nach einem Gesetz aus dem Jahre 1870 war es bei Strafe verboten, Anhänger der Orthodoxen Kirche in andere Glaubensgemeinschaften aufzunehmen. Aus Gewissensgründen konnten die baltischen Pastoren nicht umhin, den Anträgen der ratlosen Bauern stattzugeben. Die Folgen waren Verweise, Verbannungen und Verschickungen nach Sibirien. Etwa 100 Geistliche wurden wegen Amtshandlungen an Rekonvertiten unter Anklage gestellt. Mit Mühe wurden in einzelnen Fällen die Anklagen niedergeschlagen. Der baltische Historiker Karl Schirren wehrte sich gegen diese Tendenzen der Slawophilen. Er verteidigte in einer brillant geschriebenen Publikation „Livländische Antwort“ den Standpunkt seiner Landsleute. Daraufhin wurde er seines Amtes als Professor der Universität Dorpat enthoben und emigrierte ins Reich. Die Agitation der Slawophilen trug noch zur Zeit der Regierung Alexander II. ihre unheilvollen Früchte. 1877 wird die alte, noch aus dem Mittelalter stammende Ratsverfassung in den Städten aufgehoben und durch die russische Städteordnung ersetzt. 1887 wird die russische Unterrichtssprache in den Schulen eingeführt. Noch gravierender ist die Einführung des russischen Polizeisystems, die Aufhebung der deutschen, ständischen Justizbehörden und die Einführung der russischen Justizverfassung. Als vernichtend wurde die Russifizierung der Universität Dorpat und der Schulen empfunden. Damit wurde der Abbau der Grundfesten des baltischen Deutschtums in die Wege geleitet. Jetzt sehen eine ganze Reihe von baltischen Geistesgrößen in der Heimat für sich und ihre Kinder kein geeignetes Wirkungsfeld mehr und emigrieren nach Deutschland. Es sind Männer wie Theodor Schiemann, Adolf Harnack, Johannes Haller, Reinhold Seeberg, Paul Rohrbach und Julius Eckardt, die es alle im Reich zu Rang und Ansehen brachten. In der Zeit entstand das „Baltische Gebet“, das Alexander v. Oettingen Professor für Theologie in Dorpat, größeres Unheil vorausahnend, gedichtet hat. Der erste Vers sei hier zitiert:

In diesen schweren sorgenvollen Tagen
Wo selbst die Besten unter uns verzagen
Gib freud'gen Mut, o Herr, denn uns ist bange.
Denn Kleinmut denkt, Du habest uns verlassen.
Aus eigener Kraft nicht finden wir die Straßen
Aus dem Verderben aus dem Untergang.

Die Ritterschaften sahen ein, daß sie mit dem Ansteigen von Bildung und politischer Reife der Esten und Letten diese Schichten der Bevölkerung mehr an der Verwaltung des Landes beteiligen mußten. In diesem Zusammenhang sei hier kurz auf die Verfassung des Landes und die Rolle, die die bäuerliche Bevölkerung in ihr vor der Russifizierung spielte, eingegangen.

Die drei baltischen Provinzen hatten infolge ihrer divergierenden Geschichte auch Unterschiede in ihrer Landesverfassung. Die im folgenden geschilderten Verhältnisse trafen auf die Organisation in Livland zu.

Seit dem Jahre 1870 wurde die Verwaltung des Kirchspiels geteilt, zunächst in den speziellen Kirchenkonvent unter dem Vorsitz des

Kirchenvorstehers, – gewöhnlich ein Gutsbesitzer. In diesem Gremium wurden Kirchen- und Schulprobleme behandelt. Dem Kirchspielskonvent dagegen oblag die Sorge für den Wegebau, für die Errichtung von Krankenhäusern, die Berufung von Ärzten und dergl.. In beiden Konventen saßen einem Vorschlag der Ritterschaften zufolge neben den Gutsbesitzern Vertreter der Landgemeinden. Das Kirchspielsgericht tagte unter dem Vorsitz des adligen Kirchspielsrichter und zweier bäuerlicher Beisitzer. Es befaßte sich mit den Streitigkeiten zwischen Gutsherren und Bauern. Über dem Niveau des Kirchspiels standen die Oberkirchenvorsteher – Ämter. Sie wurden von dem Oberkirchenvorsteher wahrgenommen – dieses Amt hatte gewöhnlich ein Landrat, einer der Pröbste des Kirchspiels und ein weltlicher Assessor inne.

Wer sich mit dem Urteil des Kirchspielsgerichts nicht abfinden wollte, konnte an das Kreisgericht appellieren. In dieser Instanz fungierten neben dem Kreisrichter und zwei Assessoren auch zwei bäuerliche Beisitzer. Die nächsthöheren Justizbehörden waren die Landgerichte, zuständig für die drei Doppelkreise Riga/Wolmar, Pernau/Fellin und Dorpat/Werro. Als höchste und letzte Instanz tagte in Riga das Hofgericht.

Zu den Kreis- und Landesverwaltungen waren nur Vertreter des immatrikulierten Adels zugelassen, denen ein Rittergut eigen war. Das änderte sich 1866, als auch die Angehörigen des nichtimmatrikulierten Adels im Landtag Sitz und Stimme erhielten. Die Landtage traten alle drei Jahre zusammen. Auf ihnen wurden gewählt: der oberste Vertreter des Adels, der Landmarschall; ferner die Landräte und die Kreisdeputierten. Die Amtsdauer des Landmarschalls und die der Kreisdeputierten betrug drei Jahre, während die Landräte auf Lebenszeit gewählt wurden. Die Kammer der Deputierten tagte unter dem Vorsitz des Landmarschalls, während im Landratskollegium der residierende Landrat den Vorsitz führte. Der Konvent der Deputierten hatte Vorschläge für zu ergreifende Maßnahmen oder Reformen auszuarbeiten, die sich als notwendig erwiesen hatten. Diese mußten vom Landrats-Kollegium entweder verworfen oder bestätigt werden, bevor sie eingeführt werden konnten. Zu Landräten wurden Persönlichkeiten gewählt, die sich bereits jahrzehntelang im Landesdienst bewährt hatten. Oft handelte es sich um Männer, die schon als Landesmarschalle amtiert hatten. In besonders wichtigen Fällen gab es auch Plenarsitzungen beider Gremien. Die Amtssprache in allen Gremien war deutsch. In den Behörden mit bäuerlichen Vertretern, oder wenn sonst Bauern beteiligt waren, wurde lettisch oder estnisch gesprochen. Alle Wahlämter waren Ehrenämter. Nur der Landmarschall und der residierende Landrat hatten Anspruch auf Aufwandsentschädigungen. Die Wahl zu einem Amt hatte für den Gewählten noch den Nachteil, daß er kaum noch Zeit erübrigen konnte, um sein Gut ordnungsgemäß zu bewirtschaften. Die Wahl anzunehmen, war Pflicht, und es mußten schon sehr triftige Gründe vorliegen, um zurücktreten zu können.

Die Vorrechte des immatrikulierten Adels fanden ihre ethische Berechtigung durch Pflicht zum Opfer des ehrenamtlichen Landesdienstes. Es hat wohl kaum jemals eine billigere Provinzialverwaltung gegeben als im Baltikum.

Die Ausgeschlossenheit von der höheren Landesverwaltung empfanden die Esten und Letten als zurücksetzend und anachronistisch. Dafür fanden sie in gewissen Kreisen der Ritterschaft auch Verständnis. In den achtziger Jahren des vorigen Jahrhunderts arbeitete eine Kommission einen Plan aus, um auch bäuerlichen Vertretern Zulassung zu den Behörden auf Kreisebene zu gestatten. Die russische Regierung lehnte den Plan ab, da ihr anders gestaltete Reformen vorschwebten. 1905 machte die Ritterschaft einen neuen Versuch, den Kreis der Wahlberechtigten für die Wahl von Vertretern in die Landesregierung zu erweitern. Auch dieses Projekt paßte nicht in das Konzept der Regierung und wurde abgelehnt. Die aus politischen und moralischen Gründen im Baltikum geplanten, aber zum größten Teil durch den Einspruch der russischen Regierung nicht zur Verwirklichung gelangten Reformen sind wesentlich mit den Namen des von 1884–1908 residierenden Landmarschalls Friedrich Baron Meyendorf und des estländischen von 1902 bis 1918 amtierenden Ritterschaftshauptmann Eduard Baron Dellingshausen verknüpft.

Bedrückend wurde die Tatsache empfunden, daß die Volksgruppe der Balten zahlenmäßig deutlich schrumpfte. Das hatte mehrere Gründe. Das Beunruhigendste war, daß die Geburtenzahlen die Tendenz aufwiesen zurückzugehen. Darauf wurde verschiedentlich in der baltischen Presse besorgt hingewiesen, was aber nichts an den Tatsachen änderte. Ein weiterer Grund für die Verluste an Deutschen war darin zu suchen, daß das riesige Rußland einen großen Bedarf an gebildeten, zuverlässigen Personen hatte. Viele Balten ließen sich verleiten, gutdotierte Positionen im Inneren Rußlands anzunehmen. So gingen sie meist der Volksgruppe in der Heimat verloren. Die Abwanderung nach Westen, wo sich ebenfalls mancherlei verlockende Perspektiven für Lebensaufgaben boten, wurde schon erwähnt. Andererseits hatte sich das Baltentum noch lange die Kraft bewahrt, ursprünglich fremde Elemente zu integrieren. Das will besagen, daß sich unter den im Baltikum lebenden Vertretern anderer Nationen manche fanden, die den Wunsch hatten, zu den Balten gezählt zu werden. Von diesen Nationen wären die Russen, die Letten, die Esten, Polen und auch Reichsdeutsche zu nennen. Aber deren Zahl war lange nicht so groß, um die vielen Abgänge kompensieren zu können.

Einige Zahlen mögen die Verhältnisse erläutern:

Im Jahre 1881 betrug die Zahl der Balten in den Ostseeprovinzen 180000; im Jahre 1914 schrumpfte ihre Zahl auf 162000 Personen. Alarmierend war, daß gleichzeitig der Anteil der nichtdeutschen Bevölkerung ständig zunahm, z. B.

in Riga	1862–1897	von 24 % auf 43 %
	1897–1913	von 41 % auf 44 %
in Dorpat	1867–1897	von 46 % auf 70,8%
in Reval	1871–1897	von 51,8% auf 88,7%.

Im Jahre 1906 war es den Letten gelungen, in den Städten Wolnar, Wenden, Kandau und Tuckum die Majorität in den Stadtparlamenten zu erringen.

Unter dem Druck dieser bedrohlichen Tatsachen vollzog sich unter der baltischen Bevölkerung ein Bewußtseinswandel: war man bisher vorwiegend ständisch orientiert, so verlangten die Zeitumstände nun die Auffassung, einem Volke anzugehören, einem Volk, das alle Kräfte anspannen mußte, um sich zu behaupten. In allen drei Provinzen wurden „Deutsche Vereine" gegründet. „Was uns alle einigt", sagte auf einer Gründungsversammlung der Landrat Max Sievers, „das ist die Aufgabe, die deutsche Kultur hier im Lande aufrecht zu erhalten. Das ist unser Recht und unsere Pflicht!"

Die Ritterschaften eröffneten wieder ihre 1887 im Zuge der Russifizierung geschlossenen Gymnasien in Birkenruh, Fellin, Mitau und Goldingen. Dazu wurden noch weitere deutsche Schulen gegründet. Die „Deutschen Vereine" verfolgten neben kulturellen Zwecken auch soziale und wirtschaftliche Ziele. Die existierenden baltischen Institutionen der Wohltätigkeit, die bisher auf internationaler Ebene gearbeitet hatten, beschränkten sich nun darauf, den eigenen Volksgenossen in der Not zu helfen. In Kurland bahnten sich durch Baron Carl v. Manteuffel Versuche an, statt der Letten deutsche Bauern, die im Gouvernement Wolhynien, bedrängt von Polen und Russen, ein kümmerliches Dasein führten, auf seinen umfangreichen Gütern anzusiedeln. Baron Manteuffel hatten seine lettischen Knechte zutiefst enttäuscht; denn: nachdem er gerade vom Studium in die Heimat zurückgekehrt und voll von modernen sozialen Ideen, ihnen in großzügiger Weise soziale und wirtschaftliche Vergünstigungen gewährt hatte, war 1905 während der Revolution sein Gutshaus von ihnen eingeäschert worden. Einige Standesgenossen folgten dem Manteuffel-Beispiel. Es war nur zu natürlich, daß die Letten diese Vorgänge mit feindseligen Gefühlen beobachteten. In der Duma verteidigten die baltischen Deputierten energisch die garantierten Rechte der Balten und wehrten die Angriffe der Slawophilen ab.

Der erste Weltkrieg

In diese spannungsgeladene Situation platzten die Kriegserklärungen Rußlands und Deutschlands. Einsichtige Balten gerieten darob innerlich in Bestürzung. Sie sagten sich, gleich, wie dieser Waffengang ausgehen möge, in jedem Fall sei er für das Baltentum ungünstig. Siegten die Deutschen, so würden die Panslawisten wie die Letten ihre Enttäuschung in Haß auf alles Deutsche noch verstärken; im Falle eines russischen Sieges werde die Arroganz der Russen unerträglich sein. Daß die politischen Verhältnisse aber derartig einschneidende Wandlungen mit sich bringen würden, daran hatte wohl kaum jemand gedacht. Die ersten Schikanen der Russen im Kriege bestanden in der Schließung aller deutschen Schulen und im Verbot der deutschen Sprache im öffentlichen Leben. Verschickungen von Balten auf Grund zum größten Teil lächerlicher Denunziationen waren an der Tagesordnung.

Der Vormarsch der deutschen Truppen nach Kurland im Sommer 1915 hatte die Evakuierung des größten Teils der dortigen lettischen und jüdischen Bevölkerung zur Folge. Ein lettisches Zentralkomitee zur Fürsorge für die Vertriebenen versorgte sie, soweit es in seinen Kräften stand. Diese Organisation wurde gleichzeitig zu einem Ballungspunkt der lettischen nationalen Kräfte. Diese äußerten sich u. a. darin, aus eigenen Kräften einen Beitrag zur Befreiung der von den Deutschen besetzten Heimat der Flüchtlinge zu leisten. Man bemühte sich bei der russischen Regierung um die Genehmigung zur Aufstellung lettischer militärischer Einheiten zur Verteidigung des Landes. Nach anfänglicher Skepsis und Zögern wurde den lettischen Dumadeputierten die Erlaubnis dazu erteilt.

Zunächst auf zwei Schützenbataillone beschränkt, wuchsen diese Einheiten zu Regimentern und schließlich auf ein Kontingent von 130 000 Mann an. Es war zweifellos ein heroischer Entschluß, Gut und Blut zur Verteidigung der Heimat einzusetzen. Im Hintergrund mag allerdings bei manchen Freiwilligen der Gedanke mitgespielt haben, mit Hilfe dieser Truppe die Loslösung vom russischen Reich und die Abrechnung mit den baltischen „Unterdrückern" herbeiführen zu können. Daß diese Vermutung nicht aus der Luft gegriffen war, sollte die nächste Zukunft lehren. Die Kommandosprache in der Truppe war lettisch; die Regimenter gehörten indes zum Bestand der 8. russischen Armee unter General Russkij, der nicht zimperlich mit ihrem Einsatz verfuhr, so daß bald empfindliche Verluste eintraten. Da sie dies voraussahen, hatten die nüchterner denkenden Esten die Bildung eigener Regimenter abgelehnt. Man geht wohl nicht fehl in der Annahme, daß die Schützenregimenter die Elite des lettischen Volkes darstellten. Denn mit den besser ausgerüsteten und geführten Deutschen zu kämpfen, erforderte Mut und Opfersinn.

Während des Krieges erwachten mit der Zunahme des allgemeinen Chaos in Wirtschaft, Kriegführung und Ernährung die angestauten sozialen und nationalen Ansprüche des lettischen sowohl wie des estnischen Volkes mit Macht. Sie fanden ihre Manifestation besonders nach der Februarrevolution. Am 2. März 1917 verlangte eine Landesversammlung von 440 Delegierten in Wolnar die Zusammenfassung Südlivlands, Kurlands und Lettgallens zu einer administrativen Einheit unter der Bezeichnung „Lettland“ und die Übertragung der Funktion des ehemaligen ritterschaftlichen Landtages an einen provisorischen lettischen Landesrat. Diese Forderung wurde von der russischen Regierung anerkannt. Nicht anerkannt wurde sie von den linksgerichteten Letten. Diese bildeten als Gegenstück am 29. April einen besonderen Landlosenkongreß, der eine eigene Selbstverwaltung ausübte. Lange Verhandlungen führten zu einem Zusammenschluß der beiden Gremien; die Gegensätze zwischen den beiden Partnern blieben jedoch bestehen. Am 12. Aug. berief der livländische Landesrat nach Riga einen Kongreß sämtlicher lettischer Organisationen, auf dem die Selbstbestimmung für Lettland gefordert wurde. Weitere politische Aktionen wurden durch die Eroberung Rigas durch die deutschen Truppen unterbunden. Die Besetzung umfaßte zunächst nur die Stadt Riga und einen Teil von Livland bis zur Aa-Linie.

In Estland ging die Entwicklung der politischen Ereignisse mit dem Ziel nach Selbständigkeit entsprechend dem zurückhaltenderen Charakter der Esten nicht ganz so stürmisch vonstatten wie in Lettland. Jedoch forderte am 4. März 1917 eine Versammlung maßgebender estnischer Politiker in Dorpat die Autonomie für das estnische Siedlungsgebiet. Der Ministerpräsident der provisorischen russischen Regierung Fürst Lwow ging auf die Forderung ein und erteilte am 28. März die Genehmigung, daß das von Esten besiedelte Livland und die Provinz Estland mit den vorgelagerten Inseln zu einer administrativen Einheit zusammengefaßt und einem Gouvernementskommissar unterstellt würde. Diesem sollte ein Landesrat, Maapäew genannt, beigeordnet werden. Zunächst forderte man bei den Esten sowohl wie bei den Letten noch nicht die Loslösung vom russischen Reich, und beide Staaten sandten Vertreter zum Kongreß der Völker Rußlands.

Nach Maßgabe der zunehmenden Bolschewisierung durch fortgesetzte kommunistische Propaganda fanden die Ideen Lenins immer mehr Anhänger. Doch beschränkten sich die Bestrebungen hauptsächlich auf Selbstverwaltung; die Frage der Loslösung trat in den Hintergrund. Sie gehörte nur noch zum Gedankengut der bürgerlichen Elemente in den beiden Völkern. Träger der bolschewistischen Ideen waren in Estland die Arbeiter der Industrie Revals und Narwas. Dazu kamen dann noch die Vertreter der Baltischen Flotte. Wie man sich denken kann, waren in Südlivland besonders die kurländischen Flüchtlinge empfänglich für die kommunistische Propaganda, ferner die Arbeiterschaft und die stark dezimierten lettischen Schützenregimenter. So erbrachten am 26. August die Wahlen zu den Stadtparlamenten in Riga 41%, in Wolmar 64% und in Lemsal gar 70% der Stimmen zugunsten der Bolschewiken. Lenin beobachtete diese Entwicklung mit Genugtuung. Einen konkreten Widerstand dagegen gab es nicht. In Estland wurde durch die Kommunisten der Einfluß der Befugnisse des Maapäew immer mehr eingeschränkt. Doch gelang es diesem noch, Vertreter zu den Ententemächten zu entsenden, um dort für die Anerkennung der Selbständigkeit Estlands zu werben und so den Anschluß an Deutschland zu hintertreiben. Zur Proklamation eines unabhängigen Estland kam es indes nicht mehr, da der Arbeiter- und Soldatenrat die Wahlen am 9. Februar 1918 für ungültig erklärte, weil der Stimmenanteil der Kommunisten zu stark zurückgegangen war.

In Lettland geschah ungefähr das gleiche; als auch da von den Bolschewiken keine allgemeinen Wahlen zugelassen wurden, knüpften die bürgerlichen Letten von Petersburg aus Verhandlungen zu Kreisen der Entente mit denselben Zwecken wie die Esten an.

Die Okkupationszeit

In Kurland, das zum größten Teil seit dem Mai 1915 vom deutschen Heer besetztes Gebiet war, arbeitete die Militärverwaltung auf eine Germanisierung des Landes hin. Laut einem Dekret vom 20. April 1917 stellte die kurländische Ritterschaft ein Drittel der landwirtschaftlichen Nutzfläche als Siedlungsland für deutsche Ansiedler nach dem Kriege zur Verfügung. Die Ritterschaften Livlands und Estlands folgten zu gegebener Zeit diesem Beispiel. Fürs erste hatten sie noch keine Gelegenheit dazu, da das Land z. T. ja noch unter der Herrschaft der Kommunisten stand. Als bekannt wurde, daß sich die Ritterschaft zusammen mit den bürgerlichen Elementen aus gewissen lettischen und estnischen Kreisen mit Petitionen an die Oberste Heeresleitung und an den deutschen Kaiser gewandt hatten, nahm am 10. Nov. 1918 der Terror im kommunistisch besetzten Lande entsetzliche Formen an. Die Aktion mit den Petitionen wurde als Landesverrat ausgelegt und ihre Urheber – besonders der Adel – für vogelfrei erklärt.

Über 500 Personen, darunter auch bürgerliche Esten, wurden ins Innere Rußlands verschleppt. In Dorpat wurde eine Anzahl verhaftet und im Gebäude der Crdit-Sozietät erschossen. Vierzehn baltische Herren endeten auf dem Eise des Embach durch die Kugeln der Bolschewiken. Ihre Leichen wurden durch Eislöcher im Fluß versenkt. Wohnungen der Balten wurden auf Wertsachen durchsucht und beraubt.

Am 24. Februar 1918 übertrug der Ältestenrat des Maapäew in Reval die höchste Gewalt einem „Rettungs-Komitee", das Estland zum selbständigen Staat erklärte und K. Päts zum Ministerpräsidenten ernannte. Die am folgenden Tag von der Insel Ösel einrückenden deutschen Truppen unter dem Kommando des Generals v. Seckendorf erkannten die neue Regierung nicht an und verhafteten Herrn Päts.

Im Frieden von Brest-Litowsk wurden dann die früheren baltischen Ostseeprovinzen vom russischen Reich abgetrennt. Auf Initiative der Ritterschaften wurden zunächst Wahlen abgehalten, die die Delegierten für einen vereinigten Landesrat bestimmen sollten. Dieser setzte sich aus 35 Balten, 10 Letten und 13 Esten zusammen. Der Landesrat verfaßte eine Bittschrift an den deutschen Kaiser, der Bildung eines monarchistischen Staates unter dem Protektorat des Deutschen Reiches zuzustimmen.

Die einsichtigen Kreise der Ritterschaften, vor allem Baron Eduard v. Dellingshausen, drangen darauf, die Belange der Esten und Letten nicht zu kurz kommen zu lassen. Er verlangte, das Land für deutsche Ansiedler nur vom Gutsland und nicht vom Bauernland zu nehmen. Auch wollte er, daß die seit 14 Jahren bestehenden muttersprachlichen lettischen und estnischen Schulen erhalten bleiben sollten. Allein, die Behörden der Militärverwaltung gingen nicht auf seine Vorschläge ein. So wurde auch die Universität Dorpat ohne Beteiligung der Esten und Letten als rein deutsche Institution eröffnet.

Es herrschte in den Kreisen der Balten und wohl auch in den Militärbehörden ein gewisses Unverständnis den Realitäten gegenüber. Die ersteren befanden sich in einem Taumel des Glücks, nach 350 Jahren wieder unter deutscher Herrschaft leben zu können; das trübte ihren Blick für die Geschehnisse in der übrigen Welt. Den letzteren hätte doch wohl klar sein müssen, daß die Zukunft des Deutschen Reiches im Jahre 1918 zu ernstesten Befürchtungen Anlaß geben mußte.

Wer von den damals wehrfähigen Männern unter den Balten etwas auf sich hielt und abkömmlich war, meldete sich freiwillig ins deutsche Heer. Viele gaben ihr Gold für Eisen. Allmählich dämmerte es den Balten im Verkehr mit den Landsern und gelegentlich bei Fahrten ins Reich, daß man sich auf einem Krater befand, der Verhängnisvolles ankündigte. Der Zusammenbruch der Westfront nahm bald Formen an, daß am 4. Oktober den Alliierten ein Waffenstillstandsangebot übergeben wurde. Damit mußten alle Pläne zur Errichtung eines souveränen Staates in den Ostseeprovinzen aufgegeben werden.

Dafür hatte man jetzt andere Sorgen, denn den von der Ostfront abrückenden deutschen Truppen folgten auf dem Fuße Einheiten der Roten Armee. Diejenigen von ihnen, die sich in Richtung Livland bewegten, bestanden hauptsächlich aus den lettischen Schützenregimentern, unterstützt von russischen Kontingenten.

Der Kampf um die Heimat und die Existenz

> „Es heißt, doch", wandte Pierre ein, daß der Krieg Ähnlichkeit mit dem Schachspiel habe.
> „Allerdings", sagte Fürst Andrej, „nur mit dem kleinen Unterschied, daß beim Schachspiel" der Springer immer stärker ist als der Bauer und zwei Bauern immer stärker als einer. Im Krieg aber ist manchmal ein Bataillon stärker als eine Division und manchmal schwächer als eine Kompanie."
>
> *L. Tolstoj, Krieg und Frieden . . .*

Das Baltenregiment

Am bedrohlichsten sah es zunächst in Estland aus. Gab es überhaupt eine Möglichkeit, ohne deutsche Hilfe dieser herannahenden Walze Einhalt, geschweige denn Umkehr zu gebieten? Oder blieb für die Balten nur noch die Flucht in das von der Revolution erschütterte Deutschland übrig? Eine dritte Möglichkeit hätte nur noch das Beispiel Wendens geboten, wo sich die Reste der Besatzung der Burg mit Frauen und Kindern vor 300 Jahren in die Luft sprengte, um Folter, Tod oder Verschleppung ins Innere Rußlands zu entgehen. Nachdem man „feiger Gedanken bängliches Schwanken" als hier nicht am Platze von sich gewiesen hatte, beschloß man, sich bis zum Äußersten zu wehren. Jetzt kam es nur noch darauf an, wie man das am ehesten wagen konnte.

Auf Grund eines Aufrufes des estländischen Ritterschaftshauptmanns Baron Dellingshausen wurde in größter Eile eine baltische Freiwilligentruppe aufgestellt. Ihrerseits bemühte sich die provisorische estnische Regierung ebenfalls, Kampfeinheiten zu formieren, um der herannahenden roten Flut Einhalt zu gebieten. Sie stellte zunächst vier Regimenter auf. Aus mangelndem Zutrauen zu ihren Volksgenossen wollten die Esten anfangs auf eine baltische Beteiligung am Kampf verzichten. Die immer größer werdende Gefahr veranlaßte sie jedoch zur Änderung ihres Standpunkts. Sie gaben ihre Bedenken gegen eine baltische Truppe auf. Diese stand unter dem Befehl des früheren Gardeobersten in russischen Diensten, Constantin v. Weiß. Der Oberst sah sich vor die Alternative gestellt, sich dem abziehenden deutschen Militär anzuschließen oder auf Gedeih und Verderb im Lande zu bleiben und sich zusammen mit den estnischen Verbänden der Roten Armee entgegenzustellen. Der erste Weg war zweifellos sicherer. Von den deutschen Behörden konnte man Ausrüstung und Verpflegung erhalten. Sollte die russische Übermacht zu erdrückend sein so würde das Deutsche Reich als Zufluchtsort zur Verfügung stehen. Das waren die militärischen Überlegungen.

Es gab aber noch die politischen Gesichtspunkte: Würde es den Roten gelingen, ganz Estland und die Stadt Reval zu besetzen, wären die baltischen und estnischen Truppen zudem gezwungen, sich auf die Inseln vor Estlands Küste abzusetzen und die Hilfe der englischen Flotte zu erbitten, dann wäre aber die Zivilbevölkerung dem Terror der Kommunisten ausgesetzt. Einer Wiedereroberung des Landes stünden dann sehr ungünstige Bedingungen im Wege. Gesetzt den anderen Fall, daß es den Esten mit Hilfe skandinavischer und finnischer Freiwilliger gelänge, die Roten zu vertreiben, ohne daß die Balten daran beteiligt wären, dann hätten diese mit der Heimat zugleich auch die Ehre verloren. Also entschloß sich Oberst Weiß, im Lande zu bleiben auch auf das Risiko hin, daß er mit seiner Truppe der Vernichtung durch die Bolschewiken entgegenginge. Das war der anständigste Weg.

Auf die ersten vier aufgestellten estnischen Regimenter war anfangs wenig Verlaß. Sie waren kommunistisch verseucht und schlecht ausgerüstet. So verfügte diese Armee nur über ein einziges Geschütz, das den Kampf mit den Batterien der Roten aufnehmen sollte. Allmählich aber kam durch die Maßnahmen des sehr energischen Kommandierenden, des Generals Laidoner, Disziplin in die Reihen, und ihr Widerstandswille wuchs.

Bis zum 11. Jan. 1919 bestand die Gefechtstätigkeit der baltischen und estnischen Truppen in einem langsamen Rückzug vor der roten Übermacht. Am 13. Dez. stand die Truppe in der Embachlinie. Zwei Tage später mußte Wesenberg aufgegeben werden. Am 22. Dez. verlief die Front am Flüßchen Walgejöggi. Der Bahnknotenpunkt Taps ging an diesem Tag verloren. An der Südflanke mußte schon am 21. Dez. Dorpat aufgegeben werden. Sechs Tage später bezog die Dorpater Gruppe des Balten-Bataillons Stellung bei Kaltenbrunn nördlich von Weißenstein. Hier stieß die Wesenberger Gruppe des dortigen Selbstschutzes zu diesem Bataillon. Das brachte die Einheit auf eine Stärke von 450 Mann mit 15 schweren und vier leichten MGs und vier Geschützen. Am 1. Jan. 1919 formierte sich das Bataillon zum „Balten-Regiment“, bestehend aus der Schwadron, der Infanterie, der Maschinengewehr-Kompanie und einem reitenden MG-Kommando. Diese Einheit wurde bei Kerrafer 35 km vor Reval von starken roten Kräften angegriffen. Trotz sehr erfolgreicher Abwehr, wobei dem Gegner hohe Verluste zugefügt wurden, zog sich das Regiment auf Befehl weiter zurück. Die Truppe erfuhr hier ihre Bewährung und ihr Selbstbewußtsein hatte sich durch das Gefecht sichtlich gehoben. Als entscheidende Hilfe war am 31. Dez. ein finnländisches Freiwilligen-Bataillon von 250 Mann in Reval gelandet, das am 4. Januar 1919 an die Front ging. Damit begann der Vormarsch in östlicher Richtung. Er verlief bedeutend schneller als zuvor das Vorgehen der Roten in westlicher Richtung. Am 19. Januar schon wurde Narwa genommen; damit war der Feind aus Estland vertrieben.

Erwähnung muß hier noch der sog. „Kinderkreuzzug" finden. Er hieß so, weil er sich hauptsächlich aus Revaler Schülern rekrutierte. Diese Einheit hatte die Aufgabe, zusammen mit dem 7. estnischen Regiment das südliche Livland vom Feinde zu säubern. Es war ein strapaziöses und gefährliches Unternehmen mit mangelhafter Ausrüstung, schlecht funktionierendem Nachschub und desolatem Nachrichtenwesen.

Ende April 1919 richtete Oberst Rodjanko, der Kommandeur des russischen Nordkorps, an Oberst Weiß die Bitte, ihn bei dem zu Beginn der „guten" Jahreszeit geplanten Vormarsch nach Ingermanland und vielleicht weiter nach Petersburg zu unterstützen. Dieser besprach die Angelegenheit mit dem estnischen General Tönisson. Der Este verschloß sich nicht dem Argument, daß die Verteidigung Estlands am besten aktiv geführt werden sollte. Auch General Laidoner schloß sich dieser Meinung an. Natürlich hatten solche Überlegungen auch politische Bedeutung. Für die Esten sprach, daß erst nach Beendigung des russischen Bürgerkrieges, gleich, wie er ausging, ein Partner zur Verfügung stand, mit dem sie einen dauerhaften Frieden würden schließen können. Für die Balten waren die Bolschewiken unter allen Umständen die ärgsten Feinde. Siegten dazu die „weißen" Russen, so waren die Balten, da sie an dem Siege beteiligt waren, in günstiger Position, um gewisse Vorrechte kultureller Art in einem bürgerlichen Rußland beanspruchen zu können.

Das Nordkorps hatte sich unter das Kommando der Esten gestellt, und auch Nachschub jeglicher Art mußte über Reval laufen. Es zeugte für den kriegerischen Geist des Baltenregiments, gemeinsam mit dem Nordkorps die Kommunisten zu bekämpfen. Am 13. Mai 1919 begann mit gutem Erfolg die Offensive. Obgleich die vielen im Regiment befindlichen Balten, die während des Ersten Weltkrieges im russischen Heer gedient hatten, sich sagen mußten, daß schon damals auf die Russen in kritischen Situationen wenig Verlaß war und sich diese Unsicherheit eher verstärkt als gemindert haben mußte. Das sollte sich bald herausstellen. Zudem ließ die Führung des Nordkorps zu wünschen übrig. Der Oberkommandierende, General Judenitsch, hielt sich nicht bei der Truppe, sondern in Finnland auf. Er war oft über die Lage an der Front unzulänglich unterrichtet. So hatte das Balten-Regiment manche kritische Situation zu überstehen, und es war der eigenen guten Führung zu verdanken, daß nicht noch ärgere Verluste eintraten. Nachdem man schon etwa die Hälfte der Strecke Narwa-Petersburg erreicht hatte, verstärkte sich der Widerstand der Bolschewiken bei Kikerino und Zapolje erheblich.

Mitte Juni legte General Laidoner, der bisher die Front vor Petersburg befehligt hatte, den Oberbefehl nieder. Der Grund dafür war, daß die bürgerlichen Russen Randstaaten in ihrem Imperium nicht gelten lassen wollten. Den Oberbefehl übernahm nun Oberst Rodjanko. Nach einer Ruhepause erhielt das Balten-Regiment die Aufgabe, die rechte vernachlässigte Flanke der Nordarmee zu entlasten und einen Durchbruch der Bolschewiken zu vereiteln. Eine Waffentat, die das Regiment unter der persönlichen Führung von Oberst Weiß in bravouröser Manier meisterte. Danach wird es in Reserve an die Luga-Front zurückgenommen.

Im September entschließt sich die Führung der Nordarmee zu einer neuen Offensive, die den Feind überrascht und die siegreichen Truppen buchstäblich bis vor die Tore der ehemaligen Residenz Rußlands führt. Krasnoje Selo, Kaporskoje und Terelewo sind die Orte, in denen und um die das Regiment jetzt kämpft. Aber wieder macht sich die gewaltige Übermacht des Feindes an Menschenmaterial geltend, zumal es jetzt unter der Führung des genialen Trotzki kämpft. Die Nordarmee hatte alle verfügbaren Einheiten zur Einnahme Petersburgs eingesetzt und wieder die rechte Flanke vernachlässigt. Das nutzte der Feind aus; die „Weißen" liefen Gefahr, umgangen zu werden. Am 30. Oktober machte das Balten-Regiment einen letzten Vorstoß, um sich für einen geordneten Rückzug Luft zu verschaffen.

Es wurde noch so lange an der Narowa ein erbitterter Stellungskrieg geführt, bis die Kommunisten sich zu einem Frieden mit den Esten bereiterklärten. Die Friedensverhandlungen zerschlugen sich aber, weil die Roten auf der Annexion eines Streifens Landes westlich der Narowa bestanden, worauf die Esten nicht eingehen wollten.

Es kam erneut zu schweren Abwehrkämpfen, bis die Roten den Versuch, sich den Streifen mit Gewalt anzueignen, aufgaben und die Narowa als Grenze anerkannten. Das Balten-Regiment begann im April mit seiner Auflösung, die am 16. August 1920 beendet war.

Am 20. September 1920 erläßt Oberst v. Weiß den letzten Tagesbefehl. Ihm entnehmen wir: Hohe Anerkennung verdient die eiserne Gefechtsdisziplin, das Fundament unseres unüberwindlichen Widerstandes, das Geheimnis unserer schönsten Angriffserfolge. Die jahrhundertelange segensreiche Kulturarbeit unserer Voreltern hat uns ein Recht auf diese unsere Heimat gegeben. Dieses Recht verteidigt und für ewige Zeiten fest verankert zu haben, das ist das größte Verdienst, das Ihr Euch im Laufe der schweren Kriegsjahre erworben habt. Keine Macht der Welt soll uns dieses Recht wieder rauben.[6]

Die Gefechtsstärke des Balten-Regiments betrug im Januar 1920 750 Mann. Seine Verluste an Toten belaufen sich auf 48 Mann. Über die eigenartigen Verhältnisse im Balten-Regiment meditiert einer seiner Angehörigen: „Ich denke darüber nach, ob es in einem anderen Kriege, in einer anderen Truppe auch möglich wäre, seine Postenzeit so unmittelbar an der Front in Hemdsärmeln und Pantoffeln abzustehen? Nein, wohl kaum. Das ist wohl nur möglich, wo jeder Soldat beinahe selbst Führer sein kann, wo Führer und Geführter Bruder, Vetter, Landsmann, Schulkamerad oder Freund sein können, wo einer dem anderen vertrauen kann, wo jeder sich der Situation bewußt ist“.

Die Landeswehr

Die in Deutschland am 9. November 1918 ausgebrochene Revolution wirkte sich äußerst ungünstig auf die Kampfkraft der im Baltikum stationierten 8. Deutschen Armee aus. Es war vorauszusehen, daß die Front von Narwa-Pleskau-Dünaburg nicht lange gehalten werden konnte. Auch die Unsicherheit im Lande nahm durch die Wühlarbeit bolschewistisch gesinnter Elemente zu. Unter dieser

Spannung genehmigte die Militärbehörde am 10. November 1918 endlich die Aufstellung einer Freiwilligentruppe aus der Bevölkerung des Landes, die vorher schon von baltischer Seite vergeblich beantragt worden war. Sie sollte alle Nationen des Baltikums umfassen. Die Letten verhielten sich zu diesem Projekt wenig enthusiastisch, die Russen zeigten wenigstens guten Willen. Bei den Balten, die sich dessen bewußt waren, daß es sich jetzt um Sein oder Nichtsein für sie handelte, strömten die Freiwilligen im Alter von 15 bis 60 Jahren am zahlreichsten zu den Sammelstellen. So konnte schon am 12. November die erste Kompanie der Rigaschen Landeswehr kaserniert werden. Die Landeswehr sollte dem Kommando des Oberbefehlshabers der deutschen Truppen unterstellt werden. Die ersten erforderlichen Geldmittel wurden von der livländischen Ritterschaft, der Rigaer Kaufmannschaft und dem dortigen Börsenkomitee zur Verfügung gestellt. Die Ausrüstung der Truppe, Verpflegung und Löhnung übernahm das Oberkommando der 8. Armee. Wer sich von den Balten ohne triftigen Grund nicht zum Heeresdienst meldete, wurde schief angesehen. Die im deutschen Heer dienenden Balten ließen sich entlassen, um sich für den Dienst in der Heimat zu stellen. Trotz ihrer zurückhaltenden Einstellung beanspruchten die Letten den Oberbefehl über die Landeswehr. Da sie aber keine geeignete Persönlichkeit für diesen Posten vorschlagen konnten, einigte man sich auf den seit vielen Jahren in Riga ansässigen russischen General Junowitsch. Seine militärischen Kenntnisse waren allerdings recht bescheiden, weil er nur die Grenzwacht befehligt hatte. Da er auch wegen vorgeschrittenen Alters die Truppe im Felde nicht führen konnte, wurde die Führung dem reichsdeutschen Major Scheibert übertragen.

Nach Wallensteinscher Manier wurde eine Armee in kürzester Zeit aus dem Boden gestampft: drei Rigaer Kompanien, bestehend aus im russischen Heer gedienten und unausgebildeten Freiwilligen. Die Führer waren höhere Offiziere der kaiserlich-russischen Armee. Ferner entstand eine Haubitzbatterie, Führer Oblt. Heinz Barth, und die Batterie Schmidt, später Sievert, mit zwei Geschützen, außerdem wurde die Stoßtruppe ZBV, anfangs rund 300 Mann,

Führer Lt. Bohm, die Begleitbatterie des Stoßtrupps, Führer Oblt. Pfeil, die Kavallerie-Abt. Engelhardt, Führer der ungediente Baron W. Engelhardt, und die Kavallerie-Abtg. Drachenfels, Führer Oberstltn. Baron Drachenfels, gebildet. In Mitau formierte sich mit etwa 135 Mann die Kompanie Rahden, Führer Oblt. W. Baron Rahden, die Kavallerie-Abtg. Hahn, Führer Rittmeister Baron Hahn (etwa 30 Mann), und die Kompanie Kleist, Führer Oberst-Lt. Baron Kleist.

Die Russen stellten in Riga nur eine Infanterie-Kompanie von rund 70 Mann auf. Die Letten brachten es auf drei Kompanien von 600 Mann, in einer Gesamtstärke die bolschewistisch verseucht waren. Ferner hatten sie eine Offiziers- und eine Studentenkompanie. Ihre Führer waren Oberst Kolpak und Lt. Grundmann. Die Kommandosprachen waren je nach der Zusammensetzung der Einheiten deutsch, russisch und lettisch; keine sehr günstige Voraussetzung für eine gute Zusammenarbeit. Dazu mangelte es an einem Nachrichtendienst. Die Führung mancher Einheiten lag in den Händen ungeeigneter Personen.

Zu den Abwehrkräften gegen die Rote Flut gehörte schließlich noch die „Eiserne Brigade", später „Eiserne Division" genannt. Sie bestand aus reichsdeutschen Freiwilligen und verdankte ihre Bildung dem Reichsbeauftragten August Winnig. Ursprünglich sollte es ihre Aufgabe sein, die Räumung des Baltikums durch die 8. Deutsche Armee zu sichern. Dere Geist der Eisernen Division war anfangs wenig kriegerisch, was besonders auf die Mannschaft der Panzerzüge zutraf.

So sah die Armee aus, die sich den Roten entgegenstellen sollte. Zahlenmäßig war sie recht stattlich, aber die schlechte Ausbildung, die mangelhafte Ausrüstung, die unterschiedliche Kommandosprache – das alles das ließ Zweifel aufkommen, ob sie sich bewähren würde.

Auch die Kommunisten hatten ihre Kräfte an ihrer Westfront verstärkt und begannen mit der Eroberung des Baltikums. Am 17. Dezember 1918 besetzte die Rote Armee die Stadt Walk und kam so in den Besitz der Bahnlinie aus dem Norden nach Riga. Für Flüchtlinge aus dem Norden war damit der Weg nach Süden abgeschnitten. In zwei Gruppen stießen die Roten weiter vor: die eine mit dem direkten Ziel Riga, die zweite, weit ausholend, besetzte am 7. Dezember 1918 die Stadt Werro, am 11. Dezember Dünaburg und Stockmannshof. Am 18. erreichte sie bereits Oger an der Düna. Die erste Gruppe, hauptsächlich aus zwei lettischen Schützenregimentern bestehend, eroberte die Stadt Wenden und marschierte auf Ramotzki zu. Dort geriet sie ins Gefecht mit einem Zug der Stoßtruppe. Der Zug mußte sich vor dem zahlenmäßig weit überlegenen Feind auf Ligat zurückziehen. Auch Ligat, von drei Seiten angegriffen, war nicht zu halten. Die Stoßtruppe hatte acht Tote. Katastrophal verlief ein Gefecht bei Hinzenberg, an dem die erste und die zweite Rigaer Kompanie, die Haubitzbatterie, der Offiziers-MG-Zug und schließlich noch zwei Züge des Stoßtrupps mit der Begleitbatterie teilnahmen. Dieses Detachement befand sich andauernd in der Verteidigung, da es von drei Seiten angegriffen wurde. Schweres Artilleriefeuer der Roten wirkte demoralisierend. Es herrschte besonders bei den unausgebildeten, Rigaer Kompanien große Verwirrung. Schließlich blieb nichts anderes übrig als der Rückzug, da keine weiteren Reserven zur Verfügung standen. Da die Pferde der Batterien dem feindlichen Geschützfeuer zum Opfer gefallen waren, mußten die vier Geschütze unbrauchbar gemacht und zurückgelassen werden. In ziemlicher Auflösung zog sich die Infanterie in Richtung Riga zurück. Die Landeswehr hatte 35 Tote. Die Folge dieses unglücklichen Gefechts war, daß man fürchtete, Riga nicht halten zu können. Ein entsetzlicher Gedanke, denn das hieße, die 40 000 Köpfe zählende baltische Zivilbevölkerung der Stadt dem roten Terror zu überlassen. Die englischen Kriegsschiffe im Hafen von Riga, von denen man angenommen hatte, daß sie mit ihren Geschützen in den Kampf eingreifen würden, verließen den Hafen.

Am 2. Januar 1919 räumte die Landeswehr die Stadt und bezog in Mitau Quartier. Dort besserte sich die Lage in der Stoßtruppe, als die erste und die zweite Schwadron zwei Führer bekamen, die ihre Erfahrungen im Stellungskrieg an der Westfront gesammelt hatten: Lt. Alois Olbrich und Heinrich v. Unruh. Noch entscheidender war, daß der dem kurländischen Adel entstammende Baron Hans v. Manteuffel nach vierjährigem Dienst im deutschen Heer in West und Ost am 30. Dezember 1919 als 1a zum Oberstab der Landeswehr gekommen war und sich genau die Verhältnisse in der Truppe angesehen hatte. Er kam zur Überzeugung, daß die Organisation der Landeswehr geändert werden müsse. Er hielt es für erforderlich, daß die Stoßtruppe, mit 354 Mann die stärkste Formation, aus den Kämpfen herausgenommen werden müsse, um sie richtig ausbilden zu können. Ihr Verteidigungswille müsse gestärkt werden, sie müsse davon durchdrungen werden, daß ein Ausweichen nach Deutschland nicht in Frage komme. In diesem Sinne hielt er eine Ansprache an die Offiziere der Stoßtruppe, die zur Folge hatte, daß diese ihn zu ihrem Führer wählte und diesen ihren Entschluß auch gegen den Willen des Oberstabes durchsetzte. Dieser machte schließlich gute Miene zum mißbilligten Spiel. Außerdem behielt sich die Stoßtruppe auch noch vor, bei jeder taktischen oder politischen Maßnahme eine ausschlaggebende Stimme zu haben. Das waren lauter Vorrechte, die in einer anderen Truppe schwerlich denkbar waren.

Mitau mußte aufgegeben werden. Der Stoßtrupp sammelte sich in Frauenburg, wo eifrig Ausbildung und Organisation der Truppe betrieben wurde. Die Ausbildung geschah vielfach in der Praxis, indem als Felddienstübungen Angriffe auf von Roten weit in der Etappe besetzte Punkte ausgeführt wurden. Die Eiserne Division wich nach Alt-Autz aus und befaßte sich ebenfalls mit Umorganisation. Auch sie hatte in Major Bischof einen überaus tüchtigen neuen Führer erhalten, der den Geist der Zuverlässigkeit in dieser Einheit zu stärken vermochte. Major Bischof und Baron Hans v. Manteuffel waren sich darin einig, daß ein Rückzug westlich über die Windaulinie nicht zu vertreten war.

Die Nachhut hatte in dieser Zeit die Kompanie Rahden gebildet. Am 20. Januar 1919 wird sie bei Schrunden (an der Windau gelegen) so stark vom Feinde bedrängt, daß sie Schrunden aufgeben muß. Damit ist die Windaulinie bereits durchbrochen. Zur Unterstützung der Kompanie verläßt der Stoßtrupp Goldingen und bezieht auf dem Gute Berghof Quartier.

Am 29. Januar 1919 tritt endlich die Wende im Feldzuge gegen die Rote Armee ein wie etwa 30 Tage vorher im Kampf des Baltenregiments. An diesem Tage wird Schrunden von der Stoßtruppe, von anderen Teilen der Landeswehr, der russischen Kompanie Dyderoff und zwei Zügen der Letten angegriffen. Der Feind flüchtete über die zugefrorene Windau auf das Ostufer.

Die Lage änderte sich weiter zugunsten der Landesverteidiger insofern, als am 2. Februar 1919 General v.d.Goltz, bekannt von seiner Mission in Finnland, eintraf und den Befehl über die Windaufront und die Geschäfte des Gouvernements übernahm. Er war von vornherein zur Befreiung Kurlands entschlossen.

In Libau hatte sich durch den Zuzug von weiteren Freiwilligen das Baltische Kampfbataillon unter der Führung von Hauptmann Malmede gebildet. Die Stoßtruppe war auf dem gleichen Wege angewachsen und zählte jetzt 484 Mann. Ihre Angehörigen trugen ein blaues Band um ihre Mützen und wurden vom Gegner respektvoll die „blauen Teufel" genannt. Es hatten sich bereits Einheiten der Roten geweigert, gegen die „Manteuffelschen" vorzugehen.

Noch ein Lichtblick hob den Geist der Landeswehr in der ja noch immer nicht sehr rosigen Kriegslage: am 4. Februar 1919 wurde der bisherige Befehlshaber der Truppe, Major Scheibert, durch den Major Alfred Fletcher abgelöst, bekannt unter dem Beinamen „Held von Tilsit". Mit ihm trat eine Persönlichkeit den Oberbefehl über die Landeswehr an, die Entscheidendes zum Erfolg des Feldzuges beigetragen hat. In seinen Erinnerungen schreibt er:

„Wenn ich mit großem Zaudern und vielen Bedenken an meine Aufgabe herantrat, so waren meine Bedenken im Nu zerstoben, als ich meine Unterführer erblickte und persönlich sprach . . . Ich kehrte glücklich in mein Stabsquartier zurück, und die Arbeit begann . . . Ein großes Gnadengeschenk des Himmels war, daß so viele Führer zur Verfügung standen, die die unsagbar schweren Kämpfe an der Westfront mitgemacht hatten. Zu ihnen zählten viele Deutschbalten, unter denen ich den Führer der Stoßtruppe

Hans Baron von Manteuffel besonders nennen möchte. Sie waren und blieben immer das Rückgrat der Truppe . . . Am 20. Febr. hatte ich den Schlag auf Goldingen festgesetzt. Es war alles auf die Minute berechnet, und die kleinen Kolonnen trafen sich wie im Kaisermanöver. Von den Bolschewiken entkam keiner . . . Draufgängertum und Gefechtshärte der jungen Truppe waren über Erwarten gut . . . Selbst der schwächste Punkt, die Pünktlichkeit, bot keinen Anlaß zur Klage . . . So konnte ich dem General v.d.Goltz mit Stolz melden: Die Landeswehr „steht". Als nächstes Ziel war die Befreiung von Windau ins Auge gefaßt. Sie wurde mit derselben Sorgfalt vorbereitet und bei großer Kälte – 26 Grad – durchgeführt. Nach siebenstündigem Straßenkampf fiel dieser wichtige Stützpunkt für alle rückwärtigen Verbindungen in unsere Hand . . . Rückblickend kann ich nur sagen, ich habe bei den Balten nur Ehre und Treue gefunden."

Inzwischen traten in der Truppe, besonders in der Stoßtruppe Gedanken und Wünsche auf, die Befreiung Kurlands möglichst bald durch eine Offensive in die Wege zu leiten. Es dauerte indes eine gewisse Zeit, bis sich diese Ansichten durchsetzen konnten. Major Fletcher unterstützte diesen Plan. General v.d.Goltz hatte schon von sich aus überlegt, mit der ihm zur Verfügung stehenden Truppe – der Garde-Reserve-Division und der Eisernen Division – die ganze Halbinsel Kurland von Süden her von der Basis abzuschneiden. Die Landeswehr, so wurde dann beschlossen, sollte, von Schrunden und Windau ausgehend, die linke Flanke bei diesem Unternehmen bilden.

Der Vormarsch begann am 2./3. März 1919. Am 13. März hatte der Stoßtrupp Zabeln genommen, dann Kandau und am 15. Tuckum. Vorgesehen war, daß die Eiserne Division Mitau nehmen sollte. Sie wurde jedoch durch massiven Widerstand der Roten aufgehalten. Als das bekannt wurde, drängten die Führer der baltischen Einheiten den Major Fletcher, selbst nach Mitau vorzustoßen und dem Major Bischof durch diese Aktion in den Rücken des Gegners Luft zu schaffen. Auch der brennende Wunsch, die in Mitau inhaftierten Balten zu befreien, spielte bei diesen Überlegungen eine nicht minder wichtige Rolle. Schließlich billigte auch Major Fletcher den Plan.

Also brach die Landeswehr am 17. März 1919 auf, um in Richtung Mitau vorzustoßen. Ein ehemaliger lettischer Offizier hat über diesen Entschluß Fletchers geschrieben: „Welch ungeheures Kraftgefühl der eigenen Stärke und welche Verachtung des Gegners muß dieser Mann gehabt haben, um mit so geringen Kräften das so stark besetzte Mitau anzugreifen." Am 18. März spätnachmittags ist Mitau tatsächlich in der Hand der Landeswehr. Das sowjetische Oberkommando wollte die wichtige Stadt unbedingt zurückerobern. Der 19. März verlief noch ruhig, was den übermüdeten Freiwilligen, die mehrere schlaflose Nächte hinter sich hatten, sehr willkommen war. Die nächsten vier Märztage aber sind gekennzeichnet durch heftige Angriffe der Bolschewiken mit dem Einsatz von Panzerzügen. Erst nach Eintreffen der Eisernen Division in Mitau sieht der Gegner das Aussichtslose seiner Bemühungen ein. Es ist jetzt die Linie am Fluß Aa erreicht, gegen welche die Roten bei Schlock und Stalgen noch weiter verbissen anrennen. Das nächste Ziel, das der Truppe jetzt vor Augen steht, ist die noch viel schwierigere Aufgabe, Riga den Roten zu entreißen.

Bevor es aber dazu kommt, sind vorher noch gewisse innenpolitische Probleme zu lösen. Die bürgerliche lettische Regierung tagte in Libau. Sie befand sich da in einer wenig glücklichen Lage. Ihre Tätigkeit war beengt durch das deutsche Generalkommando, durch die Gegenwart der deutschen Freikorps und der baltischen Verbände. Ihre Aktivitäten beschränkten sich auf Beziehungen zu den Republiken Estland und Litauen.

Das würde sich ändern, sobald Kurland ganz von den Kommunisten befreit war. Dann hätte sie die Möglichkeit, den lettischen Anteil an der Verteidigung des Landes zu vergrößern und in kurzer Zeit Übergewicht über die baltischen Einheiten zu gewinnen. Das könnte verheerende Folgen zeitigen, da die Bevölkerung Kurlands weitgehend kommunistisch gesinnt ist. Ferner war jetzt schon zu sehen, daß die lettische Regierung nicht den Willen zu einer Zusammenarbeit mit den Balten an den Tag legte, was man ihr nach

Bekanntwerden der politischen Pläne des livländischen Landmarschalls v. Stryk nicht verübeln konnte.

Bei der sog. „Affäre Stryk" handelte es sich um folgendes: im Februar 1919 beschlagnahmten Beamte der lettischen Regierung sehr belastendes Aktenmaterial. In den Papieren hatte Stryk Ideen zu einem baltischen Einheitsstaat entworfen, den er selbst als „Heermeister" regieren wollte. Mit Hilfe eines schwedischen Korps aus Freiwilligen plante er, die lettische Regierung zu stürzen. Er gab vor, im Einverständnis mit den baltischen Ritterschaften und dem Oberbefehlshaber der deutschen Truppen im Lande zu handeln, was aber keineswegs der Fall war. Die Verwaltung des Landes wollte er nach schweizerischem Muster gestalten. In sein Kabinett wollte er auch 1–2 lettische Vertreter berufen. Ganz offenbar entsprangen diese Phantastereien einem aus unbekanntem Anlaß getrübten Geist. Die Beunruhigung der Letten war berechtigt; handelte es sich doch bei Herrn v. Stryk nicht um einen x-beliebigen Vertreter des Adels, sondern um einen an dessen Spitze gewählten Vertreter. Andererseits hegte man auf baltischer Seite das größte Mißtrauen der Regierung Ulmanis gegenüber. Denn dort lagen bereits Absichten vor, durch eine Agrarreform und andere wirtschaftliche Maßnahmen den baltischen Teil der Bevölkerung des Landes finanziell zu ruinieren.

Als auch bei den baltischen Politikern im Nationalausschuß[11] sich die Auffassung durchsetzte, daß nach Lage der Dinge von den Letten nichts zu erhoffen war, wurde die Stoßtruppe formal zur Ablösung nach Libau verladen. Am 16. April ließ Hans v. Manteuffel die lettischen Ministerien besetzen und die Minister, soweit man ihrer habhaft werden konnte, verhaften. Das gelang aber nur bei dreien von ihnen; die anderen hatten sich auf ein Schiff gerettet, das sie nach Reval zu den Esten brachte, oder sie waren in die englische Botschaft geflüchtet. Der Putsch rief große Bestürzung sowohl bei den Balten wie bei den Letten und bei den alliierten Behörden wie im Generalkommando hervor. Hans v. Manteuffel sollte als Urheber dieser Verwirrung seines Postens enthoben werden. Seine Soldaten indes ließen das nicht zu. Nach langen Verhandlungen mit den Alliierten, mit den bürgerlichen Letten und dem Generalkommando wurde eine Koalitionsregierung zusammengestellt, an deren Spitze der deutschfreundlich gesinnte lettische Pastor Niedra stand. Vier Minister stellten die Balten, sechs die Letten. Der Putsch hatte nun den Weg freigemacht zur Planung der Befreiung Rigas und der dort in Haft gehaltenen Balten.

Da die Garde-Reserve-Division aus Berlin den Befehl erhalten hatte, sich zum Schutz vor den Polen ins Reich in Marsch zu setzen, war der Plan, Riga mit vorgenommenem rechtem Flügel über Neugut und Üxkyll zu nehmen, nicht mehr durchführbar. Es blieb jetzt nur noch die Möglichkeit des Handstreichs; das verlangte höchstes Tempo und Rücksichtslosigkeit im Angriff, damit die Einnahme, der „Lübeckbrücke" in Riga gelang. Dafür standen die Landeswehr, deutsche Freikorps, die Eiserne Division sowie einige russische und lettische Einheiten zur Verfügung. Ferner waren fünf Flugzeuge dem Unternehmen zugeteilt.

Der Vormarsch ging von Kalnezeem aus, wo die Landeswehr sich konzentriert hatte. Am 22. Mai 1919 um 1.30 Uhr eröffnete die 1. Schwadron der Stoßtruppe, unterstützt von einem Zug der badischen Gebirgsartillerie unter Hptm. v. Medem, den Angriff. Dieser kommandierte auch die Vorhut. In 6 1/2 Stunden war der 30 km entfernte Ort Dsilne erreicht. Dort sollte sich lt. Befehl die Landeswehr sammeln. Stundenlang wartete die Vorhut auf das Eintreffen der übrigen Formationen. Da warf ein Flieger über Dsilne eine Meldung ab: „Der Weg nach Riga ist frei". Die Stoßtrupp-Offiziere bestürmten den Hptm. v. Medem und Lt. Olbrich, sofort weiter vorzugehen und nicht auf das Gros zu warten. Der Hauptmann zögerte und bestand darauf, befehlsgemäß zu handeln. Es wurde aber so eindringlich auf ihn eingeredet, daß er schließlich der 120 Mann starken Infanterie-Gruppe mit den zwei Geschützen und deren Bemannung den Befehl zum weiteren Vormarsch mitten in Feindesland gab. Rechts von ihnen flüchteten auf einer Parallelstraße Kolonnen von russischem Militär. Beide hatten es so eilig, daß man sich nicht in ein Gefecht verwickelte. Noch 18 km waren bis Riga zurückzulegen; Männer und Pferde mußten ihr Äußerstes hergeben. Vor Rigas Vorstädten wird noch einmal kurz haltgemacht und das weitere Vorgehen taktisch festgelegt.

Da kommt auf schaumbedecktem Pferde Hans v. Manteuffel angesprengt; er ist dem Gros vorausgeritten und übernimmt das Kommando der Vorhut. Auf feindliches Feuer aus Fenstern und Türen wird nicht geachtet: das Ziel ist die Brücke. Um drei Uhr mittags stehen die ersten vor ihr. Dem Anschein nach ist sie unversehrt. Manteuffel befiehlt: „Der 3. Zug als Spitze über die Brücke". Drei Mann, die als erste zur Stelle sind, wanken vor Müdigkeit auf die Brückenbohlen und haben mit dem Leben abgerechnet. Da marschiert ihnen im Gleichschritt eine rote Einheit entgegen. Ist jetzt in letzter Minute alles verloren? fragen sich die drei. Aber sie tun das einzig Richtige: sie schießen in den Haufen, was das Zeug hält. Es fallen die ersten Toten, und der Haufen läuft auseinander. Wie sich später herausstellte, waren es Offiziersaspiranten der Roten Armee auf einem Übungsmarsch. Ihre Gewehre waren nicht geladen. Die drei laufen bis zum Ostende der Brücke, werfen sich im Schutz der gefallenen Russen nieder und erwidern das immer stärker werdende Feuer aus den ihnen gegenüberliegenden Häusern. Bange Minuten machen die ganz auf sich selbst gestellten Schützen durch, bis der erste Schuß aus dem unbemerkt hinter ihnen aufgefahrenen Berggeschütz ihnen in die Ohren donnert. Die längste Zeit haben sie gewartet! Jetzt kommen auch die übrigen Kameraden vom 3. Zug und den übrigen Einheiten heran und verstärken den Brückenkopf. Bald wird die Stadt von den Roten gesäubert. Aber der Erfolg wird fast zu teuer bezahlt: schon auf der Brücke fällt der Führer der 1. Schwadron, Lt. Olbrich. Als Manteuffel sich mit einer Gruppe auf den Weg zur Befreiung von Gefangenen auf den Weg macht, trifft ihn die tödliche Kugel. Die Schwadron hat noch vier Tote zu beklagen, die übrige Landeswehr elf Tote. Das ist ein Beweis dafür, wie man durch Schnelligkeit und Überraschung des Feindes Menschenverluste verhältnismäßig niedrig halten kann.

Hans v. Manteuffel war als drittes Kind der Eheleute Georg v. Manteuffel und seiner Gattin Sophie geb. Gräfin Rüdiger am 19. Jan. 1894 geboren. Im Besitz des Abiturzeugnisses ging er zum Studium nach Deutschland. Bei Kriegsausbruch meldet er sich freiwillig ins deutsche Heer. Nach dem Einsatz im Westen wie auch im Osten wurde er zum Offizier befördert. Nach mehreren Verwundungen kam er 1917 an die Westfront, wo er sich als Kompanieführer in den Materialschlachten bewährte. Die Novemberrevolution überraschte ihn während eines Genesungsurlaubs in München. Dort erreichte ihn das Telegramm seines Bruders Heinrich, der ihm nahelegte, auf den Kriegsschauplatz im Baltikum zu kommen. Wie er dann Kommandeur der Stoßtruppe wurde, ist bereits beschrieben. Da er keinen anderen Weg sah, die Truppe zu einem brauchbaren Instrument zu machen, widersetzte er sich dem Oberstab, was man unter normalen Bedingungen als Meuterei bezeichnet hätte. Nach anfänglicher Empörung mußte schließlich der Verstand des einsichtigen Oberstabes zugeben, daß Manteuffel den richtigen Weg beschritten hatte. Durch seine Einsatzfreudigkeit, seinen persönlichen Mut, die Sicherheit seiner Entscheidungen und nicht zuletzt durch seine Liebenswürdigkeit machte er die Truppe zu einer Organisation, auf die er sich verlassen konnte. Den zweiten „faux pas" leistete er sich, als er mit einem Schlage die Voraussetzungen für die Planung der Eroberung Rigas schuf und die Ulmanisregierung absetzte. Wieder sah er keine Alternative und begab sich in die Illegalität. Wieder gab es Kopfschütteln und Empörung. Letzten Endes aber wurde sein Vorgehen anerkannt, da wohl niemand eine bessere Lösung gefunden hätte.

Im Buch von Claus Grimm „Vor den Toren Europas"[12], Verlag Velmede Nbg., heißt es auf Seite 97 über Hans Manteuffel.

Seine Eltern und Geschwister vereinte ein Band einzigartiger geistiger Geschlossenheit. Sicher ein seltener Fall. Besonders bemerkenswert ist das Verhältnis zwischen den drei Brüdern. Hans, dem Jüngsten, wird auf militärischem Gebiet absolute Autorität zuerkannt. Obgleich sein Bruder Heinrich selbst als langjähriger Offizier in militärischen Dingen bewandert ist, traut er seinem jüngeren Bruder doch mehr zu und vermittelt seinen Eintritt in die Landeswehr. Was die Politik betrifft, so gilt der Älteste, Georg, als der Verständigste. Aber man gewinnt den Eindruck, daß die Brüder niemals etwas Wichtiges unternehmen, ohne sich vorher miteinander zu besprechen. Wenn Hans v. Manteuffel nicht gefallen wäre, vielleicht hätten die drei das Gewicht gehabt, den estnischen Feldzug anders zu führen.

Auf Wunsch von Pastor Niedra sollte die Truppe sich jetzt mit der Säuberung Livlands von Kommunisten befassen. Davon versprach er sich die Festigung seiner Stellung im Lande. Ihm pflichtete das Generalkommando, der Nationalausschuß und auch Major Fletcher bei. Gegen den Plan sprachen sich die Brüder des gefallenen Kommandeurs der Stoßtruppe aus. Denn es war vorauszusehen, daß es zu einem Zusammenstoß mit estnischen und den mittlerweile in Nordlivland aufgestellten lettischen Truppen unter Führung von General Semitan kommen würde.

So kam es denn auch, wie die Gegner des Plans geahnt hatten. Der Vormarsch zur Befreiung Livlands wurde schon bei Wenden zum Stehen gebracht. Die Esten waren ein zäherer Gegner als die Roten. Außerdem waren sie, jedenfalls was ihre Artillerie betraf, besser ausgerüstet als die Landeswehr. Dazu kam, daß die an der Seite der Landeswehr kämpfenden deutschen Freikorps bei diesem Feldzug nur mit halbem Herzen beteiligt waren. Die Landeswehr und ihre Verbündeten wurden in zähen Kämpfen unter großen Verlusten bis in die Jägelstellung, d. h. bis an die Vorstädte Rigas zurückgedrängt. Da traten die Vertreter der Alliierten als Vermittler zwischen den Parteien auf. Riga wurde dem Regime unter dem Ministerpräsidenten Ulmanis überlassen, die Landeswehr nach Kurland ins Exil abgeschoben. Reichsdeutsche Offiziere und Mannschaften mußten aus der Landeswehr ausscheiden, darunter auch der verdienstvolle Major Fletcher. Für ihn schlug am 22. Juli 1919 die Abschiedsstunde von seiner Truppe, die ihm bestimmt nicht leichtgefallen ist.

An seine Stelle trat am 25. Juli 1920 der englische Oberstleutnant Horald Rupert Alexander, der spätere Earl of Tunis (*10. Dez. 91 in Irland, † 16. Juni 1969) in London[13]. Dieser neue Chef der Landeswehr besaß eine bemerkenswerte Eigenschaft, und die hieß Glück. Von adliger Herkunft, begann er seine militärische Karriere in den vornehmsten Regimentern des Landes. Er hatte den Weltkrieg mitgemacht und war mehrmals verwundet worden. Neben seinem Glück war Alexander auch noch das Musterexemplar eines englischen Gentleman. Er lebte sich im Kreis der baltischen Offiziere, die ja nun auch zu Ehrenhaftigkeit und Anständigkeit erzogen worden waren, trotz seiner am Anfang gewiß nicht einfachen Stellung schnell ein. Auch vertrug er sich gut mit dem früheren Gegner, dem deutschen Obltn. z.S. Graf Beissel, der am 1. Januar 1920 Kommandeur des Stoßtrupps wurde. Äußerlich war er eine vornehme, elegante Erscheinung, verbunden mit einem liebenswürdigen Wesen. Das Glück blieb ihm noch Jahrzehnte danach treu, so daß er im Zweiten Weltkrieg im englischen Heer zu höchsten militärischen Ehren gelangte.

Der Aufenthalt in Kurland tat der Landeswehr nach den stürmischen Ereignissen in der ersten Hälfte des Jahres gut, wurde aber nebenbei noch zur weiteren militärischen Ausbildung der Mannschaft ausgenützt. Er hatte aber auch den Nachteil, daß manche Freiwillige sich Sorgen über die eigene und über die Zukunft der Heimat machten. Ganz unberechtigt war diese Nachdenklichkeit eigentlich nicht. Auf die Dauer aber war sie für den Bestand der Landeswehr gefährlich. Man legte sich die Frage vor, ob es noch einen Sinn habe, für ein Lettland zu kämpfen, von dem nichts als Demütigungen zu erwarten waren. So empfanden es viele als erlösend, daß die Truppe wieder an die Front geholt wurde und einen Abschnitt von der Düna bis Stallsemneek am Naratka-Bach übernahm. Mitte September wurde die Landeswehr verladen und löste in der Zeit vom 16. bis 18. September 1919 lettische Einheiten an der Front ab. Beim Transport durfte der Zug in Riga nicht halten. Das Mißtrauen der Letten den Balten gegenüber war so groß, daß sogar militärische Vorsichtsmaßnahmen getroffen worden waren, um auf jeden Fall ein Anhalten des Zuges und einen etwaigen Konflikt zu verhindern.

Alexander gewann mit der Zeit an der Front immer mehr Sympathien bei der Truppe, weil er ihr sowohl an der Front wie auch in der Etappe und in den Lazaretten seine Fürsorge angedeihen ließ. Erneute Unruhe brachte in die Landeswehr die Bildung der neuen russischen Westarmee unter dem Obersten Bermondt-Awalow in Kurland. Er verlangte von der lettischen Regierung den freien Durchzug durch ihr Territorium, um im Osten Lettlands eine Offensive gegen die Kommunisten zu starten. Als die Letten verständlicherweise dieses Ansinnen ablehnten, rückte er mit seiner Truppe, bestehend aus den Resten von deutschen Freikorps und ehemaligen russischen Kriegsgefangenen, bis zum Westufer der Düna im Raume Riga vor. Bei manchen in der Landeswehr entstanden daraufhin Zweifel, ob man auf die Karte eines künftigen russischen Reiches oder auf die Karte der lettischen Republik setzen sollte. Weitaus das Gros entschied sich für die etwas sicherere zweite Karte. Dazu trug bei, daß Oberst Bermondt keine vertrauenswürdige Persönlichkeit war.

Die Stellungskämpfe an der Front verliefen so, daß sie von der Landeswehr offensiv geführt wurden, d. h. den Feind durch Späh- und Stoßtrupptätigkeit und durch Aushebung von Feldwachen beunruhigten. Ab und an machten auch die Bolschewiken Versuche, die Front zu durchbrechen. Das bedeutendste Unternehmen der Stoßtruppe war die Wegnahme von zwei schweren Geschützen und die Gefangennahme von 125 Mann[14]. Initiator und Leiter des Unternehmen war Fähnrich Baron Hamilkar Foelkersahm, der selbst vorher auch die erforderlichen Rekognoszierungen unternommen hatte. Im ganzen mußte nachts eine Strecke von 18 km zurückgelegt werden. Die letzten sechs führten durch ein in der warmen Jahreszeit unpassierbares Sumpfgelände, das aber zugefroren war. Unterwegs wurden mehrere feindliche Postengänger überrascht und gefangengenommen. An einer Stelle wurde die Truppe sogar von einem MG aus einiger Entfernung beschossen, da die hohen Sumpfgräser beim Schreiten der Freiwilligen erhebliches Geräusch verursachten. Da aber nicht zurückgeschossen wurde, sagte sich der MG-Schütze, daß wohl nur der Wind, das himmlische Kind, dieses merkwürdige Geräusch hervorgerufen haben konnte. Die Mannschaft der Batterie wurde vollkommen überrascht, wehrte sich heftig, aber gänzlich systemlos, so daß es auf der Seite der Angreifer nur einen Leichtverwundeten gab. Erwähnt werden muß, daß das Unternehmen von seiten der baltischen Politiker der Truppe nahegelegt worden war, um die lettischen Parlamentsabgeordneten günstig zu beeinflussen, damit sie für ein von den Minderheiten eingebrachtes Gesetz stimmten.

Die Stärke der Landeswehr betrug damals 4386 Mann, davon 271 Offiziere und 53 Beamte[14]. Es dienten noch sieben reichsdeutsche Offiziere und etwa 100 reichsdeutsche Freiwillige in der Truppe. Die Stoßtruppe zählte damals 1238 Mann. Infolge von Meinungsverschiedenheiten im Oberstab schied Heinrich v. Manteuffel, der nach dem Tode seines Bruders den Stoßtrupp führte, aus der Landeswehr aus. Er begab sich gleich seinem Bruder Georg und seinem Stabschef v. Damnitz nach Deutschland. Neuer Kommandeur der Stoßtruppe wurde Dankmar Graf Beissel-Gymnich, ehemaliger Oblt., der bisher die 5. Schwadron der Stoßtruppe geführt hatte.

Bald wurde die Landeswehr vor eine neue Aufgabe gestellt, da die Letten nach der Liquidierung der Bermondt-Affäre entschlossen waren, sich Polnisch-Livland, auch Lettgallen genannt, einzuverleiben. Notgedrungen mußte sich die Landeswehr im Verbande mit lettischen Truppen daran beteiligen.

Am 3. Jan. 1920 um 7.15 Uhr begann der Vormarsch. Der Widerstand des Feindes war anfangs gering, da er an Zahl unterlegen war. Das änderte sich jedoch, als der estnisch-russische Waffenstillstandsvertrag in Kraft trat und die Roten weitere 6000 Mann einsetzen konnten. Oberst Alexander leitete persönlich den Vormarsch, und die Landeswehr erreichte vom 3.–17. Jan. 1920 trotz knietiefen Schnees und 27° Kälte die vorgeschriebenen Ziele. Es folgte eine dreitägige Ruhepause, da besonders Erfrierungen die Reihen der Kämpfer etwas gelichtet hatten.

Am 20. Januar erhielt die Landeswehr den Auftrag, das Windauer Regiment der Letten bei der Einnahme von Rositten, der Hauptstadt der Provinz, zu unterstützen. Bereits am ersten Tag, als die Landeswehr sich schon auf 6 km der Stadt genähert hatte, hing das lettische Regiment weit zurück. Beim Angriff auf die Stadt war das Detachement Hahn um 9 Uhr nach Vertreibung der Besatzung und eines Panzerzuges bereits im Besitz der Stadt. Der Stoßtrupp war unterdes „verlorengegangen". Er hatte um 10.20 Uhr die Bahnlinie nach Ludsen erreicht und fast ein ganzes Pionierbataillon gefangengenommen, konnte aber nicht verhindern, daß vor seiner Nase zwei Transport- und zwei Panzerzüge vorbeifuhren, da nicht für Sprengladungen gesorgt worden war. – Im Tagesbefehl von Oberst Alexander hieß es u.a.: „Sie haben die Ehre und den Kampfesruhm der Landeswehr auf eine noch höhere Stufe als vordem gehoben; Sie haben es mir zur Ehre gemacht, zeichnen zu dürfen: Chef der Landeswehr Alexander Lt. Col.".

Aber noch war der Feldzug nicht zu Ende. Am 25. Januar 1920 ging es weiter nach Osten, bis am 30. Jan. der Fluß Sinjucha erreicht wurde, der die Grenze zwischen Lettland und Rußland bilden sollte. 160 km hatte die Landeswehr in 18 Tagen bei über 30° Kälte, mangelhafter Verpflegung und Bekleidung unter Kämpfen zurückgelegt. Am 1. Februar 1920 trat der Waffenstillstand zwischen Lettland und Sowjetrußland in Kraft. Ihm folgte am 11. Aug. 1920 in Riga der Friedensvertrag.

Die Verluste der Landeswehr im Kampf um die Heimat betrugen 258 Mann an Gefallenen, 51 Mann an Vermißten und 111 Mann, die Krankheiten und Seuchen zum Opfer gefallen waren.

Wenn Oswald Spengler die Kämpfe und die Widerstandskräfte der Balten hätte beobachten können, der Geschichtsphilosoph hätte wahrscheinlich gesagt, weniger politisch doch militärisch wären die Balten noch „in Form" gewesen.

Was waren denn das eigentlich für Truppen, das Baltenregiment und die Landeswehr, bei denen man in Hemdsärmeln und Pantoffeln Posten beziehen konnte? Es waren Formationen, die sich mit der schmalen Kost, die die Gulaschkanone lieferte, begnügten und die Kühe, die Schweine und das Geflügel der Bauern nicht anrührten. Die Bauern bemängelten an ihnen nur, daß sie zuviel Wasser für, die vollkommen unnütze morgendliche Reinigung verbrauchten. Man mußte aber bedenken, daß beim Bauern das Wasser nicht aus dem Kran an der Wand kam, sondern mehr oder weniger weit aus den Ziehbrunnen, aus dem Fluß oder aus dem See geholt werden mußte. Eine Truppe, in der schon mal eine Meuterei vorkam, sie mußte nur einem guten Zweck dienen. Oder es stieg ein Putsch, wenn man sich anders nicht helfen konnte. Eine Truppe, in der der Nebenmann im Gefecht ein naher Verwandter, ein Klassenkamerad sein konnte oder ein Kommilitone, ein Verbandsbruder, ein Vereinsmitglied oder sein ehemaliger Lehrer, die sich alle bewußt waren, sich auf dem Felde der Ehre zu befinden, und deshalb unbedingtes Vertrauen gewährleisteten.

Lassen wir hier noch einen Freiwilligen zu Wort kommen: „Ich glaube, ich kenne jeden dritten Mann in der Stoßtruppe von der Schule oder aus Dorpat her. Alle sind aus guten Kreisen und, da wir alle Soldaten aufeinander angewiesen sind und alle die gleichen Kriegsmühen zu tragen haben, sind alle nett zueinander, was man früher nicht immer behaupten konnte. Darum fühle ich mich hier auch so wohl. Für mich ist jetzt geradezu „meine Heimat" – das Lager. Wir alle sind stolz auf die Batterie, unsere „gute Familie".

Der zeitweilige Kommandeur der Landeswehr urteilt nach dem Buch „The Life of Field Marshal Earl Alexander of Tunis (S. 52):[13] „Es war eine Ehre, eine Streitmacht kommandieren zu können, die nur aus gentlemen bestand". Das ist wohl etwas übertrieben. Alexander mag zu diesem Urteil im Verkehr mit seiner unmittelbaren Umgebung gekommen sein. Auch diejenigen, die das Sagen in der Landeswehr hatten, haben wohl dem entsprochen, was der Engländer als gentleman bezeichnete. Im Baltikum war dieser Ausdruck nicht gebräuchlich. Statt dessen wurde jemand als „Gesinnungsmensch" bezeichnet, oder man nannte ihn einen „anständigen Kerl", wenn er einem englischen gentleman entsprach oder ihn sogar übertraf. Alexander sagt, es sei die beste Truppe gewesen, die er je unter Befehl gehabt hatte. „Es ist sehr traurig, so reizende Kameraden zu verlassen", schreibt er seiner Mutter[15].

Der lettische Staat

Als sie in Libau residierte, verfügte die lettische Regierung weder über ein Land, da es ja die deutsche Besatzungsmacht unter dem General v. d. Goltz im Lande gab, praktisch auch nicht über ein Volk, da dies gespalten war in einen kleineren Teil im östlichen Kurland und den bevölkerungsstärkeren Teil unter kommunistischer Herrschaft im östlichen Kurland und Südlivland. Daß sich die Regierung auf den Volksrest im westlichen Kurland verlassen konnte, dessen war sie sich selbst nicht sicher, weil auch dieses kommunistisch verseucht war. Drittens fehlte es der Regierung am nötigen Geld, um einen Aufbau des Landes in die Wege zu leiten. Ihre Hoffnung waren die Vertreter der siegreichen westlichen Nationen, deren Bestreben darin bestand, in den gerade gebildeten Randstaaten demokratische, gesetzlich geregelte Verhältnisse zu schaffen. Dazu gehörte außenpolitisch der Kampf gegen den Bolschewismus und im Inneren die Schaffung von Ordnung in demokratischem Sinne. Wenn die Regierung dieses Ziel ansteuerte, durfte sie vielleicht mit Subventionen oder Krediten aus dem Westen rechnen. So sahen es die Vertreter Englands, Frankreichs und der Vereinigten Staaten von Amerika. Sehr freigebig aber waren die siegreichen Staaten nach dem teuer erkauften Sieg nicht.

Da man aber nun dringend Geld brauchte, ging man noch einen anderen Weg, sich die fehlenden Mittel von den besitzenden Landesgenossen, den Balten, zu holen, natürlich auf Grund von demokratisch-parlamentarisch fundierten Gesetzen. Hauptsächlich in der zweiten Hälfte des Jahres 1918 nach dem unglücklich verlaufenen Estenfeldzug nahm der damalige Präsident des Nationalausschusses, Baron Fircks, seine mühevolle Tätigkeit zum Wohle der Balten im Lande auf, um von dem Besitz der Balten zu retten, was noch zu retten war [15]. Er blieb in ständigem Kontakt mit den lettischen Ministerien und mit den Vertretern der Alliierten. Als potentielle Vermittler von Krediten oder Lebensmittellieferungen konnte er die Tätigkeit der Regierung bis zu einem gewissen Grade beeinflussen.

Mit nie versiegender Geduld suchte Baron Fircks den Alliierten die komplizierten Verhältnisse im Lande zu erklären: ein im Aufbau befindlicher Staat ohne Geld mit einer Minorität, die aus ihrer führenden Stellung im Lande ausgeschaltet war; dazu eine Bedrohung durch die Bolschewiken aus dem Osten und einem militärischen Haufen aus dem Westen unter Führung des Obersten Bermondt. Die Verhältnisse ähnelten sehr einem Interregnum, wo Willkür und Improvisation noch eine Rolle spielten. Durch beharrliches Taktieren erreichte Baron Fircks besonders in der Frage der kulturellen Autonomie und in Sachen der Amnestiegesetze im Interesse der Landeswehr Wesentliches.

Auch in den späteren Jahren hat sich Baron Wilhelm Fircks als Abgeordneter im lettischen Parlament zusammen mit Paul Schiemann bis zu seinem allzu frühen Tode um das Wohl des Baltentums verdient gemacht.

Es ergab sich eine Situation von größter Tragik, daß über die Balten, die einen entscheidenden Beitrag dazu geleistet hatten, den Staat Lettland in den Sattel zu heben, von diesem Sattel aus nun Gericht gehalten wurde wegen der 700 Jahre „Knechtschaft", die die Letten unter der Herrschaft der „Barone" hatten erdulden müssen. Sieben Monate nach dem Frieden mit der Sowjetunion sahen sich die Letten nicht mehr auf die Hilfe der Balten angewiesen und lösten die Ritterschaften am 28. Juni 1920 auf. Am 16. September 1920 wurde der gesamte in baltischen Händen befindliche Großgrundbesitz einschließlich der Wälder und des landwirtschaftlichen Inventars unter Belassung nicht lebensfähiger Restgüter von nicht mehr als 50 ha enteignet. Am 3. April 1924 hat das lettische Parlament mit 49 gegen 30 Stimmen und zwei Enthaltungen bestätigt, daß die Enteignung entschädigungslos erfolgen sollte. 1300 Rittergüter mit 3,7 Millionen ha fielen dem Agrargesetz zum Opfer. Damit erreichten die Letten nach der Sowjetunion das Maximum der Rigorosität bei der Durchführung der Agrarreform. Die Esten haben immerhin 3% des Wertes der Güter den früheren Besitzern in Pfandbriefen bezahlt. Die Litauer beließen den Enteigneten Restgüter von 80 ha, und später fügten sie noch 70 ha dazu. Die Franzosen, die Klassiker der Revolutionen, enteigneten nur den Besitz der Emigranten und hätten nicht daran gedacht, diejenigen, die an ihrer Seite gegen die Alliierten gekämpft hatten, durch Enteignung zu schädigen. In der BR Deutschland, in Frankreich, in England, Spanien, Portugal und Schweden gibt es noch heute Latifundien. Selbst in Zimbabwe sah man noch neulich im Fernsehen, wie Schwarze sich das Geld für ihre Arbeit beim weißen Farmer holten. Die Farmen der Weißen bilden noch immer das wirtschaftliche Rückgrat des Landes.

Doch bei den Letten erschöpft sich die „Abrechnung" keineswegs nur mit dem Agrargesetz. Die in nichtlettischem Besitz befindlichen Bodenkreditbanken wurden ebenfalls entschädigungslos enteignet. Von den konfiszierten Geldern erhielten die lettischen Kleingrundbesitzer Darlehen, von denen die deutschen Besitzer ausgeschlossen sind. Sie sitzen bald auf der Straße. Im Frühjahr 1935 kommt es mit der Gründung einer lettischen Landwirtschaftskammer zur Auflösung der deutschen landwirtschaftlichen Vereinigungen, deren Vermögen eingezogen wird. Am 22. November 1931 wurde im Parlament das sog. Landeswehrgesetz angenommen, das die Angehörigen der Landeswehr von der Landzuteilung für Kriegsteilnehmer ausschließt. Das war der Dank für das bei der Vertreibung der Bolschewiken vergossene Blut! Dem lettischen Mittel- und Kleingrundbesitz wurden zur Stärkung großzügig sämtliche Schulden erlassen. Das geschah alles in ländlichen Bezirken.

In den Städten wurden die Betriebe mit einer Kriegsgewinnsteuer belegt, die vollkommen willkürlich berechnet wurde, wovon wieder bevorzugt nicht lettische Betriebe betroffen wurden. Die zum größten Teil in nichtlettischen Händen befindlichen Obligationen wurden laut Gesetz devolviert. Durch den Zerfall des Zarenreiches wurden die meist in nichtlettischem Besitz befindlichen Rentenvermögen vollkommen wertlos. Aber auch die einheimischen Wertpapiere verloren durch das Gesetz vom 18. März 1920 praktisch ihren Wert, da der einstige Wert in Goldrubeln einer Goldkopeke gleichgesetzt wurde. Neugründungen deutscher Unternehmungen wurden nur zugelassen, wenn ein lettischer Teilhaber nachgewiesen werden konnte. In einigen Fällen ersetzten Schmiergelder den lettischen Teilhaber. Der bereits von den Bolschewiken konfiszierte Fond an Edelmetallen und Schmuck wurde nicht den rechtmäßigen Besitzern zurückgegeben, sondern blieb in lettischen Händen. Auch der deutsche Vereinsbesitz wurde vom Zugriff nicht verschont. Es wurden enteignet: das Haus des deutschen Hypothekenvereins, das deutsche Theater (im Besitz der Großen Gilde), der Schützengarten mit dazugehörigem Schützenhaus, das Ritterhaus, die Gildenhäuser samt historischem Besitz und Liegenschaften sowie das Dommuseum. Fast alle Regierungsinstitutionen richteten sich in den Städten wie auf dem Lande auf dem Wege der Requisition in Gebäuden der nichtlettischen Bevölkerung ein, wozu auch das Mobiliar gehörte. Es ging zu wie im besetzten Deutschland ab 1945. Mobiliar wurde hier wie dort nur wenig vergütet oder zurückgegeben. Der den Balten verbliebene Hausrat stellte ihren letzten Besitz dar. Dieser mußte oft zu Schleuderpreisen, weil es am nötigsten fehlte, verkauft werden. Es wunderte einen schon gar nicht mehr, wenn einzelne guterhaltene Strandort-Villen in nichtlettischem Besitz an verdiente Gerichtsbeamte, Schriftsteller und Schauspielerinnen verschenkt wurden.

Was die lettische Kirchenpolitik betrifft, so beschloß das Parlament bereits am 25. März 1919, die der deutschen Gemeinde gehörige Jakobikirche zu enteignen und sie der römisch-katholischen Diözese zwecks Abschluß eines Konkordats mit dem Vatikan zu übergeben. Die praktische Durchführung geschah dadurch, daß zwei Kriminalbeamte in Zivil der Putzfrau nach einem lettischen Gottesdienst die Schlüssel mit „sanfter" Gewalt entwendeten. Zwölf Jahre später wurde auch die Domkirche mit ihren Liegenschaften enteignet. und nur noch zu Konzertzwecken benutzt.

Was von den Deutschen zu holen war, haben sich die Letten geholt, es sei denn, sie hätten es auch auf deren Kleider abgesehen. Aber die waren mit der Zeit zu fadenscheinig geworden.

Nach den Berechnungen des liberalen deutschen Parlamentsabgeordneten Dr. Dr. Paul Schiemann[17] hat die deutsche Bevölkerung im ersten Jahrzehnt der lettischen Staatsgründung 90% ihres Besitzes durch Konfiskation verloren, während große Immobilien- und

Kapitalvermögen bei den Letten entstanden und Gründungen wirtschaftlicher Art wie Pilze nach dem Regen aus dem Boden schossen. Was sich die Letten da geleistet haben, war alles andere als rechtsstaatlich. Es floß alles in lettische Taschen. Demnach war es schlicht Raub an Wehrlosen.

In der Nacht vom 15. auf den 16. Mai 1934 proklamierte Ministerpräsident Ulmanis unter dem Vorwand eines drohenden kommunistischen Umsturzes den Ausnahmezustand. Die Tätigkeit der Parteien und des Parlaments wurde sistiert. Der damalige lettische Staatspräsident Kweesis stimmte den Maßnahmen von Ulmanis zu. Monate später machte sich Ulmanis selbst zum Staatspräsidenten. Dieser Staatsstreich, zu dem er sich durch das Beispiel von Mussolini, Hitler und Pilsudski ermutigt fühlte, führte dazu, daß die schon damals gültige Parole „Lettland den Letten" noch konsequenter als bisher in die Tat umgesetzt wurde. Der Gebrauch der deutschen Ortsbezeichnungen wurde verboten, die bisher gültige Schulautonomie der Deutschen eingeschränkt.

Das Schicksal aber wollte es, daß sich die Letten nicht länger als fünf Jahre dieser Sternstunden ihrer Macht erfreuen durften. Am 23. August 1939 traf Hitlers Außenminister Ribbentrop in Moskau ein, und der Nichtangriffspakt mit den für die baltischen Staaten so verhängnisvollen Zusätzen zwischen der Sowjetunion und Hitler wurde unterzeichnet. Die Zusätze, in denen die „lebenswichtigen Interessen" der Sowjetunion an den baltischen Staaten respektiert wurden, blieben zunächst unveröffentlicht. Aber schon bald wurden die Wünsche des Kreml konkreter geäußert. Er verlangte von Estland nach dem Zwischenfall mit dem polnischen U-Boot „Orzel" Stützpunkte bei Pernau und Reval. Am 5. Oktober desselben Jahres stellte der Kreml ein ähnliches Ansinnen an Lettland; er hatte dabei an Windau und Libau gedacht. Noch alarmierender dürfte für die Letten der Abschluß des Vertrages zwischen Deutschland einerseits und Estland und Lettland andererseits gewesen sein, der die Aussiedlung der Balten betraf. Allein Finnland lehnte die sowjetischen Ansprüche ab und wählte den für es so verhängnisvollen Krieg. An Estland und Lettland richtete die UdSSR unter nichtigen Vorwänden weitere Forderungen, auf die die beiden Staaten aus Mangel an einer Alternative eingehen mußten. Daraufhin marschierten am 17. und 18. Juni 1940 sowjetische Truppen in Lettland ein. Am 22. Juni wurde Ulmanis verhaftet und nach Sibirien deportiert.

Am 1. August 1940 stellten „Abordnungen“ der beiden unglücklichen Staaten in Moskau „Anträge“ auf Eingliederung ihrer Länder in die Sowjetunion. Bald danach wurden 34 000 lettische „Klassenfeinde“ nach Sibirien verschleppt. Hatten die Letten vielleicht noch gehofft, die Bolschewiken würden sich daran erinnern, welche Rolle die „lettischen Bajonette“ bei der Konsolidierung des kommunistischen Systems gespielt hatten, so sahen sie sich getäuscht. Am 1. November 1917 hatte Lenin einige lettische Einheiten zum Schutze des neuen Regimes nach Petrograd beordert. Den lettischen Schützen verdankte er auch die schnelle Niederschlagung der sozialrevolutionären Revolte im Moskauer Bezirk im Juli 1918. Anschließend brachten die Schützen auch noch den Vormarsch der tschechoslowakischen Legion an der Wolga zum Stehen. Ebenso waren sie maßgeblich an den Abwehrkämpfen gegen die „Weißen“ unter dem General Denikin beteiligt. Es fehlt aber der Mentalität der Bolschewiken jeder Hauch von Sittlichkeit. Mit Dankbarkeit darf man bei ihnen nicht rechnen. Was hat man ihnen für Köder hingeworfen, um ihr Wohlwollen zu gewinnen: die Wlassow-Armee, die vormaligen Fremdarbeiter in Deutschland, die in Schweden internierten deutschen und lettischen Soldaten und schließlich noch die ihnen in Potsdam überlassenen ungeheuren ostdeutschen Gebiete, ohne daß man bei ihnen einen Grad von Sättigung hätte feststellen können. Sie wollen immer noch mehr.

Hitlers Einmarsch in die UdSSR gab bei den Letten wieder Anlaß zu Hoffnungen, aber sie wurden enttäuscht. Die Okkupation Lettlands durch deutsche Truppen hatte kein besseres Verhältnis zwischen den beiden Völkern gezeitigt. Schließlich waren die Deutschen aber doch besser als die Bolschewiken. So bildete sich eine 14 000 Mann starke lettische Legion unter dem Kommando v. R. Blankeres, die Seite an Seite mit den Deutschen gegen die Russen kämpfte. In Kurland wurden die Kämpfe bis zum Waffenstillstandstag fortgesetzt. Dann trat die Lettische Legion den bitteren Weg in sowjetische Gefangenschaft an. Es ist ihren Soldaten wohl nicht zum Bewußtsein gekommen, daß, Lettlands ethnischer Bestand, wären die Deutschen nicht in ihrem Land gewesen, schon zu Zeiten von Iwan dem Schrecklichen aufgehört hätte zu existieren.

Nach Bekanntgabe des Waffenstillstandes von 1945 setzte sich eine Flottille von Fischerbooten von der kurländischen Küste mit Ziel nach Gotland ab. Sie war besetzt mit einigen 100 Legionären und deutschen Soldaten, die sich der Gefangenschaft entziehen wollten. Nur ein Teil der Boote gelangte nach Gotland, die anderen wurden von sowjetischen Kriegsschiffen aufgespürt und versenkt. Die Flüchtlinge wurden von Gotland auf das Festland ins Lager Eksjö gebracht. Bekanntlich wurden sie auf Verlangen der Sowjets von der sozialdemokratischen schwedischen Regierung entgegen der dortigen öffentlichen Meinung an die UdSSR ausgeliefert. Die Legionäre wurden von den Russen nicht wie Kriegsgefangene, sondern wie politische Verbrecher behandelt und zu Zwangsarbeit verurteilt. Soviel bekannt, ist von ihnen nur ein einziger zurückgekommen.

Baltische Gegenwehr

Was die Letten vorhatten, als sie die Macht, die Legislative und die Exekutive in Händen hatten, kam darauf hinaus, den Balten die Luft zum Leben abzudrosseln oder sie wenigstens aus dem Land hinauszugraulen. Sie wehrten sich mit dem Mut der Verzweiflung. Manche allerdings, denen sich in Deutschland eine Aussicht auf Erwerb bot, kehrten der alten Heimat den Rücken.

Nicht nur durch die Abwanderung, auch durch den zunehmenden Geburtenrückgang, verursacht durch die prekäre materielle Lage der Balten, war die Volksgruppe immer mehr zusammengeschmolzen. Die Zahlen für die Stadt Riga mögen die Verhältnisse darlegen: es gab dort

im Jahre 1897	67268 Balten = 23,8 % der Bevölkerung
im Jahre 1913	68729 Balten = 13,5 % der Bevölkerung
im Jahre 1920	29533 Balten = 16,– % der Bevölkerung
im Jahre 1925	48793 Balten = 13,– % der Bevölkerung
im Jahre 1930	41103 Balten = 11,7 % der Bevölkerung

Die Zahlen erscheinen widersprüchlich; man muß jedoch die Fluktuationen durch die Kriegseinwirkungen berücksichtigen, so die Evakuationen und Vertreibungen, ferner das Anwachsen der gesamten hauptsächlich lettischen Bevölkerung.

Die materielle Lage der Balten war denkbar schlecht. Die Zahl der Arbeitslosen nahm unter ihnen ständig zu. Beamtenstellen blieben ihnen rigoros verschlossen. Nach der Volkszählung vom Jahre 1925 sind von 35661 erwerbstätigen Balten 41,21% gezwungen physisch zu arbeiten, 17,24 % sind Angestellte, 13,2% in freien Berufen tätig, 4,38% sind Unternehmer, 14,62% sind Eigentümer. Von 44000 in Riga lebenden Balten müssen 3000 in irgendeiner Form unterstützt werden. Zu diesem Zweck nahm das schon 1918 gegründete Notstandskomitee das vorübergehend seine Tätigkeit unter der Bolschewikenherrschaft hatte einstellen müssen, seine Arbeit wieder auf. Die Mittel zu den mannigfaltigsten Hilfeleistungen wurden anfangs durch Kollekten in den Kirchen, durch Haussammlungen und Spenden aufgebracht.

Die größte Sorge derjenigen Balten, die sich für den Bestand der Volksgruppe verantwortlich fühlten, war das nach der Bolschewikenzeit völlig darniederliegende deutsche Schulwesen. Quasi als Kompensation für die wirtschaftliche Knechtung der Balten hatte die lettische Regierung ihnen eine kulturelle und schulische Autonomie zugestanden. Diese galt es nun mit der größten Intensität aufzubauen, bevor die Letten ihr eigenes staatliches Schulsystem organisiert hatten. Drei Männer fanden sich zu dieser Aufgabe zusammen: Pastor Karl Keller sowie die beiden Schulmänner Friedrich Demme und Wolfgang Wachtsmuth, denen sich später noch Max v. Radekki anschloß[19]. Sie zogen, ohne viele Umstände zu machen, in das Gebäude des Bildungsministeriums ein, wo sie gleichsam den Kern der Verwaltung des deutschen Bildungswesens bildeten (VdBW). Die Letten erkannten diese Organisation zwar nicht de jure, wohl aber de facto an. Die VdBW nahm sich der Schulfrage eigenmächtig an und erwarb sich durch ihre fruchtbare Tätigkeit die allseitige Anerkennung der deutschen Lehrerschaft, der Eltern und auch der Letten.

Die Maßnahmen der VdBW konnten fürs erste nur als Provisorium gelten, solange es kein Gesetz für die gewährte Schulautonomie gab und dieses auch noch nicht vom Parlament bestätigt war. An dem Entwurf zu diesem Gesetz hat die VdBW unter Hinzuziehung von Juristen fieberhaft gearbeitet. Bereits am 8. Dezember 1919 wurde das Gesetz vom Plenum des Volksrats angenommen. Damit erhielt die VdBW auch ihre de-jure-Anerkennung. Die Beamten der VdBW waren deutsche Volksbeauftragte und gleichzeitig sozusagen lettische Staatsbeamte.

Die deutschen Grundschulen hatten lt. Gesetz die Kommunen zu unterhalten, wenn dafür am Ort mindestens 30 Schüler vorhanden waren. Für die Gymnasien erhielten die Deutschen einen Prozentsatz der staatlichen Schulen entsprechend dem Anteil der Balten an der Einwohnerzahl des Ortes. Chef der VdBW war anfangs Pastor Keller; sein Gehilfe Wolfgang Wachtsmuth, der nach dem Rücktritt von Pastor Keller sein Nachfolger wurde. Die VdBW existierte, bis sie von Ulmanis im Zuge der Beschränkung der Kulturautonomie 1934 aufgelöst wurde. Ihre Tätigkeit ist auch vorher nicht ganz ohne Krisen verlaufen, was mit der Einstellung des jeweiligen lettischen Bildungsministers zusammenhing.

Nach Erstellung der gesetzlichen Grundlage für das Schulwesen war noch Arbeit zu leisten. Es mußten die Lehrpläne für die Schule erarbeitet werden. Auch das geschah mit dem gewohnten Elan, so daß später die lettischen Pädagogen bei der Zusammenstellung ihrer Pläne sich die Arbeit der VdBW zunutze machten.

Unterricht und Erziehung waren seit Jahrzehnten für die führenden baltischen Pädagogen zu untrennbaren Begriffen geworden. Diese Doppelaufgabe wurde in der Zeit des Wiederaufbaus erneut aufgenommen und zur Grundlage der Schularbeit gemacht.

Ohne den bald nach Gründung des Lettischen Staates gegründeten deutschen Elternverband hätten die deutschen Schulen nicht existieren können. Er bestand aus einem Ortsgruppengefüge, das sich über das ganze Land erstreckte. Einmal im Jahr veranstaltete der Verband eine Schulsammlung. Weitere Gelder flossen ihm aus den erhobenen Schulgeldern zu. Einzelne Ortsgruppen, die unter ungünstigeren Bedingungen ihre Tätigkeiten führen mußten, wurden von den wohlhabenderen Ortsgruppen unterstützt. 82% der Einnahmen waren für die Lehrergehälter nötig, 7% wurden für Heizung und Belüftung der Schulen und die Kanzleien ausgegeben. Nur 2% konnten für Inventar und Lehrmittel und nur 2,5% für soziale Belange der Schüler ausgegeben werden. Es kam öfter vor, daß Schüler dem Unterricht fernblieben, weil sie nicht über warme Kleidung oder geeignetes Schuhwerk verfügten. In solchen Fällen mußte die Schule helfend eingreifen, soweit es ihre knappen Mittel zuließen.

Aus der Not geboren waren noch einige weitere Maßnahmen, nämlich daß Lehrer ohne Kinder auf einen Teil ihres Gehalts zugunsten der Lehrerfamilien mit mehreren Kindern verzichteten.

1926 wurde die baltische Volksgruppe in Lettland noch durchgreifender organisiert, um den Anforderungen, die an sie gestellt waren, besser gerecht zu werden. Es kam zur Bildung der Volksgemeinschaft. Sie hatte die Aufgabe, das baltische Volkstum auf dem Wirtschafts- und Kultur-Sektor nach innen wie nach außen zu vertreten und der Arbeit der Volksgruppe Richtung und Ziel zu geben. Ihr oberstes Organ war die aus 72 Personen bestehende Delegiertenversammlung. Die Exekutive oblag dem Vorstand, der sich aus dem Präsidenten und 32 Mitgliedern zusammensetzte. Ihm gehörten an; die baltischen Vertreter im Landtage und im Rigaer Stadtparlament, Vertreter des Elternverbandes, der Fürsorgezentrale und der Selbstbesteuerung. Ihr langjähriger Präsident war Rechtsanwalt Wilhelm v. Rüdiger. Die baltischen Parlamentarier im Landtag waren Dr. Paul Schiemann, Baron Wilhelm Fircks, John Hahn sowie die Rechtsanwälte Lothar Schoeler und Waldemar Pussul. Die baltischen Vertreter in der Rigaer Stadtverwaltung waren Helmut Stegemann, Konsul Eugen Schwartz, Ludwig Saje, Edmund Kerkovius, Dr. med. Herbert Hach, Dr. Hans Ruthenberg, Dr. Burchard Kloth, Alexander Steinert, Paul Boehm, Erich Breckoff, Schuldirektor Roderich Walter und Karl Aßmus. Sie alle gehörten dem Vorstand der Volksgemeinschaft an. Die Mittel für ihre Tätigkeit besorgte sich die Volksgemeinschaft durch eine straff organisierte freiwillige Selbstbesteuerung. Die Initiative zu dieser Einrichtung verdankte man Erich Mündel.

Unter dem Dachverband arbeitete auf kirchlicher Basis die deutsche Fürsorgezentrale. Sie bestand aus drei Gruppen: erstens aus der kirchlichen Armenpflege der Gemeinden und der Stadtmission, zweitens aus der sozialen Gruppe mit dem Frauenbund und dem Notstandskomitee und drittens aus der Schulhilfe.

Die Fürsorgezentrale versorgte Bedürftige mit Kleidung, Wohnung, Beheizung und ärztlicher Hilfe. Seit 1927 galt dann auch den kinderreichen Familien eine besondere Pflege, denn man war sich dessen bewußt, daß die Familie der Volksgemeinschaft durch die Geburt eines gesunden Kindes die wertvollsten Geschenke zu machen imstande wäre. Es kamen in den Genuß dieser Hilfen, Familien, deren Oberhaupt in neun Fällen Arbeiter, in 22 Fällen Handwerker, in drei Fällen kaufmännische Angestellte und in elf Fällen Akademiker waren. Die Leitung der Fürsorgezentrale lag in den Händen des überaus verdienstvollen Dr. h. c. Pastor Oskar Schabert. Dieser wetterte schon damals von der Kanzel über die „Pest der Geburtenbeschränkung“.

Im Jahre 1927 sahen die Einnahmen der Volksgemeinschaft folgendermaßen aus:

aus der Selbstbesteuerung	154 199,07 Lat
Schulsammlung	15 400,17 Lat
Spenden	6 552,-- Lat
Insgesamt:	176 151,24 Lat

Daß sich die Finanzen der Volksgemeinschaft im Laufe der Jahre nicht übermäßig, aber doch besserten und man sich der Lage angepaßt hatte, zeigen die Zahlen des Jahres 1929:

Selbstbesteuerung	197 027,71
Spenden von Firmen für die deutschen Schulen	15 785,69
Spenden von Firmen für die Soziale Fürsorge	6 324,52
	219 137,92

Dieser Summe standen folgende *Ausgaben* gegenüber:

für das Schulwesen	212 700,--
für das Pädagogische Institut	7 429,58
für das Handwerkerlehrlingsheim	7 000,--
für Wissenschaftliche Vereine	5 500,--
für die Soziale Fürsorge	98 000,--
für Förderung des Deutschtums	8 119,80
	338 749,38

Die Differenz zwischen Ausgaben und Einnahmen konnte nur durch Spenden des Vereins für das Deutschtum im Ausland und dessen Landesverbandes Niedersachsen gedeckt werden.

Die allmähliche Verbesserung der finanziellen Lage der Volksgemeinschaft geht auch aus der Erstarkung des Genossenschaftswesens innerhalb der Balten hervor. Damit hatte es folgende Bewandtnis:

Im Jahre 1912 empfand es der Rigaer Kaufmann Ernst Boström als unwürdig, daß damals das Geld für caritative Zwecke den sog. Wohltätigkeitsvereinen gelegentlich durch Spenden, sonst aber durch Wohltätigkeitsfeste beschafft wurde[20]. Die dabei entstehenden Unkosten waren oft beträchtlicher als die Mittel, die schließlich den Vereinen für ihre Arbeiten zur Verfügung gestellt werden konnten. Ein Leutnant hat das einmal seiner Partnerin beim Tanzen etwas zynisch erklärt: „jeder Schritt gnädiges Fräulein, den wir jetzt tanzen, ist ein Löffel warmer Suppe für die Armen". Boström gründete mit einigen Freunden, die er für seine Idee gewinnen konnte, den „Livländischen Deutschen Hilfsverein", der als Spar- und Darlehnskasse gedacht war. Aus deren Gewinnen wollte er die Tätigkeit der wohltätigen Vereine finanzieren. Als im Ersten Weltkrieg sämtliche deutschen Vereinigungen aufgehoben wurden, wurde der „Hilfsverein" übersehen. So existierte er noch in der Zeit der Lettischen Republik. Er wurde zur Zentralgenossenschaftskasse des Hilfsvereins ausgebaut und trug sehr bald zur wirtschaftlichen Erstarkung der deutschen Bevölkerung bei. Der Hilfsverein wurde ferner zum Kristallisationspunkt für weitere Genossenschaften. Im Jahre 1923 hatten sich fünf andere Genossenschaften angeschlossen. Die Bilanzsumme dieser Vereinigung betrug 304 352 Lat. Im Jahre 1930 war die Zahl der Genossenschaften auf 21 angewachsen, und die Bilanzsumme erhöhte sich auf 11 751 385 Lat. Die Mitglieder dieser Vereinigung unterwarfen sich einem Revisionsverband, der die Tätigkeit der Genossenschaften auf ihre Höchstkreditgrenze im Verhältnis zu den Eigenmitteln und der zur Aufrechterhaltung der Zahlungsbereitschaft erforderlichen Reserven prüfte.

Die wirtschaftliche Lage in Estland

In Estland war die Lage der Balten ähnlich prekär wie in Lettland. Auch hier kämpften sie um das Überleben. Im Jahre 1930 betrug die Anzahl der Balten dort 13 498 Köpfe. Bei einer Gesamtbevölkerung von 1 126 413 Personen machte der Anteil der Balten 1,7% aus. Überleben konnte man nur, wenn man sich eng zusammenschloß. Der Volksgemeinschaft in Lettland entsprach in Estland die Kulturselbstverwaltung. Nach Erhebung eines Nationalregisters, das 1930 noch 10 645 Personen umfaßte, konnte auch hier zur Organisation einer Selbstbesteuerung geschritten werden. Was das Schulwesen betrifft, so wurde hier ein Teil der Grundschulen in vom Staat oder von den Kommunen unterhaltene Institutionen umgewandelt. Dadurch konnten die Gehälter der Lehrer an den deutschen Mittelschulen erhöht und die Gründung einer Lehrerkrankenkasse ermöglicht werden. Die caritative Tätigkeit fiel in Estland dem Verband der deutschen Vereine zu. Ein Sekretariat vermittelte Informationen über die Lage und speziell über die Nöte in den einzelnen Vereinen, deren Zahl 135 betrug. 1930 ergaben die

Einnahmen der Kulturselbstverwaltung 507665 estn. Kronen. Die Zahl setzt sich zusammen aus Beiträgen des Staates und der Kommunen, der Selbstbesteuerung und den Spenden insbesondere der in deutschen Händen befindlichen Aktiengesellschaften und Bankhäuser. Die Hauptausgabenposten beanspruchen die Schulen, soziale Leistungen und die Stützung des Handwerks. In Analogie zu Lettland wird auch hier als Leih- und Sparkasse die „Estländische Genossenschaft für Kleinkredit“ gegründet.

Die allgemeine Verarmung wird durch folgende Zahlen beleuchtet: nur ein Drittel der Balten zahlt hier die Staatliche Einkommensteuer, da das Einkommen der übrigen unter dem Existenzminimum liegt. Trotzdem beteiligen sich viele dieser Minderbemittelten an der freiwilligen Selbstbesteuerung.

In Estland vertraten die Herren Werner Hasselblatt, Baron Carl Schilling und Matthias Westerblom die Balten im Landtage, die Herren Hermann v. Nottbeck und Franz de Fries im Stadtparlament von Reval.

Die Bewegung

Da man im Baltikum, von den Landesgenossen beraubt und entmachtet, unter unendlich schwierigen Bedingungen froh sein mußte, einigermaßen existieren zu können, richteten sich die Augen zwangsläufig nach Westen, nach Deutschland, wo schon viele Balten zu Amt und Würden gelangt waren. Für deren Kinder standen die deutschen Hochschulen offen, und der Zugang zu akademischen gutdotierten Berufen stand im Bereich der Möglichkeiten. Ganz anders in der Heimat, wo für viele Jugendliche die Mittel zum Studium fehlten. Was aber vor allem die Blicke auf sich zog, war, daß sich im Deutschen Reich eine Art Wiedergeburt vollzog. Hitler war die Parole vieler von denen, die an Deutschlands Wiederauferstehung glaubten. Er galt, wie es im Wahlaufruf der NSDAP von 1932 lautet, oft als „letzte Hoffnung derer, denen man alles nahm: Haus, Hof, Ersparnisse, Existenz, Arbeitskraft, und denen nur eins blieb, der Glaube an ein gerechtes Deutschland, das seinen Volksgenossen wieder Ehre, Freiheit und Brot geben wird". So scholl es über die Landesgrenzen weg bis ins Baltikum. Hitler holte ab 1933 die Arbeitslosen von der Straße und schuf ihnen Verdienstmöglichkeiten. Er brachte die Wirtschaft und die Finanzen des Reichs in Ordnung. Was er unternahm, das gelang ihm. Er besetzte das Rheinland und brachte das Saargebiet heim ins Reich; schließlich schloß er auch Österreich und das Sudetenland ans gemeinsame Vaterland an. Waren das nicht überwältigende Erfolge? Ist es ein Wunder, daß das Volk diesem Genius zufiel im Reich und noch viel mehr bei den Auslandsdeutschen, die die Verhältnisse in der Regierung und in der Partei, in der SA und der SS nicht kannten? So fand Hitler bald auch im Baltikum eine z. T. überzeugte und gläubige Anhängerschaft, vorzüglich in Lettland. In Estland beschränkte sich die Zahl der Hitlergläubigen auf einige hundert Personen. Dafür stellten sie dem Führer einen seiner engsten Mitarbeiter, nämlich Alfred Rosenberg. Er hatte in Petersburg die Schule besucht und in Riga studiert. Als ausgebildeter Architekt fand er in seiner Heimat keine Gelegenheit, seine Gedanken in Bauten zum Ausdruck zu bringen. So gab er in der Domschule in Reval Zeichenunterricht. Nachdem er gelegentlich eines Urlaubs in Deutschland Kontakt zu nationalsozialistischen Kreisen gewonnen hatte und in diesen auf Ideen gestoßen war, die ihn selbst seit Jahren bewegten, kündigte er 1919 seine Stellung beim Schuldirektor mit der Begründung, er werde für größere Aufgaben im Reich gebraucht. Der Direktor suchte ihm diese Pläne auszureden. Rosenberg blieb jedoch bei seinem Entschluß und schloß sich der Bewegung quasi als Ideologe an. Am 11. November 1923, als Hitler seine Haft antreten muß und die Bewegung ihres Magnets beraubt ist, ernennt Adolf Hitler Rosenberg zum interemistischen Führer der Partei.

Gisevius schreibt[21] über Rosenberg: Rosenbergs „Mythos des XX. Jahrhunderts" ähnelt in einer Hinsicht dem Werk Hitlers (Mein Kampf). Auch dieses Buch wird ein Bestseller, nur mit dem

Unterschied, daß die Eingeweihten, voran der Führer, sich in seinem Falle offen darüber lustig machen. Aber da dieser im Grunde unpolitische Literat ungefährlich ist, läßt Hitler ihn als Parteiideologen gewähren.

Rosenberg war mit der Zeit immer weniger imstande, sich inmitten der braunen Kumpanei durchzusetzen. Als er 1941 zum Reichsminister für Teile des eroberten Rußland ernannt wird, hätte er die dankenswerte Aufgabe gehabt, dafür zu sorgen, daß das deutsche Heer von den Russen als Befreier vom kommunistischen Joch angesehen wurde. Denn er mußte ja als Balte etwas von der russischen Psyche verstehen. Himmler aber ließ ihn gar nicht zum Zuge kommen. Statt dessen konnten die Bolschewiken die deutschen Soldaten zu Mördern und Räubern umfunktionieren, wobei leider Nationalsozialisten in einiger Zahl das Ihre dazu beigetragen haben.

Die Verkörperung der beiden Pole, die sich unter den Balten feindlich gegenüberstanden, waren der Redakteur der „Rigaschen Rundschau", Dr. Paul Schiemann, auf der einen Seite und Dr. Erhard Kroeger auf der anderen. Schiemann war nicht der Vertreter der eigentlich konservativen Gruppe, die traditionsgemäß nationale Ziele verfolgte. Schiemanns Ideal eines Staates war ein anationaler, von nationalen Bestrebungen befreiter Staat. Diesem wollte er nur eine koordinierende Funktion in einem aus mehreren Nationen zusammengesetzten Staatsgebilde zuweisen. Dabei sollte den nationalen Gruppen eine Betätigung nur auf kulturellem, nicht aber auf politischem Gebiet zugestanden werden. Das waren Gedankengänge, die den Grundsätzen der vom Nationalsozialismus inspirierten Anhänger der Bewegung diametral entgegengesetzt waren. Als Redakteur verstand Schiemann seine Aufgabe „als liebevolle Versenkung in die Verhältnisse des Landes, in dem Politik zu treiben er sich berufen sah, und als Arbeit am Gedeihen des Raumes, in dem er lebte. Schiemann hatte frühzeitig die Meinung, die die andere Seite nicht teilte, daß Politik, Wirtschaft und Kunst im Reich durch „Hooliganismus" vergiftet und terrorisiert worden seien, der gerade die schlechtesten Elemente von der Straße anzuziehen pflege.. Es galt dort nicht mehr die sittliche Gesinnung, sondern nur äußere Haltung als Maßstab für die Beurteilung, nicht die Leistung, sondern die Geltung, nicht die Achtung vor fremden Völkern, sondern die Gewalt. (Kurt Stegmann, April 1961).

Schiemanns Warnungen verklangen, ohne Wirkung zu hinterlassen.

Das Blatt „Riga am Sonntag", für welches sein Redakteur Robert Riedel verantwortlich zeichnete, verstand sich ursprünglich als Sprachrohr des „kleinen Mannes", schwenkte aber von einer links gehaltenen Tendenz in das völkische Lager hinüber, bis es am 2. Mai 1933 verboten wurde. Auch die 1927 gegründete, „Baltische Monatsschrift" unter Leitung des Schuldirektors Waldemar Wulfius erwartete, wenn auch in einem gemäßigten, kaum aggressiven Ton die Erneuerung des Reiches und auch der baltischen Volksgruppe durch den Nationalsozialismus. In einem neuen Reich sollten auch die Balten wieder ihren Platz finden. In dieser Erwartung wäre aber fürs erste in den bestehenden Staatsformen auszuharren. Erst nach der Machtergreifung Hitlers ging Erhard Kroeger, der Führer der Bewegung in Lettland, in der „Baltischen Monatsschrift" vom Jahre 1933 zu offenem Angriff auf die bestehende deutsche Volksgemeinschaft über. Gleichzeitig stellte er sich „als Führer der Nationalpartei der deutschen Balten" vor[22]. Die Balten, heißt es in der Monatsschrift, hätten ihre Kraft, Zorn und Willen in eine Art Selbstparalyse invertiert, indem sie sich begnügten, die Macht und die Kraft der Starken (d. h. der Letten) in Unrecht umzuwerten. Das öffentliche Recht sei das Produkt des statischen Elements und für Sturmtrupps durchaus ungeeignet. Freilich konnte damals der beispiellose Aufstieg Hitlers als Muster dafür dienen, daß man nur richtig zu wollen brauche, um auch Erfolg zu haben. Diese Publikation hatte schwerwiegende Folgen. Allgemein hieß es, die Zeit Schiemanns im Baltikum sei zu Ende. Die aus dem Reich subventionierte Rigasche Rundschau ging vollkommen in die Hände der Bewegung über, und Schiemann legte sein Amt als Redakteur der Zeitung nieder, ebenso sein Amt als Abgeordneter im Parlament. Auch der Präsident der Baltischen Volksgemeinschaft Rüdiger, sah sich 1935 veranlaßt, sein Amt niederzulegen. Das hatte folgende Bewandtnis: Rüdiger war bei der NSDAP, der er nicht angehörte, wegen seiner unnachgiebigen Haltung und durch Denunziationen in Verruf geraten. Es wurde gedroht, daß Gelder, die bisher vom Reich der Volksgemeinschaft regelmäßig zugewiesen wurden, gestrichen würden, wenn Rüdiger weiter den Vorsitz in der Organisation behielte. An seine Stelle trat Erich Mündel. Erich Mündel war Inhaber eines Fabrikunternehmens, Ältester der Großen Gilde. Ihm verdankte man die Einführung der Selbstbesteuerung. Er leitete auch das Finanzamt der Volksgemeinschaft. Politisch gehörte er demselben Lager an wie sein Vorgänger. Durch seine ruhige, nüchtern abwägende Art stieß er bei der Opposition, die sich bei seiner Wahl der Stimme enthalten hatte, zunächst auf wenig Schwierigkeiten. Da er aber im Grunde nicht zu Kompromissen bereit war, wurde die Zusammenarbeit immer unerquicklicher, so daß auch er sich 1938 zurückzog. Präsident der Volksgemeinschaft wurde jetzt Alfred Intelmann, geb. 1881 in Riga, gest. 1949 in Elmshorn. Auch er war Ältester der Großen Gilde. Unter ihm vollzog sich der Einbau der Opposition in die Volksgemeinschaft.

Der Umsturz in Estland

In Estland kam es ebenfalls zu einem Wechsel in der Regierungsform, wie das zu dieser Zeit in Europa wohl nicht nur Mode war. Den Anlaß dazu gab der Verband der Freiheitskämpfer, der sich zu einem politischen Faktor im Staat entwickelte. Mit antimarxistischen, antiliberalen und antiparlamentarischen Parolen erwarb er sich immer mehr Anhänger. Die Kämpfer organisierten sich in Züge und Kompanien, kleideten sich in grau-grüne Hemden mit schwarzweißen Armbinden. Der Verband legte einen Gesetzesentwurf zur Änderung der Verfassung vor, der in einer Art Volksentscheid die Mehrheit bekam. Nach dem Entwurf sollte der Staatspräsident auf fünf Jahre gewählt werden und das Recht haben jederzeit das Parlament aufzulösen, eine Regierung einzusetzen und den Ausnahmezustand zu erklären. Die Erregung des Volkes nahm bedrohliche Formen an. Die Regierung Tönisson verhängte den Ausnahmezustand und trat schließlich am 21. Oktober 1933 zurück. Der Staatspräsident Päts bildete ein neues Kabinett, das aber nicht über die Mehrheit im Parlament verfügte. Am 24. Januar 1934 sollte die neue Verfassung Gesetz werden. Die Wahlen für das Amt des Staatspräsidenten und für das Parlament liefen an. Den Freiheitskämpfern fiel in den größeren Städten die absolute Mehrheit zu. Da entschloß sich Päts, den Veteranen zuvorzukommen. Er ernannte General Laidoner zum Oberkommandierenden der Streitkräfte und beauftragte ihn, für Ruhe und Ordnung zu sorgen. Der Verband der Freiheitskämpfer wurde aufgelöst. Politische Versammlungen und Demonstrationen wurden verboten. Als das Parlament gegen diese Maßnahmen opponierte, wurde auch dieses geschlossen. Nun regierte Päts nur noch durch Erlaß von Dekreten.

In Lettland wie in Estland änderten sich die Verhältnisse zwischen Regierung und den Balten unter den totalitären Regierungen zum Nachteil der letzteren.

Mit der Abgrenzung der Interessensphären zwischen der Sowjetunion und dem Deutschen Reich wurde das Problem akut, was mit den Balten in Est- und Lettland geschehen müsse, wenn die Kommunisten die ihnen zugesprochenen Gebiete besetzen sollten. Für diejenigen, die die Verhältnisse im Baltikum in den Jahren 1917–1919 mitgemacht hatten, war klar, daß ein Bleiben in der Heimat für die Balten nicht mehr möglich wäre. An einen bewaffneten Widerstand war jetzt nicht zu denken, da die Esten und Letten einen solchen als hoffnungslos abgelehnt hatten. Alfred Intelmann soll sich allerdings an die deutsche Regierung mit der Bitte gewandt haben, den Balten Kriegsmaterial zu liefern. Der Bitte, wurde nicht entsprochen.

So blieb eigentlich nur noch die Möglichkeit, die Balten aus der sowjetischen Interessensphäre herauszubringen. Schon am 24. September 1939 erwähnt Himmler eine mögliche Ansiedlung der Balten auf litauischem Territorium. Stalin erklärte sich an einer Evakuierung der Balten nicht interessiert, (Dok. 312 1–c.)„ da ja die Balten durch nichts und niemanden bedroht seien". Heuchelei war schon immer eine Stärke der Kommunisten. Am 27. September 1939 hatte der Führer der Bewegung in Lettland eine geheime Unterredung mit dem Reichsführer Himmler, während welcher dieser sein Einverständnis für eine Umsiedlung aussprach, aber noch den Konsens Hitlers einholen wollte. Am 28. September wird dieser erteilt und veröffentlicht. Hitler habe vorher keine Zeit für die „Lappalie" einer Umsiedlung von einigen 10 000 Personen gehabt, bei denen es sich dazu noch im wesentlichen um „morbide Adlige" handelte, fuhren am 4. Oktober 1939 bereits übereilt die ersten Schiffe nach Reval und Riga, um die Umsiedler zu verfrachten. Am 6. Oktober gab Hitler seinen Entschluß im Reichstag bekannt, die Volksgruppe der Balten aus ihrer Heimat in einer neuen Aufgabe in den „Warthegau" umzusiedeln.

Die Umsiedlung in Estland wurde vom deutschen Gesandten, Herrn Erik v. Bremen, übertragen. Seine nächsten Mitarbeiter waren Walter v. Hoerschelmann, August v. Schulmann und Eduard v. Nottbeck. Sie konnten sich hier des Nationalregisters bedienen, in der alle in Frage kommenden Personen aufgeführt waren. Ihnen mußten zunächst Informationen darüber zugehen, warum, wann, wo und wie die Umsiedlung vonstatten gehen sollte. Dann wurden dreisprachige Ausweise für jeden Umsiedlungswilligen ausgestellt. Deren Zahl belief sich auf 13 345 Personen. Es war die Frage der Mitnahme des erlaubten Gepäcks zu regeln, was einigermaßen schwierig war, da die Menge und der Wert der mitzunehmenden Gegenstände an Bedingungen geknüpft war. Eine weitere Schwierigkeit bot das im Lande zurückzulassende Vermögen der Umsiedler. Von deutscher Seite war zugesagt worden, wer in der Heimat Land besessen habe werde im Warthegau mit Land entschädigt werden. Wer ein Haus besessen habe, werde auch dort ein Haus sein eigen nennen können. Erwerbsunfähige und Kranke sollten im Warthegau Unterstützungen beziehen. Die Unterbringung der Umsiedler werde bereits sorgfältig vorbereitet. Für jeden werde sich eine ihm entsprechende Arbeitsmöglichkeit finden. Sachwerte, die in der alten Heimat zurückblieben, würden ersetzt werden. Die in die Treuhandverwaltung des Reichs übergegangenen Gelder und Kapitalien aus dem Erlös der Sachwerte könnten allerdings nur nach Maßgabe der durch den Wirtschaftsverkehr zwischen Deutschland und Estland anfallenden Gelder erfolgen. Im Bedarfsfalle würden Vorschüsse bewilligt werden.

Der nächste Schritt war dann das Besteigen der von der deutschen Marine zur. Verfügung gestellten Dampfer.

Die Umsiedlung aus Lettland

Als der lettische Außenminister Munters am 2. Oktober 1939 nach Moskau flog, wurden auch in der baltischen Bevölkerung Lettlands Befürchtungen über eine bevorstehende Besetzung des Landes durch die Russen wachgerufen. Die Rede Hitlers am 6. Oktober ließ keinen Zweifel mehr an der bevorstehenden Evakuierung der Balten mehr aufkommen. Die erste Reaktion war vielfach ein empörter Widerspruch. Die tiefe Erschütterung über die Zumutung, die geliebte Heimat, um die man gekämpft und gelitten hatte, verlassen zu müssen, ließ die Herzen der Balten zusammenkrampfen. Doch die Vernunft sagte, daß man sich in das Unabänderliche schicken mußte. Um die bitteren Gedanken zu betäuben, stürzte man sich auf die Vorarbeiten und die Organisation der Umsiedlung.

Es ist ein Lichtblick in diesem sonst so trüben Kapitel der baltischen Geschichte, daß sie diese Aufgabe mit Umsicht und Geschick gelöst hat[25]. Die Verhandlungen mit Moskau sowie Estland und Lettland mußten zwar vom Reich geführt werden, das auch die Transportmittelstellen und für die Abwicklung der wirtschaftlichen und vermögensrechtlichen Fragen sorgen mußte. Alles übrige, was erforderlich war, um einen einigermaßen geregelten Aufbruch zu ermöglichen, mußte aus eigener Kraft bewältigt werden. Daß es gelang, daß es möglich war, in wenigen Tagen eine ehrenamtliche, gut funktionierende Organisation aus dem Boden zu stampfen, legt ein beredtes Zeugnis für die innere Geschlossenheit des Baltentums ab.

Eine große Hilfe waren anfangs die Nachbarschaften mit ihren Kreisleitern zum Erfassen der Landsleute, die für die Umsiedlung in Betracht kamen. Die Nachbarschaften dienten anfangs besonders zur Information über die Einzelheiten der Aktion. Schwer fiel manchen zu entscheiden, was man von seinem Eigentum mitnehmen könnte und was verbrannt oder verkauft werden sollte. Da es große Speditionsfirmen in baltischen Händen gab, standen Fachleute mit ihren Erfahrungen den Umsiedlern zur Verfügung. Ärzte und Krankenschwestern bereiteten die Kranken seelisch und physisch auf die Strapazen des Umzugs vor. Juristen stellten sich zur Verfügung, um die Aussiedler über die rechtlichen Probleme aufzuklären. Dazu war von der Volksgemeinschaft eine völkische Dienstpflicht für alle Männer der Jahrgänge 1913–1919 eingeführt und außerdem noch eine Bereitschaft für Ärzte, Juristen und Krankenschwestern angeordnet worden.

Die Vermögensfragen regelten die zwei Treuhandunternehmen: in Lettland die UTAG (Deutsche Umsiedlungstreuhand-Gesellschaft), in Estland die „Deutsche Treuhandverwaltung“. Beide Gesellschaften galten als Außenstellen der DUT (Deutsche Umsiedlungs-Treuhand-Gesellschaft) in Berlin. Nach Schätzung der UTAG bestand das Vermögen der Balten in Lettland zu 40% aus Hausbesitz, zu 20% in Landbesitz, zu 20% in gewerblicher Wirtschaft und zu 15% in Geld. Ihr Vermögen haben die Umsiedler gegen Quittung dem Staat als Treuhänder übergeben und die Zusage des vollen Ersatzes erhalten. Die Bundesrepublik hat die Einhaltung dieser Zusage abgelehnt und hat sie auf die „Wohltat“ des Lastenausgleichs verwiesen. Das Vermögen betrug schätzungsweise etwa 500 000 Millionen DM. Den Vertrag über die Umsiedlung deutscher Volksangehöriger in das Deutsche Reich vom 30. Oktober 1939 behandelt das Dokument 270 in „Diktierte Option“, Wacholtz Verlag, Neumünster, von Dietrich Loeber).

Am 4. November 1939 begann die Verschiffung der Umsiedler von Riga, Libau und Windau aus. Die Räumung des Landes erfolgte planmäßig in der Reihenfolge, daß erst die Bewohner des flachen Landes, dann die Kleinstädter und als letzte die Bewohner der Hafenstädte verfrachtet wurden. Die Marine hatte Schiffe sehr verschiedener Qualität dazu zur Verfügung gestellt, angefangen von den komfortablen „Kraft durch Freude"-Schiffen, die großen Beifall fanden, bis zu Bananendampfern, die natürlich mit äußerst primitiven, ungenügenden hygienischen Einrichtungen versehen waren. Die meisten Transporter landeten in Gotenhafen (Gdingen), wenige in Swinemünde und Stettin.

Die Zahl der Umsiedler betrug aus Lettland 52000 und aus Estland 13000. Das waren etwa 80% der im Baltikum wohnhaften Balten. Als letztes Schiff verließ die „Sierra Cordoba" den Hafen von Riga mit den Angehörigen der UTAG. Unter den Zurückbleibenden befanden sich Alte und Kranke, die sich nicht mehr zu einer Verpflanzung in eine vollkommen fremde Umgebung entschließen konnten. Ihretwegen blieben auch Angehörige zu ihrer Pflege zurück. Anderen fiel die Trennung von ihrem Besitz zu schwer und sie glaubten nicht an eine unmittelbare Gefahr durch den Bolschewismus. Erwähnt werden müssen hier auch die, welchen wegen ihrer jüdischen Vorfahren ein Aufenthalt in Deutschland nicht zuzumuten war.

Als im Jahre 1941 im Berliner Auswärtigen Amt die Frage der Umsiedlung von Deutschen aus Bessarabien und der Bukowina behandelt wurde, machte Baron Wilhelm Wrangell seinen Vorgesetzten Großkopf darauf aufmerksam, daß in diesem Zusammenhang auch die im Baltikum zurückgebliebenen Balten in den Gesichtskreis der Betrachtung gezogen werden müßten [26]. Dieser zeigte Verständnis für die Anregung Baron Wrangells. Schwieriger war es, die Einwilligung des zuständigen SS-Gruppenführers zu erlangen. Dieser wies auf die Unzuverlässigkeit der Zurückgebliebenen hin, da sie ja dem Ruf des Führers nicht gefolgt seien. Als ihm vorgehalten wurde, daß es nicht zu verantworten sei, Deutsche der Verbannung oder gar dem Tod zu überantworten, nur weil sie die Gefahr aus dem Osten nicht rechtzeitig erkannt hätten, rief SS-Gruppenführer Greifelt zynisch aus: „Meinetwegen sollen sie lieber in deutsche KZ's kommen als in russische. Aber am 14. August 1941 wurde die sogenannte „Nachumsiedlung" beschlossen. Sie erfaßte nach den mit den Sowjets gemachten Erfahrungen aus Estland 7000 und aus Lettland 11000 Personen.

Was bewog wohl die Gemüter der Balten bei dem Entschluß, die Koffer zu packen, die Stellungen im Lande aufzugeben, sich von ihrem Besitz zu trennen und einer ungewissen Zukunft entgegenzugehen? Bei fast allen herrschte wohl das Bewußtsein vor, daß der beschwerliche Weg, den man bisher gegangen war, in gleicher Richtung weiter fortgesetzt, in den Abgrund führte. Eine Wendung mußte, so schwer es fiel, eingeschlagen werden. Ob die vom Führer angeratene Richtung zuverlässig und vielversprechend sein würde, das beantworteten seine Anhänger anders als seine Kritiker. Der „Ruf" des Führers war eigentlich nicht auf seine Initiative zurückzuführen. Es bedurfte der Überredung durch mehrere Seiten, bis er sich zu diesem Ruf entschloß. Seine feste Gefolgschaft in der Jugend war bedenkenlos bereit, dem Befehl des Führers zu folgen. Sie erwartete durch die Umsiedlung zudem weit aussichtsreichere Perspektiven für sich, als die alte Heimat ihr hätte bieten können. Z. T. handelt es sich bei ihr wie so oft bei der Jugend um Abenteuerlust. Auch bei den Erwachsenen fanden sich viele überzeugte Anhänger des Nationalsozialismus, die natürlich ebenfalls mit Begeisterung und gehobener Erwartung der Umsiedlung entgegensahen. Nur die Trennung von der Heimat fiel ihnen begreiflicherweise schwerer als der Jugend. Drittens gab es Personen, die sich eingehender mit der nationalsozialistischen Literatur, z. B. mit dem „Mythos des 20. Jahrhunderts" Rosenbergs, befaßt hatten, oder sie hatten auf Reisen ins Reich ein kritischeres Bild gewonnen. Das war nicht dazu geeignet, sie in Euphorie zu versetzen. Ihnen schien mit Recht das Schicksal des baltischen Deutschtums damit besiegelt. Am schwersten mag es wohl den ehemaligen Gutsbesitzern gefallen sein, die Äcker, die sie jahrzehntelang bestellt, die Bäume, die sie gepflanzt, und die Weiden, auf denen ihr Zuchtvieh geweidet hatte, für immer zu verlassen.

Zu den vielen Taten des Herakles gehörte es auch, den Riesen

Antaios zu töten, dessen Kräfte sich immer wieder erneuerten, wenn er mit dem Mutterboden in Berührung kam. Herakles mußte ihn aufheben, dann konnte er ihn erwürgen. Das Baltentum war kein Riese und Adolf Hitler kein Herakles, aber man kann hier gewisse Analogien feststellen. Als Scheremetjews [27] Horden für Peter d. Gr. das Baltikum verwüsteten, so daß alle Städte geplündert und nachher verbrannt wurden, daß bis auf einige Burgen alle festen Plätze erobert und zerstört waren und die Einwohner vom flachen Land sich in einsame Sümpfe und Wälder zurückgezogen hatten, zu denen nur sie die Zugänge kannten, als dazu noch die Pest im Lande wütete – die Balten haben diese Zeit überstanden, und Livland wurde in der zweiten Hälfte des 18. Jahrhunderts sein beliebtes Einwanderungsland, wo Handel und Wandel wieder blühten. Nicht anders war es, als die Letten die deutsche Volksgruppe im Würgegriff hatten, daß ihr die Luft auszugehen drohte. Einige tausend entzogen sich der Situation und emigrierten. Das Gros aber blieb unter den drückendsten Umständen im Lande.

Vielleicht sind solche Erinnerungen nicht angebracht angesichts des Schicksals, das die Balten in der UdSSR mit Sicherheit erwartet hätte. Der Autor weiß so gut wie nichts über die Gefühle und Sorgen, die die Balten im Reich bewegten, als sie Hitlers Rede am 6. November 1939 im Reichstag gehört hatten und dazu ein Chor das baltische Heimatlied sang. Natürlich war dem Autor weder die Übereinkunft zwischen der Sowjetunion und Hitler über die Interessensphären noch die zu erwartende Invasion der Sowjets ins Baltikum bekannt. Wie konnte Hitler aber über das Gebiet von Posen verfügen, das ihm als Kriegsbeute zugefallen war, auf das er rechtlich keinen Anspruch hatte? Der Schreiber dieser Zeilen riet seinen Geschwistern, die zu den Umsiedlern gehörten, sich nach Möglichkeit aus Sicherheitsgründen im Altreich niederzulassen. Aber deren Zusammengehörigkeitsgefühl mit den Landsleuten war so ausgeprägt, daß sie den Rat ablehnten.

Wenn auch noch nach der Trennung vom Mutterboden das Gefühl der Zusammengehörigkeit und die Disziplin selbst bei den Jüngeren nicht nachließ, so war das auch auf das Handgepäck zurückzuführen, das sie mit sich führten, unter dem sich noch der alte elterliche Tschemodan (russisch = Koffer) befand. In dem fanden sie noch manches Brauchbare, was sie im Leben verwerten konnten.

Über die Umsiedlung existiert folgendes Geschichtchen: der Einzug der Umsiedler in die Städtchen Westpreußens und Pommerns bedeutete für deren Einwohner ein Stück erlebte Geschichte, die auch in den Schulen besprochen wurde. In einer Klasse der Grundschule trug der Lehrer den Kindern auf, über dieses die Stadt bewegende Ereignis schriftlich zu berichten. Ein solcher Bericht lautete dann etwa folgendermaßen: Im 13. Jahrhundert zogen die Balten nach Osten, um das Gebiet an der Düna zu erobern. Es waren das Ritter, Mönche und Kaufleute. Gestern kamen sie mit dem Zug um 11.20 Uhr unverrichteter Sache zurück. Es waren das Lehrer, Friseure, Angestellte und Landwirte.

Im Warthegau

Die Umsiedler, rund 64 076 Personen wurden im Dezember 1939 in Danzig-Westpreußen und Pommern provisorisch in Städten und Dörfern untergebracht. Von dort gingen täglich Transporte bis zu 1000 Personen nach Posen, wo man die Umsiedler in Auffanglager leitete, sie de jure einbürgerte und, da in der Stadt Posen nicht genügend Wohnraum zur Verfügung stand, weiter in die Provinz verschickte. Die Volksdeutsche Mittelstelle war beauftragt worden, die zuständigen Stellen bei der Verteilung der Umsiedler zu beraten. An der Verteilung wirkten auch die Landräte mit, indem sie Anforderungen an Lehrer oder Handwerker stellten, soweit sie ihrer im Bezirk bedurften. Den Umsiedlern konnte die Verteilung nicht schnell genug gehen, denn sie waren durch die Wartezeiten in Westpreußen und Pommern bereits zermürbt, von ihren Verwandten und Mitarbeitern getrennt und in Unkenntnis über das Verbleiben ihres Gepäcks. Die Ungewißheit über die allernächste Zukunft zehrte begreiflicherweise an ihren Nerven.

Kamen sie dann in ein Sammellager, so hatten sie Gelegenheit, die Kriegszeit genauer kennenzulernen, was für die meisten ein bitteres Erlebnis bedeutete, jedenfalls in keinem Fall sehr beruhigend wirkte. Besonders manche Ordensjunker, angefüllt mit dem Dünkel ihrer „Berufung" zu führenden Positionen, befleißigten sich Zivilisten gegenüber eines ziemlich rauhen Tones. Bei den Behörden im Reich wurden öfters nicht sehr geschätzte Personen in den Warthegau abgeschoben. Dasselbe geschah in der Industrie, soweit dort zum Aufbau einer Industrie Fachmänner hindelegiert werden mußten.

War es dann endlich so weit, daß dem Neuankömmling eine Wohnung oder gar ein Haus zugewiesen worden war, so war dies damit verbunden, daß die polnischen Besitzer ihre Heime aufgeben mußten. Es ist dann meist so gewesen, daß die Balten den Polen nach Möglichkeit entgegenkamen und deren Geschick zu erleichtern suchten. So wurde nach fünf Jahren des Zusammenlebens und Zusammenarbeitens auf einem Gut dessen „Pächter" von den Knechten nach dem Zusammenbruch bevorzugter behandelt und von den örtlichen Kommunisten eher geschützt als der polnische Besitzer, der, aus der Haft in Deutschland entlassen, auf dem Gute auftauchte[29]. Ein anderer baltischer „Pächter" zahlte dem polnischen Besitzer aus seiner Tasche regelmäßig ein Taschengeld und machte ihm den Vorschlag, an der gemeinsamen Mittagstafel teilzunehmen, was der arrogante Pole aber abschlug. Unter den Polen soll es jedoch auch geheißen haben: wenn mal wieder andere Zustände kommen, würden die Balten direkt erschossen, die Reichsdeutschen aber vorher noch gequält werden. Öfters dauerte es lange, bis jeder in einem einigermaßen zufriedenstellenden Beruf untergebracht worden war. Vorher hatte das Thermometer der Unzufriedenheit fast den Siedepunkt erreicht. „Man hat uns doch in Riga versprochen . . ." konnte man immer wieder vorwurfsvoll hören. Besonders ungut fühlten sich diejenigen, die in der Provinz in elenden früher jüdischen Behausungen auf den Einsatz in ihrem Beruf warten mußten. So erging es beispielsweise einem der bedeutendsten Ärzte Rigas, Dr. med. Kurt Hach, und seinem Bruder Felix. Am besten und wirksamsten erfolgte der Einsatz der baltischen Lehrkräfte durch den Ministerialrat M. v. Radekki, dem man nach kurzer Zeit das gesamte Schulwesen im Warthegau anvertraut hatte.

Was das Verhältnis der Balten zu den einheimischen Volksdeutschen betraf, so muß man zum Verständnis auf die Geschichte des Warthegaus kurz eingehen. Im 13. Jahrhundert riefen polnische Fürsten deutsche Kolonisten in das Land. Sie sollten die Wälder roden und die Sümpfe trockenlegen. 1255 wurde von einem Deutschen die Stadt Posen gegründet. Sie wurde nach Magdeburger Recht verwaltet. In den folgenden Jahren kam es zur Gründung von 20 weiteren Städten und Dörfern durch deutsche Ansiedler. Bis zum Jahre 1500 lag die Verwaltung der Stadt Posen in deutscher Hand. Polen wuchs aber inzwischen zu einer Großmachtstellung heran, und der deutsche Einfluß wurde durch das polnische Element immer mehr zurückgedrängt. Damit sank aber gleichzeitig der Wohlstand wie auch die Kultur des Landes. Seit dem Jahre 1793 nach der Teilung Polens gehörte Westpreußen und das Gebiet des Gouvernements Posen zu Preußen und nachher auch zum Deutschen Reich. Bald nahm der Wohlstand wieder zu. Posen, das zu einem Städtchen von 12000 Einwohnern abgesunken war, blühte wieder auf. Es kam weiterer Zuzug an Einwanderern aus dem Reich.

Doch später wuchs der Anteil der polnischen Bevölkerung wieder zusehends; 1880 errangen die Polen in der Stadt Posen eine Majorität von 57%. Nach dem Weltkrieg kam dann das ganze Gebiet wieder zu Polen. In der Zeit bis 1925 wurden aus Schlesien, Posen und Westpreußen über eine halbe Million Deutsche hinausgetrieben oder -geekelt. Nun wurde das Wartheland 1939 de facto wieder deutsch. Aber da kamen die Balten als neue Landsgenossen, richteten sich nach ihrer Façon im Lande ein und verdarben manch anderen das Konzept, das sie sich zurechtgelegt hatten. Es ist durchaus verständlich, daß sie diesen ihnen aufoktroyierten Volksgenossen nicht stets freundlich entgegenkamen. Doch hat sich das Verhältnis zwischen den beiden Gruppen mit der Zeit gebessert. Denn sie gewannen in gewissen Bereichen durch ihre Zusammenarbeit.

Das trifft besonders auf das Schulwesen zu. Die Balten fanden in Posen nur eine einzige deutsche Schule vor. In Westpreußen gab es noch zwei private deutsche Gymnasien, in Bromberg und Graudenz; in Kalisch bestand eine Volksschule, in der die 300 Kinder entweder nur polnisch sprachen oder auf deutsch nur radebrechen konnten. Nach Litzmannstadt (Lodz), wo es auch seit Jahrzehnten eine starke reichsdeutsche Kolonie gab, war noch vor dem Weltkrieg der Rigaer Schuldirektor Hugo v. Eltz als Leiter des dortigen Gymnasiums berufen worden. In ihrer Bedrängnis infolge des polnischen Vorgehens hatten die Volksdeutschen Schulvereine gegründet, die die Existenz von deutschen Schulen ermöglichen sollten. In mehreren Städten zeugten schöne Schulgebäude von der Effektivität dieser Vereinigungen. Es waren wie im Baltikum Eltern- und Lehrervereine mit kulturellen Zentren für die Fortbildung der Lehrer entstanden. Jetzt setzte eine neue Periode der Gründung deutscher Schulen unter Berücksichtigung der Belange der Volksdeutschen ein. Es sei an dieser Stelle erwähnt, daß der baltische Beauftragte für das Schulwesen auch Schulen für polnische Kinder gründete, obwohl nach der Ideologie der Hundertfünfzig-Prozentigen die Polen ein Sklavenvolk waren, an das man keine Bildung zu verschwenden brauchte. Da keine polnischen Lehrer greifbar waren und es eigentlich verboten war, in polnischer Sprache zu unterrichten, vertraten Laien die Lehrer in diesen Schulen. Auf die Weise lernten auch die polnischen Kinder wenigstens etwas Deutsch, Schreiben und Rechnen. Das Verhalten der Gauleitung den Balten gegenüber war zuerst alles andere als wohlwollend. Gauleiter Greiser stellte in einer Rede in Lodz die Balten als Drohnen dar, die, ohne zu arbeiten und ohne etwas zu leisten, die Herren gespielt hätten und noch spielen wollten. Nach vier Jahren gab er dann zu, daß er seine Meinung über die neuen Landesgenossen revidiert habe. Er werde in Zukunft die Balten mehr zu verantwortlicher Arbeit heranziehen. Doch wurde kein einziger Balte Landrat oder Ratsherr in Posen. Als im Sommer 1941 die alte Heimat wieder von den deutschen Truppen besetzt war, geriet die umgesiedelte Volksgruppe in Gärung: zu viele wollten dort tätig und ansässig werden. Das suchte die Gauleitung zu verhindern. Zum Aufbau eines „Mustergaus“ konnte sie zudem die Balten nicht missen. Es gab durch Himmler ein generelles Rückkehrverbot für die Balten.

Der Russensturm

In den fünf Jahren hatte man sich doch ganz gut im Warthegau eingelebt. Die Verhältnisse dort waren von der materiellen Seite her entschieden günstiger als in der Heimat. Trotz Kriegszeiten konnte wieder geplant werden. Die Lehrer unterrichteten und erzogen die Schüler, die Landwirtschaft war mitten im Aufbau begriffen. Vom Kriege hatte das Gebiet nichts Nennenswertes abbekommen. Anfang Mai 1941 fiel eine einzige Bombe, die allerdings großen Schaden anrichtete. Auch unter den Balten waren Todesopfer zu beklagen. Größere Luftangriffe erfolgten dann erst zu Ostern und Pfingsten 1944. Sonst waren nur vereinzelte Brandbomben abgeworfen worden. Im Vergleich zum übrigen Deutschland lebte man wie im Frieden. Allerdings wurden immer mehr junge Balten zum Heeresdienst eingezogen. Zum großen Teil kamen diese in die SS. Dieses „Idyll“ sollte aber in wenigen Monaten total aus den Fugen geraten. Am 12. Januar 1945 begann die russische Großoffensive. Mit dem Näherkommen der Front wurden auch die älteren Jahrgänge im Warthegau zum Volkssturm eingezogen. Dieser hat sich aber zusammen mit polnischen Arbeitern nur am Ausheben eines harmlosen Ostwalls beteiligt, der strategisch nie eine Rolle gespielt hat.

Am 17. Januar war Warschau erobert worden. Am 19. Januar heißt es in Posen: „Frauen und Kinder sollen die Stadt verlassen“. Die Aufforderung wird aber nicht sonderlich ernst genommen. Inzwischen haben die Russen die Linie Tilsit-Leslau-Lodz-Krakau erreicht. Trotzdem wird die Bevölkerung ohne Nachrichten vom Regierungspräsidenten gelassen. Die NSV rät den deutschen Familien, sich auf die Abreise vorzubereiten. Bei den Behörden herrscht ein Durcheinander von Gerüchten und Entschlußlosigkeit. Der Gauleiter gibt zu, die militärische Lage sei katastrophal. Aber Ratschläge über Verhaltensweisen, etwa über Vernichtung von Akten, gibt es nicht.

Die Balten, die von der Einberufung nicht betroffen waren, beraten miteinander, was 1945 am besten zu tun war. Ministerialrat Radekki entläßt zunächst alle weiblichen Angestellten und Familienväter seiner Behörde. Die übrigen männlichen Angestellten sind Angehörige des Volkssturms. Dann spricht es sich herum, daß dieser aufgelöst sei. Damit sind dessen Angehörige ebenfalls Herren ihrer Entschlüsse. Auf dem flachen Lande weiß niemand, wozu man sich entschließen soll. Die Gutsbesitzer beschließen, Pferde und Wagen, die sie selbst nicht zu einem Treck benötigen, denjenigen zu überlassen, die sonst keine Möglichkeit zum Flüchten haben. Für jeden zweispännigen Leiterwagen werden sechs Personen mit je 25 kg Gepäck bestimmt. Frauen, deren Männer eingezogen sind, werden von den baltischen Gutsbesitzern beraten. So kamen eine Anzahl Trecks in der Zeit vom 20. Januar bis 1. Februar bei einer Kälte von –20 Grad Celsius und Schneefällen bis Luckenwalde. Die Straßen waren, wie man sich denken kann, verstopft. Oft mußten die Trecks Militärkolonnen ausweichen. Gelegentlich versuchten SS-Männer Ordnung auf den Straßen zu schaffen, was natürlich die Militärtransporte begünstigte.

Den Städtern standen nur wenige, vollkommen unregelmäßig fahrende Züge zur Flucht nach Westen zur Verfügung. Wer sich in einem solchen Zug einen Platz erobert hatte, konnte von Herzen dankbar sein, obgleich die Fahrt in den ungeheizten Wagen für manchen, besonders für Kleinkinder zum Verhängnis wurde. Zahllose Flüchtlinge, darunter Frauen mit Kindern auf dem Arm suchten vergebens in die überfüllten Züge einzudringen; sie verhungerten oder erfroren unterwegs. Ein großer Teil der Bevölkerung Posens, darunter auch bejahrte Männer und Frauen, mußten zu Fuß die Flucht antreten und priesen sich glücklich, als sie nach zwei Tagesmärschen auf dem Bahnhof des 50 km entfernten Pinne, Plätze in einem nach Westen fahrenden Zug ergattern konnten.

Wie viele Trecks wurden von den Russen überrollt! Die Männer wurden erschossen oder verschleppt, Frauen und Mädchen geschändet, und die alleingelassenen Kinder kamen durch Frost und Hunger um. Oft gab es in solchen Situationen keine andere Möglichkeit, als Hand an sich zu legen. Ganze Familien fanden keinen anderen Ausweg.

Nach der „Baltischen Totenschau" von Georg Adelheim 1930–1947, Göttingen[35], fielen dem Russensturm 6397 Balten zum Opfer, davon 426 als Angehörige der Wehrmacht. Der Autor der Totenschau meint nicht alle Opfer erfaßt zu haben; er schätzt, daß er etwa dreiviertel von ihnen erfaßt habe. 23 Jahre später nimmt Arvid v. Nottbeck an, daß die Zahl der 1945 umgekommenen Balten sich auf rund 18 500 belaufen dürfte[32].

Unvorstellbar schrecklich war das Los der Insassen des Altersheims Schwetz in der Nähe von Danzig[33]. Am 21. Januar wurde der Befehl durchgegeben, sich zur Flucht fertigzumachen. Unter höhnischen Zurufen des polnischen Personals wird daraufhin gepackt. Die Angehörigen der Dienststellen der Partei haben sich bereits in Sicherheit gebracht. Die Alten stehen fertig an ihren Gepäckstücken und warten, da stellt es sich heraus, daß zum Abtransport die Fahrzeuge, der Treibstoff und die Verpflegung fehlen. Am 25. Januar übernimmt die Wehrmacht den Schutz der Stadt. Sie sorgt für die Räumung des Militärlazaretts, das auch im Altersheim untergebracht war. Am 27. Januar fährt der letzte Zug in den Westen. Fünf Insassen des Heims finden darin Platz. Jetzt liegt Schwetz schon im Schußfeld der russischen Artillerie. Am 28. verkrümelt sich das polnische Personal. Die Heimschwestern müssen auch noch dessen Arbeit übernehmen. Sie bergen tote Soldaten, sammeln Schneewasser zum Kochen von Tee und Grützen. Die Lebensbedingungen werden immer unerträglicher: kein Licht, kein Leitungswasser und eine fürchterliche Kälte, da alle Fensterscheiben geborsten sind. Als Verpflegung gibt es nichts als einige Scheiben Brot und eine Tasse warmen Wassers. Am 4. Februar ist Schwetz bereits von den Russen eingeschlossen.

Doch am 4. Februar transportiert die Wehrmacht die 700 Insassen des Heims auf Lastautos nach Liskowitz, dann weiter nach Danzig. Am 12. Februar geht die Reise weiter nach Hela-Heide, und zwei Tage später nach Hela-Hafen. Den Alten wird dort eine kurze Ruhepause gegönnt. Dann werden sie auf dem schmutzigen Frachter „Feodosia“ eingeschifft. Mit ostpreußischen Flüchtlingen sind sie zu 3 460 Personen auf dem Schiff mit seinen bescheidensten hygienischen Einrichtungen zusammengepfercht. Die Zustände spotten jeder Beschreibung. Es gibt nicht einmal Trinkwasser für die Alten und im Lauf von fünf Tagen und Nächten fast keine Verpflegung. Es traten die ersten Todesfälle vor Entkräftung auf. Am 2. März landete die „Feodosia“ endlich in Swinemünde. Die Heiminsassen kamen in die dortige Flakschule. Hier konnten sie etwas aufatmen: es gab wenigstens beheizte Räume, warmes Wasser zum Waschen, gedeckte Tische, saubere Strohlager und warme Decken.

Nur ungern verließ man die Flakschule, denn es ging weiter nach Greifswald, Rostock und Mecklenburg. Am 7. März erreichten sie eine weitere Leidensstation in Robel. Die Unterkunft im dortigen Schützenhaus ist primitiv, die Verpflegung allerdings recht reichlich, aber sie kam viel zu spät. Es traten bösartige Magenerkrankungen auf. Bald lagen allerwärts Sterbende auf dem Stroh.

Am 10. März ging die Leidensfahrt weiter. Es war vielleicht die fürchterlichste Etappe, die die Alten mitmachen mußten. Die Toten wurden auf die Plattformen gelegt und, wenn der Zug anhielt, ausgeladen. Am 13. März fand die qualvolle Fahrt ein Ende. 41 Tage waren sie unterwegs gewesen, bis sie auf der Insel Langeoog eine bleibende Unterkunft fanden. Es ging den Alten schlimmer denn dem Vieh; denn dieses hat einen Herrn, der für es sorgt. Die Alten aber waren hilflos der Unbill des Schicksals, das über sie hereinbrach, ausgeliefert.

Vom baltischen Dichter Otto Freiherr v. Taube stammt das Gedicht nach dem Kirchenvater Augustin: Ceelum tegit, qui non habet urnam. Es ist wie für die Toten des Russensturms gedacht.

Der Himmel deckt den, der kein Grabmal hat,
den weder Sarg noch Truhe aufgenommen;
was klagt ihr denn, als wär't ihr ohne Rat.
Und Trost, wenn jemand draußen umgekommen?

Weit herrlicher, als was der Mensch gemacht,
ist doch das Zelt, das über ihn sich breitet,
beschickt des nachts mit goldner Sternenpracht
und tags zum lichten blauen Raum geweitet.

Und wär' es minder schön – der Leib vergeht:
Laßt ihn. Es ist ja gleich, wie er verginge.
Der Mensch, den Gott berufen, bleibt bestehn
und harrt der Auferstehung aller Dinge.

Neuorganisation der Balten

Der Russensturm hatte die Balten in alle Winde verweht, vorzüglich ins Altreich, meist in die großen Städte, aber auch viele in dörfliche Gegenden, wo nur immer eine Behörde sich bereitfand, Flüchtlinge und Vertriebene aus dem Osten aufzunehmen. Es begann dann ein großes Suchen nach Verwandten und Freunden. Allein fühlte man sich hilflos und verlassen, aber aus den Erfahrungen in der Heimat wußte man, daß nur ein Zusammenschluß die unsagbar dürftigen Zustände, unter denen man anfangs lebte, erträglicher machen konnte. „Solamen miseris socios habuisse malorum" sagten schon die Römer. (Ein Trost für die Elenden, Genossen im Leid zu haben). Es entstanden schon bald Kristallisationszentren, die zu Vereinigungen der Balten führten. Zuerst begann die Kirche, mit der Gründung des „Evangelischen Hilfskomitees die Sammlung der Verstreuten. In München entstand ein Zusammenschluß, der mit dem Wirken des schon länger im Reich ansässigen Fräuleins Marie Volck und des Grafen Ernst Stackelberg verbunden war. Im Norden des Landes betätigte sich Axel De Vries in gleichem Sinne. Sehr erfolgreich war im Norden auch die Tätigkeit von Percy Vockrodt. Sie begann in Berlin, wo er das Ende des Krieges erlebte. Er stellte für sich selbst eine Liste der ihm bekannten Balten zusammen. Sie ergab zunächst 1000 Namen. In Berlin arrangierte er Baltentreffen, bei denen er gemeinsam mit den Erschienenen die Listen erweiterte, so daß sie zu richtigen Registern wurden. Soweit möglich, bekamen die Namen in dem Register Zusätze über Adresse und Aufenthalt der Personen. Vergeblich versuchte er, bei den Behörden Verständnis und Unterstützung für seine Bemühungen zu erhalten. Weder bei den neuen deutschen noch bei den britischen Stellen erreichte er etwas. Es kam ihm hauptsächlich darauf an, volle Bewegungsfreiheit zu erlangen. In Lübeck fand er bereits eine organisierte baltische Gemeinschaft vor. Er fuhr dann weiter nach Hamburg und traf da eine ganze Reihe von Bekannten, darunter auch solche, die in der Heimat bereits im öffentlichen Leben gestanden hatten. Er veranstaltete auch da regelmäßige Zusammenkünfte, so daß er sich bei den britischen Besatzungsbehörden verdächtig machte, geheime konspirative Verschwörungen zu planen. Es kam sogar zu einer Verhaftung von Vockrodt und seinen Mitarbeitern. Schließlich überzeugte sich der britische Kommandant von Hamburg von der rein statistischen Art seiner Bemühungen. Auch der Bürgermeister von Hamburg, Petersen, zeigte dann mehr Entgegenkommen. So wurde im Hamburger Rathaus am 24. Oktober der „Baltenbund" gegründet. Er ist als Vorgänger der später gegründeten „Baltischen Landsmannschaft" anzusehen. Damals schon nahm Vockrodt auch Beziehungen zu den Hilfsgemeinschaften der Pommern, der Brandenburger und der Danziger auf. Im November trafen sich die Leiter der im Aufbau befindlichen Organisationen in Treysa Hessen und gründeten die umfassende „Deutsch-Baltische Landsmannschaft im Bundesgebiet e.V.". Deren Vorstand setzte sich zusammen aus dem Hauptvorstand, den Vorständen der Landsmannschaften in den Ländern, dem Vorsitzenden des Evangelischen Hilfskomitees, dem Vertreter der kulturelle Ziele verfolgenden Schirren-Gesellschaft, einer Vertreterin der baltischen Frauenschaft und einem Vertreter der Jugend. Später wurde der Kreis noch erweitert durch Vertreter des Verbandes des baltischen Adels und durch die baltische historische Kommission. Schon 1951 fand der erste Delegiertentag der Landsmannschaft in Lüneburg statt. Ursprünglich war von den Alliierten jegliche Vereinigung der Vertriebenen verboten. Ihnen zum Gefallen sollten sich die Flüchtlinge so schnell wie möglich der neuen Umgebung anpassen. Auf keinen Fall sollten sie zu einem politischen Faktor werden, der Unruhe und Revanche-Gedanken züchten könnte. Die Russen wieder hofften, daß die Millionen von Vertriebenen einen dankbaren Boden für kommunistische Propaganda bilden würden. Diesen Gefallen sowohl den einen wie den anderen haben ihnen die ihrer Heimat Beraubten nicht getan. Erst 1948 wurde das Verbot der Vertriebenen-Organisationen in der VS-Besatzungszone aufgehoben und kurz darauf endlich auch in der britischen, während die polnische Militärmission weiter die Auflösung der Flüchtlingsorganisationen verlangte. Diese bildeten dann auch einen politischen Faktor, mit dem die Politiker rechnen mußten.

Die Tagungen der baltischen Landsmannschaft, immer mit einem Festakt verbunden, dienten neben den Belangen der Organisation auch dem Kontakt mit den im öffentlichen Leben stehenden Persönlichkeiten, besonders denen, die ex officio mit Flüchtlingsfragen zu tun hatten.

Die Hauptaufgabe der Landsmannschaft war es, die große Not der Landsleute zu lindern. Es wurden für die Alten und nicht mehr Arbeitsfähigen Altersheime gegründet: in Barsinghausen, am Schliersee, in Gestorf, in Langeoog, Bad Pyrmont und in Berlin. Der Jugendausbildungsfonds sollte es Studenten und Lehrlingen ermöglichen, ihren Abschluß zu machen. Ihnen wurden rückzahlbare Darlehen gewährt. Für die Jugend wurden Freizeiten organisiert, wo sie einander kennenlernen, dabei das Segeln erlernen oder, dem Ski- wie dem Reitsport huldigen konnten. Eine äußerst wichtige Aufgabe übernahm die Landsmannschaft für die Erwachsenen, die sie in Fragen des Lastenausgleichs und der Erlangung von Pensionsansprüchen beriet. Damit konnte vielen Landsleuten zu einer gesicherten Lebensgrundlage verholfen werden. Eine mit einer recht vollständigen Anschriften-Kartei versehene Auskunftsstelle erwies sich dafür als äußerst nützlich, besonders wenn es sich um die Erlangung von erforderlichen Dokumenten und Unterlagen handelte. Es gehörte ferner zu den Aufgaben des Verbandes, Beziehungen zu den Balten in der DDR aufrecht zu erhalten und die Verbindung zu den im Ausland gegründeten baltischen Vereinigungen zu pflegen. Solche existieren vornehmlich in Kanada, Schweden, der Schweiz, Österreich und den USA.

Mehr als die Hälfte der Mittel für ihren Geschäftsbetrieb erhält die Landsmannschaft aus Zuwendungen der Bundesregierung. Der übrige Teil stammt aus Mitgliedsbeiträgen und Spenden.

Engen Kontakt pflegte der Verband auch mit den übrigen Landsmannschaften. Obgleich die baltische Organisation zahlenmäßig die kleinste der Landsmannschaften war, wurde ihr Vorsitzender, Baron Georg v. Manteuffel, 1954 auch zum Vorsitzenden des Verbandes der Landsmannschaften (VDL) gewählt. Seine Frau, Gretlies Baronin Manteuffel geb. Bsse. v. Schilling, wirkte von 1975–1981 als Vertreterin der Bundesreferentinnen aller Landsmannschaften im BdV. Man hatte den Eindruck, daß das Zusammengehörigkeitsgefühl bei den anderen Flüchtlingsverbänden nicht so ausgeprägt war wie bei den Balten. Er verstand sich von selbst, daß bei diesen alle Stände vertreten waren, was man bei den anderen Landsmannschaften oft vermißte. Deshalb fand man in den Ortsgruppen der Vertriebenen oft Balten im Vorstand, die dann auch das Bekenntnis der Vertriebenen zu ihrer Heimat und zum Bestehen auf ihren Rechten unterstützten.

Wie man aus dem Gesagten feststellen kann, war der Vorrat im elterlichen Tschemodan (Koffer) noch nicht ganz verbraucht, obwohl er abgenommen hatte. Es bildete sich inmitten des Wohlstandes in der Bundesrepublik die Tendenz aus, sich mehr der baltischen Tradition und der Geselligkeit hinzugeben als sich über das Wohl und Wehe der BR Deutschland und das Deutschtum als Ganzes Gedanken zu machen. Denn dies wurde von den maßgebenden zuständigen Stellen immer mehr vernachlässigt. Das, wofür die Balten jahrhundertelang gestritten und gelitten hatten, das

Pastor Karl Keller
1868–1939

Georg Baron
Manteuffel-Szoege
1889–1962

Hans Baron
Manteuffel-Szoege
1894–1919

Erich Muidel
1882–1954

Deutschtum selbst war in seinem Ursprungsland offensichtlich in Gefahr zu vergehen. Es hat vielfach den Anschein, als wüßten die Politiker heute kaum noch, was „deutsch und echt“ ist. Sie haben gewisse Vorstellungen, was „echt liberal“ oder was „echt sozialdemokratisch“ ist, aber was „echt deutsch“ ist, scheinen sie vergessen zu haben. Wie hat man über deutsche Länder verfügt? Wie wenig wird den Deutschen im Ausland geholfen, damit sie sich ihr Deutschtum erhalten können? Wie lasch wird das Problem der Gastarbeiter behandelt! Wie ist das deutsche Schulwesen, da man sich nach fremden Vorbildern richtete, heruntergewirtschaftet worden! Es sind das alles Aufgaben, die wichtiger sind, als baltische Tradition zu pflegen. Es ist hier wieder einmal zu überlegen, worum sich zu kümmern am notwendigsten wäre.

Was sagte doch der Landrat Max v. Sievers auf der Gründungsversammlung des „Deutschen Vereins“: „Was uns alle einigt, das ist die Aufgabe, die deutsche Kultur hier im Lande aufrechtzuerhalten. Das ist unser Recht und unsere Pflicht“. Daran sollte sich nichts geändert haben und auch in Zukunft nichts ändern.

Ministerialrat
Dr. Max v. Radecki
1856

Dr. jur. Wilhelm v. Rüdiger
1874–1960

Paul Schiemann
1876–1944

Wolfgang Wachsmuth
Chef des dt. Bildungswesens
1876–1964

Constantin v. Weihs
1877–1952

Axel de Vries
1892–1963

Friedrich von Samson-Himmelstjerna
1872–1958

Eugen Schwartz
1871–1940

Das alte Haus des Kleinen – oder St.-Johannis-Gilde in Riga

Riga, Ritterhaus, zuletzt Sitz des lettischen Parlaments

Kampf auf der Lübeckbrücke

MG-Kompanie des Baltenregiments vor der Schloßruine von Wesenberg

Umsiedlerdampfer auf der Fahrt von Reval nach Danzig

Riga, Museum- und Kommerzschule

Riga um 1680

Generalfeldmarschall Alexander

Landwehrkommandeure

ERLÄUTERUNGEN

Gebrauchte Abkürzungen:

Jahrb. d.B.D.	Jahrbuch des Baltischen Deutschtums
Balt. Hef	Baltische Hefte
D. Option	Dietrich Loeber, Diktierte Option, Verl. Wacholtz, Neumünster.
Gesch. d.B. Rgts	Geschichte des Balten-Regiments
V.d.T. Europas	Vor den Toren Europas.

LITERATURVERZEICHNIS UND WORTERKLÄRUNGEN

[1] Edgar Dunsdorf, Balt. H., 9. Jahrgang, S. 169
[2] R. Wittram, Baltische Geschichte, 1954, Oldenbourg Verlag
[3] Gebrüder Aksakow u. Jurij Samarin, die Vertreter der Slawophilen, die die den Panslawismus vertraten.
[4] Über die Bedenken des Obersten v. Weiß, Bal. H., 5. Jahrg. 1958, Heft 1.
[5] S. hierzu die „Geschichte d. B.-Rgts“, Verlag F. Wassermann, Reval 1958, S. 139
[6] Gemäß der Gesch. d. B. Rgts.
[7] Claus Grimm, V. d. T. Europas, Verl. Velmede, Hamburg, S. 285
[8] Georg v. Krusenstjern, „MG-Mann im Balten-Regiment“. Tallin 1938.
[9] Aus den Erinnerungen von Major Fletcher: Balt. H., 5. Jahrgang, H. 1, S. 5.
[10] Siehe hierzu: Burchard v. Klot, Balt. H. 1968, S. 135.
[11] Der Nationalausschuß war ein Team führender baltischer Politiker in den Jahren 1920 bis 1939.
[12] Claus Grimm, V.d.Toren Europas, S. 97, Verl. Velmede, Hamburg 1963.
[13] Nigel Nichelson, The Life of Fieldmarshall Alexander, Earl of Tunis. Siehe auch Claus Grimm, V. d. Toren Europas, S. 277.
[14] Claus Grimm, V. d. Toren Europas, S. 284.
[15] Siehe Nigel Nichelson, 1. c. S. 52.
[16] Baron Wilhelm Fircks, Erinnerungen, abgedruckt im Nachrichtenblatt der Balt. Ritterschaften, 14. Jahrg., Heft 2 u. 3, 15. Jahrg. Heft 1 u. 3.
[17] Paul Schiemann im Jahrb. d. B. D., 1925, S. 20.
[18] H. Brunaus, Balt. H. 1937, Heft 3.
[19] Dr. h. c. Wolfgang Wachtsmuth, „Wege, Umwege, Weggenossen“, Winkler Verl., München. S. 28
[20] Siehe hierzu Jahrb. d. B. D. 1924, S. 69, u. 1931, S. 51.
[21] H. B. Gisevius „Adolf Hitler“, Rütten u. Loening Verl., München. S. 109

[22] Helmut Kause, Jahrb. d. B. D. 1971, S. 31.
[23] Dietrich Loeber, D. Option, Dokument 324.
[24] Dietrich Loeber, 1. c. Dokument 312.
[25] Helmut Weiß, Jahrb. d. B. D. 1969, S. 89.
[26] Baron Wilhelm Wrangell, Balt. H. 1958, Heft 3.
[27] Graf Boris Scheremetjew, Heerführer unter Peter d. Gr.
[28] Siehe hierzu M. v. Radekki, „Mein Leben in Familie und Beruf", Bd. 2. Als Manuskript gedruckt 1973 in Köln.
[29] W. v. Sievers, Jahrb. d. B. D. 1963, S. 45.
[30] M. v. Radekki, 1. c.
[31] Dr. h. c. Wolfgang Wachtsmuth, 1. c. S. 48.
[32] A. v. Nottbeck, Jahrb. d. B. D. 1971, S. 67.
[33] Erika v. Rosen, Jahrb. d. B. D. 1965.
[34] Percy Vockrodt, Jahrb. d. B. D. 1964, S. 113.
[35] Georg Adelheim „Baltische Totenschau 1930–1947", Verl. Göttingen.
[36] Baltische Heimatortskarte, München, Dachauerstr. 189.